DES

SOCIÉTÉS EN COMMANDITE

PAR ACTIONS

PAR

PAUL MORNARD

DOCTEUR EN DROIT

PARIS

A. MARESCQ. AINÉ, LIBRAIRE-ÉDITEUR

20, RUE SOUFFLOT, 20

Au coin de la rue Victor-Cousin.

1880

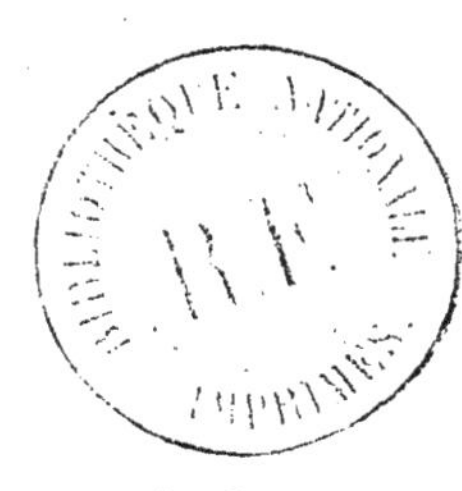

DES

SOCIÉTÉS EN COMMANDITE PAR ACTIONS

8° F
1605.

921-80 — CORBEIL. Typ. et stér. CRETE

DES

SOCIÉTÉS EN COMMANDITE

PAR ACTIONS

PAR

PAUL MORNARD

DOCTEUR EN DROIT

PARIS

A. MARESCQ AÎNÉ, LIBRAIRE-ÉDITEUR

20, RUE SOUFFLOT, 20

Au coin de la rue Victor-Cousin.

1880

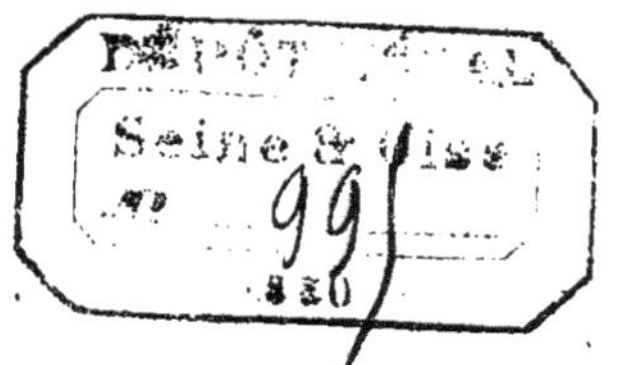

DROIT FRANÇAIS

DES SOCIÉTÉS EN COMMANDITE PAR ACTIONS

Notre sujet très complexe se divisera en plusieurs chapitres : ·

Le premier chapitre présentera un aperçu rapide des règles, contenues dans le Code civil, sur la société.

Le second chapitre comprendra des notions générales sur les sociétés de commerce, et en particulier sur les sociétés par actions.

Le troisième chapitre contiendra l'historique de la commandite par actions.

Un quatrième chapitre, les formalités exigées pour sa constitution.

Le cinquième chapitre traitera des actions, et autres titres, que peuvent émettre les sociétés en commandite par actions. ·

Le sixième chapitre montrera comment sont administrées ces sociétés ; il comportera deux sections, l'une relative à la gérance, l'autre au conseil de surveillance.

Le septième chapitre a trait aux actionnaires, personnages muets, qui ne paraissent que dans les assemblées générales, et pour les répartitions.

Un huitième chapitre est réservé aux répartitions de dividendes.

Le neuvième chapitre a trait aux assemblées générales des actionnaires.

Le dixième, aux formes et à la publication des sociétés en commandite par actions.

Le onzième traite des nullités en matière de sociétés.

Le douzième, des sanctions pénales données par la loi à ses prescriptions.

Le treizième chapitre pose quelques règles de compétence et de procédure.

Le quatorzième énumère les causes de dissolution des sociétés en commandite par actions.

Le quinzième traite de la liquidation, suite nécessaire de la dissolution.

Le seizième, du partage, résultat de la liquidation.

Le dix-septième, de la prescription.

Le dix-huitième donne quelques aperçus sur la condition légale des sociétés étrangères en France.

Enfin, pour terminer, un dix-neuvième chapitre donne les dispositions transitoires contenues dans la loi de 1867.

INTRODUCTION

L'homme né libre et indépendant tire du sentiment de sa force une tendance à l'isolement ; mais cette tendance fut, dès son entrée dans le monde, combattue par les obstacles insurmontables, pour un seul individu, que lui présenta la nature. Chacun ayant le même intérêt, on réunit, contre l'ennemi commun, les différentes forces isolées, et de là naquit l'idée d'association qui pénétra si bien le caractère humain, et annihila assez l'esprit d'isolement, pour faire dire à un philosophe célèbre : L'homme est né pour vivre en société.

Cette union des êtres, pour un bien-être commun, créa les différents États, les différentes cités, et enfin cette réunion moins large de différents individus, qu'on appelle les sociétés.

Aussi loin que l'on remonte dans l'histoire de la civilisation, on trouve en honneur le contrat de société.

Les Romains se servirent de l'association, et l'appliquèrent à tous les besoins de la vie.

Le moyen âge, par ses communautés de serfs, de bourgeois, ses congrégations religieuses, ses corps de métiers, fonda la civilisation moderne.

Aujourd'hui, après avoir manifesté sa puissance par des

résultats si grandioses, l'esprit d'association, s'appliquant à l'industrie, est un des éléments de la fortune publique. Les actions des sociétés modernes marchent de pair avec les biens immobiliers, et la *vilis mobilium possessio* a disparu de nos mœurs. ·

L'examen des différentes formes qu'affectent les sociétés est trop vaste pour cette étude ; je me bornerai à rappeler les principes fondamentaux qui régissent le contrat de société, tels qu'ils sont exposés dans le Code civil, afin de pouvoir asseoir sur cette base l'étude juridique des sociétés en commandite par actions, qui fait l'objet spécial de ce travail.

CHAPITRE PREMIER

DES SOCIÉTÉS CIVILES

§ 1. — Notions générales.

L'art. 1832 du Code civil définit la société : un contrat par lequel deux ou plusieurs personnes conviennent de mettre quelque chose en commun, dans la vue de partager le bénéfice qui pourra en résulter.

La société, étant un contrat, est donc soumise à toutes les règles générales édictées au titre troisième du livre troisième du Code civil, mais trois éléments nouveaux s'ajoutent ici :

1° Une chose mise en commun ;

2° Un bénéfice à réaliser ;

3° Un partage à faire de ce bénéfice.

La chose mise en commun par chaque associé peut être de nature différente, et consister en argent, ou autres biens, ou même être simplement une industrie; mais le nom ou le crédit d'une personne ne peuvent constituer à eux seuls une mise sociale.

Le bénéfice à réaliser, puis à partager, est le signe caractéristique du contrat de société; en l'absence de l'intention de réaliser ce bénéfice, il n'y a pas de société. Ainsi l'acquisition d'un immeuble faite par plusieurs n'établit, entre les acquéreurs, qu'une communauté et non une société, quand cette acquisition n'a pas eu lieu en vue d'un bénéfice à réaliser sur la revente. De même les assurances mutuelles, les tontines, les cercles constituent des corps moraux, distincts des sociétés.

Chaque associé, devant participer aux bénéfices, doit également supporter les pertes, et serait nul le contrat de société qui attribuerait à l'un les bénéfices, et à l'autre les pertes. Il en est de même de la stipulation, qui affranchirait de toute contribution aux pertes les sommes ou effets, mis dans le fonds de la société par un ou plusieurs des associés (art. 1854).

Mais ces prohibitions n'empêchent nullement les associés de convenir que les parts respectives de chacun, dans les bénéfices et les pertes, seront différentes; à défaut de stipulations à cet égard, l'art. 1853 nous dit que les parts dans les bénéfices ou pertes seront proportionnelles aux mises.

L'apport d'industrie est, dans ce cas, considéré comme équivalent à la mise de l'associé qui a le moins apporté; mais au cas de dissolution avant le terme fixé, l'apport en industrie n'ayant pas été complet, il y a lieu de ne le considérer que comme une fraction de l'apport le moins considérable. Ainsi la société a été constituée pour 10 ans. L'un des associés apporte son industrie et la mise la moins forte est de 10000 fr. Si la société se dissout au bout de 4 ans, l'apport en industrie n'ayant été réalisé que pour $^4/_{10}$ n'équivaut qu'à 4000 fr. »

Lorsque, dans un acte de société, les parts de chacun ont été inégalement réglées quant aux bénéfices, sans qu'il ait été rien convenu à l'égard des pertes, ces pertes doivent être réparties entre les associés proportionnellement à la part que chacun d'eux aurait eue dans les bénéfices, et non proportionnellement aux mises de chacun.

Enfin la clause, en vertu de laquelle un des associés serait privé de sa part dans les bénéfices, dans le cas où il aurait, par son fait, occasionné des dépenses supérieures à une somme déterminée, est très valable, et ne vicie pas le contrat de société.

Les sociétés civiles ne forment pas des personnes morales, à moins qu'elles ne fonctionnent sous une des formes propres au commerce. Cette question, dans l'étude de laquelle nous n'avons pas à entrer, ne se pose pas pour les sociétés commerciales. Tout le monde leur reconnaît une personnalité ayant des droits, des actions, et des obligations propres.

L'article 1834 exige la rédaction par écrit des actes de société dont l'objet est d'une valeur de plus de 150 francs. Il exclut la preuve testimoniale contre et outre le contenu de l'acte de société, et pour ce qui serait allégué avoir été dit avant, lors ou depuis cet acte, encore qu'il s'agisse d'une somme ou valeur moindre de 150 francs.

Cet article n'est que le développement de l'article 1341 du Code civil; il a pour but, non de soumettre à la rédaction d'un acte instrumentaire la validité des contrats de société, mais seulement d'en proscrire la preuve testimoniale en dehors des cas d'exceptions contenus dans les art. 1347 et 1341.

L'objet de la société, c'est la valeur réunie des apports : si donc cette valeur dépasse 150 francs, la preuve par témoins est exclue, mais chaque associé peut prouver par témoins, quelle que soit leur importance, les bénéfices et pertes, une fois la société légalement constatée.

La cause de la société doit être licite : ainsi une société formée pour l'exploitation en commun d'un office ministériel, ou d'une maison de jeu, serait nulle.

§ 2. — Des différentes espèces de sociétés civiles.

Les sociétés sont universelles ou particulières (art. 1835).

Il y a deux sortes de sociétés universelles :

1° La société de tous biens présents.

2° La société universelle de gains (art. 1836).

La société de tous biens présents est celle par laquelle les associés mettent en commun tous les biens meubles et immeubles qu'ils possèdent actuellement, et les profits qu'ils pourront en tirer (art. 1837, 1°).

L'article 1837 nous dit que la société universelle de biens présents peut aussi être une société de tous gains, mais qu'elle ne peut comprendre les biens qui pourraient leur advenir par succession, donation ou legs. C'est là une application du principe qui défend les pactes sur succession future, et en même temps une dérogation à l'ancien droit qui admettait la société de tous biens présents et à venir. Mais, dans notre législation actuelle, c'eût été donner un moyen trop facile d'éluder la prohibition de donner des biens à venir.

La société universelle de gains comprend tout ce que les parties acquerront par leur industrie, à quelque titre que ce soit, pendant le cours de la société, les meubles que les associés possèdent au jour du contrat et la jouissance des immeubles qu'ils possèdent au même moment (art. 1838).

La loi, après avoir ainsi composé l'actif des deux sociétés qu'elle définit, ne parle pas de la composition de leur passif. Il faut suppléer à ce silence par l'application des principes du droit commun.

La société de biens présents supporte les dettes présentes, dans la proportion des biens que chaque associé apporte à la masse ; elle n'est tenue des dettes futures que si ces dettes sont contractées en vue de lui procurer un profit.

A la société de tous gains, nous appliquerons la même règle : là où va l'émolument actif, là va le passif. Les dettes présentes mobilières ou immobilières seront donc supportées par la société, en proportion de l'apport actif de chaque associé, comparé à l'actif qu'il a gardé.

Si les parties ont simplement formé entre elles une société universelle, sans s'expliquer davantage, la loi présume qu'elles ont voulu former une société de tous gains (art. 1839).

La société particulière est celle qui ne s'applique qu'à certaines choses déterminées, ou à leur usage, ou aux fruits à en percevoir, ou par laquelle les parties se réunissent, soit pour une entreprise désignée, soit pour l'exercice de quelque métier ou profession (art. 1341 et 1342).

Entre quelles personnes peut se former une société ?

L'article 1840 répond à cette question en ces termes : Nulle société universelle ne peut avoir lieu qu'entre personnes capables de se donner ou de recevoir l'une de l'autre, et auxquelles il n'est point défendu de s'avantager au préjudice d'autres personnes.

De cette dernière phrase de l'article, certains auteurs ont voulu conclure que la société universelle était impossible entre personnes ayant des héritiers à réserve, mais aucun motif plausible ne nous paraît justifier ce système d'ailleurs dangereux, puisqu'il soumet ces sortes de sociétés à une cause de nullité toujours imminente ; la pensée des législateurs telle qu'elle résulte de l'exposé des motifs ne nous paraît pas être celle-ci. Aussi croyons-nous que les associés ayant des héritiers à réserve ont formé une société valable, et que si l'un d'eux meurt, l'avantage qui résulte du contrat, au profit des autres associés, subsiste, sauf réduction toutefois.

§ 3. — Des engagements des associés entre eux.

La loi commence par nous donner des règles sur la durée de la société. Celle-ci, à défaut d'autre époque désignée au contrat, commence du jour de ce contrat. Elle dure pendant toute la vie des associés, si le contrat ne restreint pas cette durée, ou s'il s'agit d'une affaire déterminée, pour tout le temps que doit durer cette affaire.

Nous verrons plus loin cependant que la renonciation d'un des associés, notifiée à tous les autres, peut, sous certaines conditions, dissoudre la société (art. 1869).

Les obligations des associés entre eux sont les suivantes :

1° Effectuer son apport au temps convenu.

Si l'apport consiste dans la propriété ou l'usufruit d'un corps certain, l'associé est garant de l'éviction, comme le vendeur envers son acheteur.

S'il a promis d'apporter à la société la jouissance d'un corps certain, ses rapports, envers ses coassociés, sont ceux du bailleur envers le preneur.

L'article 1851 traite la question des risques dans ce dernier cas : si les choses, dont la jouissance seulement a été mise dans la société, sont des corps certains et déterminés, qui ne se consomment point par l'usage, elles sont aux risques de l'associé propriétaire.

Si les choses se consomment, si elles se détériorent en les gardant, si elles ont été destinées à être vendues, ou si elles ont été mises dans la société après estimation par inventaire, elles sont aux risques de la société et, dans ce dernier cas, l'associé ne peut répéter que le montant de l'estimation.

2° L'associé, qui a promis une somme d'argent, est de plein droit en demeure du jour où il devait la verser, et les intérêts courent sans demande en justice. Il en est du reste de même pour le cas où il s'est servi de sommes appartenant à la société.

La loi ajoute : le tout sans préjudice de plus amples dommages-intérêts. Il devra donc indemniser la société de tout dommage qu'a pu causer le retard dans son apport (art. 1846).

L'associé, qui a apporté son industrie, est aussi en demeure du jour où il doit faire son apport, et de ce jour il doit compte à ses associés de tous les gains qu'il a pu faire dans l'espèce d'industrie qui est l'objet de la société (art. 1847).

3° Chaque associé est du reste garant des dommages causés à la société par sa faute, sans pouvoir compenser ces dommages avec les profits, que sa diligence peut avoir procurés à ses coassociés (art. 1850).

4° L'associé doit veiller aux intérêts de la société comme aux siens propres ; par exemple, s'il est créancier d'une somme exigible d'une personne qui doit une somme également exigible à la société, il doit faire l'imputation des payements sur les deux créances, proportionnellement à leur chiffre (art. 1848), à moins que le débiteur n'ait intérêt à le payer d'abord, et l'ait exprimé dans la quittance.

S'il a reçu sa part entière et que le débiteur devienne insolvable, il doit rapporter à la masse ce qu'il a reçu, même s'il a donné quittance pour sa part (art. 1849).

5° Enfin chaque associé doit contribuer aux pertes dans la proportion de la part qu'il prendrait dans les bénéfices (art. 1853).

§ 4. — Droits des associés les uns envers les autres.

Le premier droit de l'associé est de réclamer sa part dans les bénéfices.

Si cette part n'est pas réglée dans l'acte de société, elle est en proportion de la mise (art. 1853).

Du reste, la Cour de cassation (7 décembre 1836) a jugé que le choix d'une alternative, dans le mode de partage des bénéfices d'une société, pouvait être réservé par l'acte social à l'un des associés.

Les associés peuvent aussi convenir de s'en rapporter à un tiers pour le règlement des parts (art. 1854).

La loi admet ici la rescision pour lésion, mais à certaines conditions. Il faut, pour que le règlement de l'arbitre choisi puisse être attaqué, qu'il soit évidemment contraire à l'équité, et nulle réclamation ne sera admise, s'il s'est écoulé plus de trois mois depuis que la partie, qui se prétend lésée, a eu connaissance du règlement, ou si ce règlement a reçu de sa part un commencement d'exécution.

Nous avons vu que les associés, qui ont promis une somme d'argent, sont en demeure du jour où l'apport devait être effectué, et que les intérêts couraient de plein droit du même jour. Corrélativement chaque associé a action contre la société, non seulement à raison des sommes qu'il a déboursées pour elle, mais encore à raison des obligations qu'il a contractées pour les affaires de la société, et des risques inséparables de sa gestion.

Toutefois ces droits ne peuvent être exercés que si l'associé, en qui ils résident, a agi de bonne foi.

Enfin chaque associé a le droit, et ce sans avoir besoin du consentement de ses coassociés, de s'adjoindre une tierce personne, relativement à la part qu'il a dans la société.

Cette tierce personne s'appelle un croupier.

Mais on ne peut, sans le consentement de tous les coassociés, même quand on a l'administration, faire entrer une nouvelle personne dans la société (art. 1861).

Il résulte de ce principe que la femme mariée n'est pas l'associée des associés de son mari.

Toutefois l'article 1861 ne s'oppose pas à ce que, sans le consentement des autres, l'un des associés cède sa part à un tiers, et cesse ainsi d'être tenu des dettes même antérieurement contractées, mais il faut que cette faculté ait été stipulée dans l'acte de société, et encore cette cession et ce droit ne peuvent être opposés aux tiers, que s'ils ont été portés à leur connaissance.

L'objet de la société étant la formation d'un fonds destiné à être exploité dans un but déterminé, il en résulte qu'aucun des associés n'a le droit de provoquer le partage avant la dissolution de la société.

Il en résulte aussi que le cessionnaire d'une part d'intérêt n'aurait pas non plus ce droit, ni même celui de s'immiscer dans les affaires de la société, tout en ayant cependant celui de demander la dissolution, si son cédant tombait en déconfiture.

Les créanciers personnels de chaque associé sont autorisés à faire saisir et vendre la part d'intérêt de leur débiteur, mais ils ne peuvent scinder leur action, et faire vendre séparément la part de leur débiteur dans chacun des objets formant le fonds social, et même après la dissolution ils ne le pourraient pas, ils n'ont que l'action en liquidation.

Chaque associé a le droit de se servir des choses appartenant à la société, pourvu qu'il les emploie à leur destination fixée par l'usage. Mais il ne peut s'en servir contre l'intérêt de la société, ou de manière à empêcher ses coassociés d'en user suivant leur droit, à peine de dommages-intérêts (art. 1859, 2°).

§ 5. — Administration de la société.

L'administration de la société peut être confiée à un ou plusieurs administrateurs, et ce mandat peut être contenu dans l'acte de société, ou être intervenu postérieurement.

S'il est contenu dans l'acte de société, l'administrateur a seul le droit de gérer les affaires de la société; il peut faire, malgré l'opposition des simples associés, tous les actes qui dépendent de son administration, pourvu qu'il agisse sans fraude; de plus son mandat ne peut être révoqué, sans cause légitime, tant que dure la société.

Si au contraire l'administrateur a été nommé par convention postérieure à l'acte de société, c'est un mandat ordinaire, révocable par la majorité des associés et dans ce cas l'administrateur doit, dans sa gestion, marcher d'accord avec cette majorité (art. 1856).

Si les pouvoirs de l'administrateur ne sont pas déterminés par l'acte qui le nomme, l'objet de la société, et le but dans lequel elle a été contractée, en déterminent l'étendue.

Si plusieurs administrateurs ont été nommés, et que leurs fonctions respectives aient été fixées, chacun doit se renfermer dans les termes de son mandat.

S'ils sont nommés *non divisis officiis*, ils peuvent faire séparément tous les actes d'administration (art. 1857).

Enfin si on stipule que l'un ne pourrait rien faire sans l'autre, tous les actes d'administration doivent être faits en commun, et un seul ne peut, sans une nouvelle convention, agir en l'absence des autres, lors même que ceux-ci seraient dans l'impossibilité actuelle de concourir aux actes d'administration (art. 1858).

Le refus, par l'un des administrateurs, de concourir à un acte d'administration, peut donner lieu contre lui à une action en dommages et intérêts, réglés d'après le principe posé en l'article 1992 du Code civil (1).

Le mandat exprès ou tacite cesse de plein droit à la dissolution : Lorsqu'une société s'est mise en liquidation avec constitution d'un mandataire pour opérer cette liquidation, les anciens associés ne peuvent, même proportionnellement à la part qu'ils ont dans la société, toucher le montant des créances sociales, ou en donner quittance libératoire, ce droit n'appartient qu'au liquidateur seul, tant que dure l'opération qui lui a été confiée.

S'il n'existe aucune convention sur le mode d'administration, les associés sont censés s'être donné respectivement mandat d'administrer l'un pour l'autre. Ce que

(1) Art. 1992. — Le mandataire répond non seulement du dol, mais encore des fautes qu'il commet dans sa gestion. Néanmoins la responsabilité relative aux fautes est applicable moins rigoureusement à celui dont le mandat est gratuit qu'à celui qui reçoit un salaire.

chacun fait est valable, même pour la part de ses coassociés, sans qu'il ait pris leur consentement; mais tant
que l'opération n'est pas conclue, chacun a le droit de s'y
opposer (art. 1859).

Du reste ce droit d'opposition doit être soumis à
l'opinion de la majorité. Une opposition mal fondée et
systématique peut donner lieu à des dommages-intérêts,
et même à une demande en dissolution contre l'opposant.

De plus, l'un des associés ne peut non plus faire d'innovation sur les immeubles dépendants de la société, ni
modifier l'objet de la société, alors même que, selon lui,
il devrait en résulter une grande utilité, sans avoir obtenu
préalablement le consentement des autres (art. 1879, 4°).
Il ne peut non plus, s'il n'est administrateur, aliéner, ni
engager les choses même mobilières qui dépendent de la
société (art. 1860).

Enfin chaque associé a le droit d'obliger ses coassociés à faire avec lui les dépenses qui sont nécessaires pour
la conservation des choses de la société (art. 1859, 3°).

§ 6. — Des engagements des associés à l'égard des tiers.

En principe, les associés ne sont pas tenus des obligations contractées par l'un d'eux. Ces obligations peuvent
être contractées de plusieurs manières :

Si l'obligation a été contractée conjointement par tous
les associés, ou par l'un d'eux comme mandataire des
autres, les associés sont tenus chacun pour une part
virile, mais non solidairement. Cette solidarité n'existe
que dans les sociétés commerciales, ou les sociétés qui
en revêtent les formes (art. 1862).

Si l'associé mandataire, ou non mandataire, a contracté une obligation en son propre nom, il est tenu pour le tout ; mais si l'obligation a profité aux autres associés et créé en la personne de l'obligé une action contre chacun de ses coassociés pour la part de profit qu'ils ont retirée, les créanciers exerceront ce recours en vertu de l'art. 1166, et ici non plus pour une part virile, mais proportionnellement à l'intérêt de chacun.

Si l'obligation a été contractée par un associé non mandataire au nom de la société, il y a gestion d'affaires, et si la gestion a été utile, chaque associé est tenu pour une part virile.

Les créanciers des associés ne peuvent réclamer aucune préférence sur le fonds commun au préjudice des créanciers personnels de l'un d'eux. Cela résulte de ce que la société civile n'est pas une personne morale distincte des personnes des associés, aussi cette proposition n'est pas vraie pour les sociétés commerciales.

§ 7. — Différentes manières dont finit la société.

La société finit de plein droit :

1° Par l'expiration du temps pour lequel elle a été contractée.

La prorogation d'une société à temps limité ne peut être prouvée que par un écrit revêtu des mêmes formes que le contrat de société (art. 1866), c'est-à-dire par les moyens à l'aide desquels on aurait pu établir l'existence de la société elle-même.

2° Par la perte totale du fonds commun ou la consommation de l'affaire pour laquelle la société avait été contractée.

La perte par cas fortuit de la chose que l'un des associés avait promise comme apport, survenue avant que l'apport ait été fait, opère la dissolution de la société par rapport à tous les associés (art. 1867, 1°). Si la perte n'a lieu qu'après la réalisation de l'apport, cela est sans effet quant à l'existence de la société.

La perte de la chose restée entre les mains d'un associé, et dont la jouissance seule a été mise en commun, entraîne également la dissolution de la société.

3° Par la mort naturelle de l'un des associés.

Mais il peut être convenu, qu'en cas de mort, la société continuera avec les héritiers même mineurs, ou que la société continuera entre les associés survivants; dans ce dernier cas, l'héritier du défunt n'a droit qu'au partage de la société, eu égard à la situation de cette société lors du décès, et ne participe aux droits ultérieurs, qu'autant qu'ils sont une suite nécessaire de ce qui s'est fait avant la mort de l'associé auquel il succède (art. 1868).

4° Par l'interdiction légale ou judiciaire, la déconfiture ou la faillite de l'un des associés.

5° Par la volonté qu'un seul, ou plusieurs, expriment de n'être plus en société, quand la société n'a pas une durée limitée.

La renonciation se fait par une notification de l'intention où l'on se trouve, à chacun des autres associés ; elle doit être faite de bonne foi et non à contre-temps (art. 1869).

La renonciation n'est pas de bonne foi, lorsqu'elle est faite dans le but de s'approprier seul le profit que les associés s'étaient proposé de retirer en commun.

Elle est faite à contre-temps, lorsque les choses ne sont plus entières, et qu'il importe à la société que sa dissolution soit différée (art. 1870).

On ne peut s'interdire absolument le droit de renoncer, mais on peut convenir, dans l'acte de société, que chacun des associés aura le droit de céder sa part à un tiers qui, par le fait de la cession, entrera dans la société.

La dissolution des sociétés à durée limitée ne peut être demandée par l'un des associés, avant le terme convenu, qu'autant qu'il y en a de justes motifs, comme lorsqu'un autre des associés manque à ses engagements, ou qu'une infirmité habituelle le rend inhabile aux affaires de la société, ou autres cas semblables dont la légitimité ou la gravité sont laissées à l'appréciation des juges (art. 1871).

Du reste, dans les cas où la société est ainsi dissoute de plein droit, les associés majeurs et maîtres de leurs droits conservent la faculté de consentir à la continuation de la société.

§ 8. — Partage du fonds social après la dissolution de la société.

Chaque associé a droit, une fois la société dissoute, de provoquer le partage du fonds social.

L'article 1872 nous dit qu'on applique ici les formes du partage des successions et que le partage des sociétés produit les mêmes obligations, ajoutons et les mêmes effets, que le partage des successions.

Nous appliquerons également les règles de l'article 887 sur la rescision, mais nous écarterons celles de l'article 841 sur le retrait, et la pénalité édictée par l'article 792 contre les héritiers qui ont diverti ou recélé des objets de la succession.

Le partage se fait en établissant le compte de ce qui est dû par chaque associé et de ce qui lui est dû.

Celui qui a apporté une chose en jouissance seulement la prélève en nature sur le fonds social, ou en reprend la valeur sur l'estimation faite, si la chose devait être vendue ou se consommer par premier usage (art. 1851). Du reste l'associé n'a droit à aucune indemnité, si la chose a péri, ou s'est détériorée, sans la faute de ses coassociés.

Telles sont les règles édictées par le Code civil en matière de société, règles qui, aux termes de l'article 1872, s'appliquent aux sociétés commerciales, sur les points qui n'ont rien de contraire aux lois et aux usages du commerce.

Il nous faut maintenant dans un chapitre deuxième donner des notions générales sur les sociétés de commerce, pour arriver dans un chapitre troisième à l'étude de la commandite par actions.

CHAPITRE II

NOTIONS GÉNÉRALES SUR LES SOCIÉTÉS DE COMMERCE

I. — *Quand une société est-elle commerciale?*

La société commerciale, dit M. Bédarride, est celle qui a pour objet de faire le commerce, soit par l'exploitation d'une branche d'industrie déterminée, soit par l'exercice habituel d'actes de commerce. Ainsi une société est commerciale, quand elle est formée pour exercer un commerce, pour faire des actes de commerce (1).

Toute société, qui ne rentre pas dans cette définition, est civile. La forme qu'affecte la société n'influe du reste en rien sur son caractère, c'est son objet et son objet seul qui la détermine.

On a cependant essayé de faire une distinction, et de

(1) Art. 632 (Code de commerce). La loi répute acte de commerce tout achat de denrées et marchandises pour les revendre soit en nature, soit après les avoir travaillées et mises en œuvre, ou même pour en louer simplement l'usage ; — toute entreprise de manufactures, de commission, de transport par terre ou par eau ; — toute entreprise de fournitures, d'agences, bureaux d'affaires, établissements de ventes à l'encan, de spectacles publics ; — toute opération de change, banque et courtage ; — toutes les opérations des banques publiques ; — toutes obligations entre négociants, marchands et banquiers ; — entre toutes personnes, les remises d'argent faites de place en place.

Art. 633. — La loi répute pareillement actes de commerce : — toute entreprise de construction et tous achats, ventes et reventes de bâtiments pour la navigation intérieure ou extérieure ; — toutes expéditions maritimes ; — tout achat ou vente d'agrès, apparaux et avitaillements ; — tout affrétement ou nolissement, emprunt ou prêt à la grosse ; — toutes assurances ou autres contrats concernant le commerce de mer ; — tous accords et conventions pour salaires et loyers d'équipage ; — tous engagements de gens de mer pour le service des bâtiments de commerce.

dire : Toute société, dont l'objet est essentiellement immobilier, est civile, mais si, pour vendre les produits de son fonds, elle a recours à des agissements commerciaux, elle peut être commerciale, si elle se déclare telle.

Cette distinction ne nous semble pas bonne : c'est l'objet de la société qui en détermine la nature, non la volonté des parties, et la société civile qui opère sur son fonds deviendra commerciale bon gré mal gré, si elle se livre à des actes habituels de commerce, si par exemple, ne se contentant plus de vendre les produits de son fonds, elle établit une usine pour les travailler et les revendre transformés.

C'est ce qui arrive notamment pour une société formée afin d'exploiter une mine : tant qu'elle se contente d'extraire et de vendre son minerai, elle est civile; construit-elle une usine qui transforme son minerai en fer, elle devient commerciale, quand bien même elle voudrait rester civile. Mais la société, civile par son objet, qui se déclare commerciale dans ses statuts, est-elle commerciale?

M. Troplong (1) la déclare commerciale. Malgré l'autorité de cet éminent jurisconsulte, nous pensons différemment. Ce n'est pas la volonté des parties, mais la nature des actes par elles faits, qui fixe la nature de la société qu'elles forment. M. Troplong nous objecte qu'on ne peut refuser à personne, pour augmenter les moyens d'exploitation et le crédit, le droit de se constituer commerçant et de s'assujettir à toutes les obligations d'une profession ouverte à tout le monde.

Sans doute tout le monde a le droit d'être commerçant, et la loi du 2 mars 1791 a proclamé la liberté du

(1) *Sociétés*, n° 331.

commerce en supprimant les corporations et le chef
d'œuvre. Mais, pour être commerçant, il ne suffit pas de
dire je suis commerçant, il faut faire des actes de commerce ; c'est ce que paraît avoir oublié M. Troplong. Une
société civile, qui ne fait pas d'actes de commerce habituels, ne peut donc à notre avis que rester civile, quand
bien même elle se déclarerait commerciale.

Ce principe qui paraît très précis et très clair a donné lieu
dans l'application à des interprétations très différentes, et la
multiplicité, la variété des opérations entreprises rend souvent difficile une détermination exacte de leur caractère.

Aussi un nombre considérable d'arrêts est-il intervenu
sur de non moins considérables espèces. Il ne rentre ni
dans notre intention ni dans notre cadre de les cataloguer
ici : un récent ouvrage de M. Rodolphe Rousseau en a
du reste présenté une très complète énumération (1).

L'adoption de la forme commerciale n'influe en rien,
nous l'avons dit, sur le caractère de la société civile. Ainsi
une société civile peut, sans changer sa nature, organiser
ses statuts d'après les formes du commerce. Il en résulte
que la société civile devra se soumettre à toutes les prescriptions relatives à la forme par elle adoptée, et que les
associés seront tenus envers les tiers d'après les règles
que le Code de commerce, ou les lois postérieures, ont
établies pour les sociétés commerciales.

On a contesté cette dernière proposition en se fondant
sur ce fait que la société restant civile ne peut être mise
en faillite, et que le droit des tiers n'est pas sauvegardé.

Il nous semble toutefois que les conditions de publi-

(1) *Des sociétés commerciales*, t. I, nᵒˢ 105 et suiv.

cité, auxquelles sont en ce cas soumises les sociétés, sauvegardent assez l'intérêt des tiers qui savent parfaitement ce qu'ils font, en contractant avec ces sociétés.

Mais ces résultats ne peuvent faire que les sociétés civiles, organisées d'après la forme commerciale, deviennent elles-mêmes commerciales ; elles restent civiles et toutes les différences, qui existent entre les sociétés civiles et les sociétés commerciales, subsistent entre elles.

Mais à l'inverse une société commerciale peut-elle se constituer sous une forme civile ?

Il est évident que non, puisque les formalités auxquelles elle est soumise sont prescrites à peine de nullité, tant par le Code de commerce, que par la loi du 24 juillet 1867.

L'intérêt de distinguer les sociétés civiles des sociétés commerciales est le suivant :

1° Les sociétés commerciales sont soumises à la compétence des tribunaux de commerce, les sociétés civiles relèvent des tribunaux civils.

2° Les sociétés commerciales peuvent être déclarées en faillite, les sociétés civiles ne peuvent tomber qu'en déconfiture.

3° Toute société commerciale, nous le verrons plus loin, doit être constatée par écrit ; la société civile ne l'est pas forcément.

4° La société commerciale est soumise à certains modes de publicité, la société civile ne l'est pas, si elle n'a pas adopté la forme commerciale : cette différence n'existe que dans la forme.

5° Les actions contre les associés civils sont soumises à la prescription ordinaire de 30 ans, celles contre les

associés commerciaux se prescrivent par cinq ans
(art. 64 du Code de commerce).

6° Les obligations, contractées par l'un des associés
civils, n'obligent les autres que pour une portion virile,
et sans solidarité; les associés commerciaux sont solidairement responsables des obligations de la société.

7° Enfin, et sauf controverse, la société civile n'est
pas une personne morale; la société commerciale est un
être collectif, distinct des individus qui la composent.

II. — *Personnalité des sociétés commerciales.*

La personnalité des sociétés commerciales, sauf peut-
être pour les sociétés en participation, est reconnue de
tout le monde. Cette fiction est du reste très commode
en ce qu'elle simplifie les opérations, comme nous allons
le voir en en étudiant les conséquences :

1° Une première conséquence est d'empêcher l'indivision : le fonds social n'est pas indivis, il appartient à un
seul, l'être moral société. Les associés touchent leur
dividende s'il y a des profits; leurs actions dans la société
sont des meubles, mais ils ne peuvent disposer, pour leur
part, du fonds social, car ce fonds ne leur appartient pas,
il est à la société.

2° Le fonds social est la garantie exclusive des créanciers sociaux, et les créanciers personnels des associés n'y
ont aucun droit, tant que dure la société.

3° A l'inverse la personne des associés, comme créanciers, disparaît devant celle de la société, et un tiers,
créancier de l'un des associés et débiteur de la société,
ne peut opposer la compensation, même à concurrence

de la part de l'associé débiteur dans le fonds social.

4° Une société commerciale, étant une personne, peut comme chaque commerçant être déclarée en faillite.

5° En cas de procès avec la société, un seul exploit remis au domicile social ou à l'un des gérants suffit, et il n'y a pas besoin de signifier cet exploit à chacun des associés.

6° La société a un domicile distinct de celui des associés. L'exploit d'ajournement y est valablement signifié. Si la société est défenderesse la demande est portée devant le tribunal du domicile social. S'il y a des succursales avec un agent ayant pouvoir de représenter la société, ou si c'est une affaire peu importante, la demande peut être portée devant le tribunal de la succursale.

III. — *Des diverses espèces de sociétés commerciales.*

Le Code de commerce reconnaît plusieurs sortes de sociétés :

C'est d'abord la société en nom collectif, qui est celle que contractent deux personnes ou un plus grand nombre, et qui a pour objet de faire le commerce sous une raison sociale. Dans cette société, chacun des associés est solidaire avec les autres de tous les engagements de la société pris sous la raison sociale.

La société en commandite, qui se contracte entre un ou plusieurs associés responsables et solidaires, et un ou plusieurs associés simples bailleurs de fonds, que l'on nomme commanditaires.

Cette société est simple ou divisée par actions.

La société anonyme, dans laquelle tous les associés

sont inconnus du public, et n'engagent que leur intérêt dans la société.

Elle est qualifiée par la désignation de l'objet de son entreprise.

Enfin le Code de commerce reconnaît les associations en participation, que Savary appelle sociétés anonymes dans le sens d'inapparentes, et que Rogue définit ainsi : « Cette société ne se fait sous aucun nom, chacun travaille de son côté, sous son nom particulier. Ils se rendent réciproquement compte des profits et pertes qu'ils partagent. »

Ajoutons enfin les sociétés à personnel et à capital variables.

Nous n'insisterons ici que sur l'une de ces espèces de sociétés, la commandite par actions, mais il nous faut encore donner la distinction entre les sociétés par intérêts et les sociétés par actions.

IV. — Généralités sur les sociétés par actions.

Les sociétés en général sont par intérêts ou par actions.

« L'intérêt, dit M. Boistel, est l'équivalent de l'apport de l'associé, la cause juridique de ses obligations; c'est le droit éventuel au partage des bénéfices annuellement et au partage du fonds social à la dissolution de la société. »

Quelle est au juste la nature de ce droit? La société est propriétaire du fonds social; on ne peut avoir sur la même chose deux droits de propriété complète, quel va être alors le droit conféré par l'intérêt ?

On a dit que les associés étaient co-propriétaires à terme, mais cette explication nous paraît incompatible

avec l'art. 529 du Code civil, qui déclare l'intérêt droit
mobilier. Comment, si c'est un droit de co-propriété
même à terme, ce droit pourrait-il être un droit mobilier,
quand le fonds social se compose d'immeubles ?

Disons donc que ce droit est un droit de créance : les
associés sont créanciers de leur part dans le fonds social,
et à la dissolution de la société, par l'effet de l'article 1138
du Code civil, ils deviennent co-propriétaires.

Toutefois ce droit de créance ne s'exercera sur le fonds
social qu'après complet désintéressement des créanciers
de la société avec lesquels les associés ne peuvent être
admis à concourir pour leur intérêt.

L'intérêt est un droit mobilier qui dure aussi longtemps
que la société, il est de quotité incertaine puisqu'il varie
suivant les gains ou pertes, et, de sa nature, il est incessible sans le consentement des coassociés.

L'inconvénient résultant de cette incessibilité fit transformer l'intérêt en action ; il n'y a donc entre l'intérêt et
l'action qu'une différence du genre à l'espèce, l'intérêt
devient action quand il revêt certains caractères.

Quels sont ces caractères ?

1° La société est par actions quand il y a eu souscription
publique du capital, quand par conséquent la société a
été formée sans *intuitus personæ ;* toutefois gardons-nous
de voir là un caractère essentiel de l'action : une société
peut être par actions sans qu'il y ait eu appel au public,
quand par exemple on place les actions dans le cercle
restreint des connaissances et amis des fondateurs.

2° La grandeur de l'entreprise peut être aussi un signe
de la société par actions : Plus le capital est considérable,

plus on est obligé de faire appel au public, et plus on a l'habitude de créer des actions.

3° La cession de l'action se fait sans être obligé d'avoir le concours de tous les associés.

4° Les actions sont égales entre elles et indivisibles.

5° L'action est négociable par les moyens rapides du commerce.

L'action revêt plusieurs formes d'où dépend le mode de négociation. Elle est *au porteur*, et elle se transmet alors par la seule remise du titre (art. 35 du Code de commerce).

Elle est *nominative*, et elle se transmet alors par une déclaration de transfert inscrite sur registre *ad hoc*, tenu au siège de la société, et signée du cédant ou de son mandataire.

Il y a plusieurs espèces de transferts : 1° Le transfert réel, en vertu duquel le cédant consent la radiation de son nom sur les registres de la société et le remplacement de ce nom par celui du cessionnaire, moyennant un prix de cession de son titre.

2° Le transfert d'ordre, ou transfert fait à l'agent de change chargé de vendre, pour être ensuite fait par ce dernier à l'acheteur : ce transfert est nécessité par la règle du secret imposé aux agents de change. Il est du reste affranchi de tout droit fiscal.

3° Le transfert de garantie, qui est une mise en gage des titres pour le paiement d'une dette quelconque.

4° On peut encore · citer le transfert de forme, qui a lieu dans le cas suivant : *Primus* a un titre de 20 actions, il en vend 10 à *Secundus*, son titre est annulé et on fait un transfert réel pour 10 actions à *Secundus* et un transfert de forme pour les 10 actions à *Primus*.

L'action peut encore être *d ordre*, et elle se transmet alors par un simple endossement. Cette dernière forme d'action n'est indiquée par aucun texte : c'est le résultat de l'usage et de la pratique. Son avantage est d'être plus facilement transmissible que l'action nominative, sans présenter les dangers de perte de l'action au porteur.

La cessibilité de la part d'associés, par un de ces trois modes, est un moyen de reconnaître ordinairement une action : on peut donc dire que l'intérêt est la part d'associé incessible par sa nature, l'action, la part d'associé naturellement cessible.

Mais où trouver le point exact de démarcation entre l'intérêt et l'action? comment donner un *criterium* qui serve à reconnaître du premier coup l'intérêt de l'action, et qui permette de dire à première vue que telle société est par actions, telle autre étant par intérêts?

Sans doute l'intérêt est naturellement incessible, mais rien n'empêche de stipuler que l'intérêt sera cessible, et ce, même par les moyens rapides du commerce, et sans le consentement des coassociés : une société formée dans ces conditions est-elle une société par actions. En un mot, la cessibilité et la négociabilité sont-elles incompatibles avec l'intérêt?

Cette question très délicate divise absolument la doctrine. Dans un remarquable article de la *Revue critique*, un de nos plus éminents professeurs rejette toutes les définitions des auteurs (1). « On ne peut voir, nous dit-il,

(1) *Revue critique*, année 1869, p. 135 (M. Beudant).

« le caractère constitutif et distinctif de l'action ni dans
« la limitation de la responsabilité des associés au mon-
« tant de l'apport : il y a des associés à parts d'intérêts,
« spécialement les commanditaires, dans la commandite
« simple, qui ne sont passibles des dettes sociales que
« jusqu'à concurrence des fonds qu'ils ont mis, ou dû
« mettre, dans la société ; ni dans la division du capital
« social en fractions de valeur égale et uniforme : il peut
« y avoir des actions de quotité et de valeur inégale, et
« les parts d'intérêt, dans une société en nom collectif,
« peuvent être stipulés cessibles ; ni dans la cessibilité :
« les parts d'intérêts peuvent être stipulées cessibles et les
« actions peuvent n'être transmissibles qu'avec l'appro-
« bation des associés ; ni enfin dans la négociabilité des
« titres : l'action peut n'être que cessible, et rien ne s'op-
« pose à ce que l'intérêt soit déclaré négociable. »

Voilà tous les systèmes renversés, reste à en édifier un
autre sur ces ruines ; qu'on nous permette de donner
encore le texte même de la définition qui les remplace :

« Si les parts d'associés sont absolument incessibles et
« intransmissibles, de telle sorte que les rapports sociaux
« doivent rester exclusivement concentrés entre les asso-
« ciés primitifs, aucun doute ne s'élèvera : la considéra-
« tion des personnes prédomine, la retraite d'un associé
« et son remplacement ne sont possibles que par un nou-
« veau contrat, la société est par intérêts.

« Si les parts d'associés sont susceptibles d'être cédées
« et transmises, elles peuvent ou rester parts d'intérêts ou
« devenir actions : elles resteront parts d'intérêts si le
« droit de les céder n'apparaît que comme une faculté

« dérogatoire au droit commun, formellement réservé
« dans l'acte de société soit par tous les associés, soit par
« quelques-uns ; elles deviennent actions si le droit de les
« céder apparaît comme découlant de leur nature même,
« quelles que soient d'ailleurs les conditions auxquelles
« l'exercice du droit est soumis. »

Voilà comme on prétend établir la ligne de démarcation entre l'action et l'intérêt ; mais n'en déplaise à mon
illustre professeur, je me permets de trouver peu définie
sa ligne de séparation. Avec M. Batbie, je lui demanderai
le moyen de reconnaître, d'une façon certaine, les signes
d'où il apparaît que le droit de cession est une faculté
dérogatoire au droit commun, ou bien découle de la nature même de la part d'associé.

Ces signes sont, à mon avis, dans la négociabilité et
l'indivisibilité du titre, et cela résulte de la manière la
plus claire de la façon dont les actions sont nées. A
l'origine les sociétés étaient toutes par intérêts ; cet intérêt,
incessible naturellement, pouvait cependant être l'objet
d'une cession en obtenant le concours de tous, ou bien
encore en vendant sa part dans la société tout en y restant
en nom.

A mesure que les sociétés s'étendirent, qu'elles devin-
rent de grandes entreprises faisant appel à de nombreux
capitaux, qu'elles furent un des moyens les plus puissants
du commerce, on dut songer, et l'on songea en effet, à
faire de ces parts d'associés, immobilisées sur une seule
personne, une valeur circulante, pour me servir de l'expression de Melon, une sorte de titre mobilier facilement
réalisable en argent par les moyens rapides du com-

merce; c'est alors que l'intérêt se transforma en action:

L'action n'est donc qu'un intérêt cessible par les moyens du commerce.

Cette négociabilité est donc le *criterium* certain auquel on reconnaîtra l'action; c'est ce qui la distingue de l'in-térêt qui sans doute peut être cessible dans certains cas, mais ne sera jamais une valeur négociable comme l'action.

Et, pour prétendre que rien ne s'oppose à ce que l'intérêt soit négociable, il faut avoir été bien entraîné, par une savante métaphysique, en dehors de l'invincible réalité qui fait précisément une action de l'intérêt négociable par les moyens commerciaux.

Je n'invoquerai pas seulement à l'appui de ma thèse la pratique journalière et son langage, je citerai avec M. Vavasseur, qui avant moi a développé cette opinion (1), la manière dont s'expliquent constamment les législateurs qui, en 1856, en 1863 et en 1867, ont bien entendu par actions les titres négociables nominatifs ou au porteur, les valeurs commerciales et fiduciaires dont ils règlent, avec tant de soin, la souscription, l'émission, la négociation et la conversion. Cela s'applique-t-il à l'intérêt? Et pourtant on objecte le texte de la loi de 1867, qui établit que les actions ne sont négociables qu'après le versement du quart, que les actions des administrateurs doivent être déposées et sont inaliénables; c'est donc, dit-on, que l'action n'est pas naturellement négociable.

La réponse à ces objections est facile : Si l'action n'est négociable qu'après versement du quart, c'est qu'avant ce

(1) *Traité des sociétés civiles et commerciales*, t. I, n° 330.

versement il n'y a pas de société, et il ne peut y avoir d'action sans société pour les émettre : quant à l'immobilisation des actions des administrateurs, c'est là une exception qui confirme la règle. La loi a dû expressément ici défendre la négociabilité pour faire une garantie aux tiers ; du reste, après un certain temps écoulé, ces actions redeviendront aliénables, quand la garantie, due par les administrateurs qui ont cessé de l'être, aura été suffisante.

On a objecté aussi la loi du 5 juin 1850 qui parle, dans son article 25, d'actions non négociables, mais la loi ne traite pas ces actions comme telles, elle n'en parle que pour leur refuser les avantages faits aux autres ; c'est donc qu'à son point de vue ce ne sont pas là de véritables actions.

Nous savons maintenant ce que c'est qu'une action. Voyons quelles sont les différentes espèces que la pratique a consacrées.

V. — *Des différentes espèces d'actions.*

L'idée de la loi, son esprit est certainement que l'action n'est autre chose qu'une partie du capital destinée à être payée en argent ou en nature, et qu'en dehors de cela il n'y a pas d'actions.

La pratique a cependant étendu ce cercle assez étroit et il existe des actions de toutes sortes :

1° C'est d'abord l'action type, celle qui doit être libérée en argent ou valeurs, et qui est destinée à entrer dans la caisse de la société pour lui permettre de faire ses opérations et de payer ses dettes ; en un mot c'est *l'action de capital.*

- On l'a divisée en action de capital espèce, c'est l'action libérée en argent, en action d'apport, ou action libérée en immeubles, et en action mixte ou action libérée partie en argent, partie en immeubles.

Toutes ces actions donnent du reste droit à la répartition des bénéfices, et au partage du fonds social.

Il est une opinion assez répandue dans le public, et contre laquelle il importe de se prémunir; elle tient à la pratique presque constante de diviser le coupon de l'action de capital en deux : coupon d'intérêt, représentant l'intérêt du capital de l'action, et coupon de dividende, représentant la part afférente à l'action dans les bénéfices. D'où on a conclu que l'actionnaire avait toujours droit au moins à l'intérêt de son argent.

Souvent même, et dans le but d'assurer la souscription de ses actions, une société qui se fonde assure par ses statuts aux souscripteurs, et pendant les années où l'entreprise, se fondant, doit être forcément infructueuse, l'intérêt du capital par eux fourni. Cette pratique, presque nécessaire bien souvent, est pourtant très vicieuse et on ne doit s'en servir qu'avec une très grande réserve. Cette distribution d'intérêts est prise sur le capital, qu'elle diminue au grand préjudice de l'entreprise toujours, des tiers souvent.

L'actionnaire n'a en effet droit aux intérêts de son capital que si des bénéfices ont été réalisés, bénéfices suffisants pour lui payer cet intérêt; nous verrons plus tard les textes de la loi qui défendent cette distribution d'intérêts, qu'il nous suffise ici de poser le principe.

2° Une autre espèce d'action, c'est l'*action industrielle :*

l'associé, qui au lieu du capital apporte son industrie, reçoit en échange des actions industrielles qui représentent le capital formé par son travail.

Les actions industrielles, en principe, ne donnent droit qu'à la répartition des dividendes et c'est comme telles que M. Vavasseur (1) en fait une classe des actions de jouissance.

Toutefois rien n'empêche d'insérer aux statuts que l'action industrielle donnera droit, dans une certaine mesure, au partage du capital. Nous avons vu le Code civil évaluer l'apport en industrie pour le partage du fonds social, nous appliquerons ici ce principe : toutefois il faut que les statuts s'expliquent clairement sur ce point.

Le droit que donnent les actions industrielles est donc très éventuel, aussi importe-t-il que tout agiotage sur de telles actions soit interdit. Il faut de plus que les porteurs de pareilles actions ne puissent, en les vendant, se débarrasser de l'obligation d'apporter à la société le concours de leur industrie : aussi est-ce avec raison que M. Troplong (2) observe que la création des actions industrielles est le plus souvent accompagnée de la stipulation, que ces actions resteront déposées pendant toute la durée de la société.

3° Les statuts des sociétés par actions contiennent le plus souvent la clause que, sur les bénéfices réalisés, une partie sera distraite, destinée à rembourser chaque année une partie des actions : c'est le plus souvent le tirage au sort qui désigne les actions qui seront ainsi remboursées. C'est ce qu'on appelle l'amortissement : cette opération, est du reste le plus souvent impérieusement commandée

(1) *Traité des sociétés civiles et commerciales,* t. I, n° 532.
(2) *Du contrat des sociétés,* t. I, n° 133.

par les choses elles-mêmes. Une usine, des bâtiments, des machines se détériorent par l'usage, et si l'on ne prend pas soin de mettre en réserve chaque année des capitaux destinés à les remplacer, on ne trouve plus à la fin de la société qu'une valeur insignifiante, et les porteurs d'actions ne trouveront pas la somme sur laquelle ils comptaient pour être remboursés de leurs mises.

Mais le porteur de cette action amortie ne peut perdre par là le droit à la répartition du bénéfice ultérieur, il ne perd que le droit au coupon d'intérêt, s'il y en a, et il ne peut prétendre au partage du fonds social que sur ce qui reste, après remboursement complet des autres actions. Ce droit subsistant pour l'actionnaire ainsi remboursé est appelé *action de jouissance*.

Les créanciers de la société ont-ils le droit de poursuivre le porteur d'une action de jouissance en paiement du montant de son action, si, après le remboursement effectué, le capital social disparaît dans des spéculations malheureuses ?

Nous reviendrons sur cette question : qu'il nous suffise de remarquer ici que la loi considère comme irrévocablement acquis à l'actionnaire tout ce qui provient d'une répartition régulière des bénéfices ; or le remboursement de l'action est un prélèvement fait sur ces bénéfices, et les créanciers ne peuvent prétendre poursuivre l'actionnaire de ce chef.

4° L'*action de prime* est l'action que les fondateurs d'une société délivrent gratuitement à certains individus qui ont promis d'aider la société, ou l'ont aidé de fait, en rémunération des services par eux rendus. Ces actions sont de la même nature que celles attribuées aux fondateurs, en paiement de l'idée qu'ils ont apportée, des soins et démarches que leur a occasionnés la fondation de la société, et qui sont appelées *actions de fondateur*. Toutefois remarquons que ces actions devant représenter un capital, les services, en rémunération desquels elles sont données, doivent être appréciés en argent, ou bien les actions elles-mêmes doivent être évaluées et approuvées comme apports en nature.

Ces actions donnent droit au partage des bénéfices sociaux, sans donner évidemment droit au coupon d'intérêt, ni au partage du capital.

M. Vavasseur (*loc. cit.*, n° 534) y voit le type de l'action de jouissance : « c'est en quelque sorte, dit-il, la partici-
« pation du travail avec le capital aux produits obtenus
« par les deux forces unies, participation laissant toutefois
« une certaine primauté au capital, qui, avant toute ré-
« partition, prélèvera un intérêt et sera remboursé lors
« de la liquidation. »

5° Il arrive quelquefois qu'une société en pleine prospérité désire donner à ses affaires une extension plus considérable, mais qui ne produira des bénéfices que dans un temps peut-être éloigné. Le moyen est de créer de nouvelles actions ; mais il serait injuste que ces *actions nouvelles* (c'est le mot dont on les désigne) donnent les mêmes droits que les anciennes : on stipule alors que, pendant un certain temps, ces actions ne donneront droit qu'à un coupon d'intérêt.

Ces différentes actions sont-elles d'une création licite? Nous avons dit que l'esprit de la loi ne concevait qu'une action type, l'action de capital : la pratique a ajouté pour les besoins journaliers les actions que nous venons de citer, cet usage est-il légal?

Nous pouvons d'abord dire, en faveur de la légalité de ces actions, que si la loi n'en permet pas la création, elle ne la défend pas non plus. Aucun texte n'en parle : pourquoi du reste les eût-on défendues? Elles répondent à un besoin pratique; elles sont sanctionnées par un long usage, elles sont basées sur un fonds d'équité qui les recommande naturellement, et, en droit commercial, c'est l'usage et l'équité, en tant qu'ils ne blessent pas les textes de la loi, qui doivent prévaloir.

6° Une autre sorte d'action dont la validité est plus contestée, c'est l'*action dite de priorité ou privilégiée*. L'action de priorité est celle qui donne un droit de préférence sur les autres actions, droit en vertu duquel, en cas d'insuffisance du capital, le porteur d'une action de priorité sera remboursé avant celui d'une action de capital simple.

On a d'abord opposé, à la validité de pareils titres, l'article 34 du Code de commerce qui déclare que les actions sont de valeur égale : cette énonciation de l'article 34 n'est pas péremptoire. En effet, elle manque de sanction, et l'on ne comprend guère une règle obligatoire qui n'est pas sanctionnée. Il faut donc en conclure que l'article 34 n'a fait qu'énoncer ce qui arrive le plus souvent et que l'égalité des titres est de la nature, sans être de l'essence, des sociétés par actions.

Rien de plus licite et de plus conforme aux principes, du reste, que cette préférence : l'égalité dans le partage est la règle, mais n'avons-nous pas vu, dans le Code civil, l'article 1853 admettre la possibilité de parts inégales ; la création d'actions de priorité n'est rien autre chose ; aussi la croyons-nous licite, si elles ont été régulièrement créées dans l'acte de société, ou postérieurement en vertu d'une clause suffisamment explicite des statuts.

7° On a encore imaginé de subdiviser l'action en deux titres : le premier donnant droit à l'intérêt du capital et à une quote-part sur les bénéfices, le second au surplus des bénéfices. Notre législation se prête peu à cette combinaison assez pratiquée en Angleterre et en Allemagne. Chez nous un taux minimum est fixé à l'action. Si donc l'émission est faite à ce minimum, l'action ne peut être scindée sans violer la loi : tout au plus pourrait-on soutenir la validité de cette division, si l'émission se fait au double du minimum fixé par la loi.

8° On a encore trouvé ce que j'appellerai des actions garanties. Pour attirer les souscripteurs, des sociétés ont fait garantir aux actionnaires, par des tiers, le paiement d'un dividende déterminé, ou bien encore le remboursement du montant de l'action, en cas d'absence de bénéfices dans un délai déterminé. Cette convention est en dehors du contrat de société, et nul principe ne s'oppose à sa validité. Toutefois si la garantie est fournie par l'un des actionnaires, cette garantie sera annulée en vertu de l'art. 1855 du Code civil, qui déclare nulle la stipulation affranchissant de toute contribution aux pertes les sommes ou effets mis dans le fonds de la société par un ou plusieurs des associés ; il faut donc que le garant pris en dehors de la société.

CHAPITRE III

HISTORIQUE DE LA SOCIÉTÉ EN COMMANDITE PAR ACTION.

L'origine de la commandite est très ancienne, et remonte aux temps les plus reculés. On conjecture que les maisons de banque chez les Athéniens étaient organisées en commandite. Les sociétés romaines en présentent également des exemples; mais, sans nous arrêter à démontrer la vérité de ce fait, qui ne repose que sur des probabilités, nous pouvons en affirmer l'existence en France au treizième siècle. Les statuts de Marseille (liv. III, chap. xix à xxiv) la mentionnent et Casaregis nous en parle comme d'une sorte de société distincte des autres : *Accommandita sive societas viam accommandæ inita.*

L'étymologie du mot lui-même est, d'après Savary, dans le mot commander, parce que celui qui remet l'argent fait la loi à l'autre. Toubeau nous en donne une autre plus singulière encore. Suivant lui : *Commandite* vient de *comment dit*, parce que les termes de l'acte font la loi des parties. Nous n'insisterons pas sur la valeur de ces étymologies, que nous donnons pour ce qu'elles valent, il nous suffit de remarquer que la commandite vient du contrat de commande, par lequel une personne confiait à une autre des marchandises ou de l'argent, pour l'employer dans le trafic, et en partager les bénéfices.

C'est du reste l'objet de la société en commandite simple : celui qui fournit les fonds, le commanditaire, est l'associé responsable seulement jusqu'à concurrence de son apport.

Le gérant est l'associé responsable sur tous ses biens.

La commandite par actions présente les mêmes caractères; c'est une société anonyme combinée avec une gérance responsable.

Ceci posé, examinons l'historique de la législation sur les commandites par actions.

Bien avant le Code de commerce, la commandite était connue en France. La banque de Law était une société en commandite par actions, et l'engouement pour cette forme de société fut tel, à cette époque, qu'un auteur proposa de confier le gouvernement de la France à une société en commandite par actions au capital de six milliards pouvant être porté à douze milliards (1).

L'ordonnance de 1673, sur le commerce, contenait du reste toutes les règles sur les sociétés que le Code de commerce a reproduites.

Notre Code ne consacre aux commandites par actions qu'un seul article ainsi conçu : Le capital des sociétés en commandite pourra être aussi divisé en actions, sans aucune autre dérogation aux règles établies pour ce genre de société (art. 38).

A mesure que les grandes entreprises commerciales se développèrent, que le commerce, débarrassé des entraves qu'il trouvait avant la révolution, se trouva ouvert à tous, on sentit le besoin de s'unir pour produire, tant en industrie qu'en capitaux, une force assez grande pour faire

---

(1) M. de la Jonchère, *Systéme d'un nouveau gouvernement de la France.* Paris, 1728.

face aux exigences et à la grandeur des opérations ten-
tées. Parmi les formes de sociétés organisées par le Code
de commerce, la société en nom collectif et la commandite simple ne pouvaient suffire pour une entreprise exigeant des capitaux considérables. La société anonyme
était soumise à des entraves trop nombreuses, parmi lesquelles la principale, l'autorisation préalable, fit déserter
également ce genre de sociétés.

On se rejeta sur la commandite par actions qui, d'après
le Code de commerce (art. 38), n'était soumise à aucune
entrave. Les fondateurs de la société avaient liberté entière
quant à la division des actions, le mode d'émission, les
rapports des gérants avec les actionnaires.

Cette liberté fut la cause de la grande faveur dont
jouirent les sociétés en commandite par actions : on
arriva par un biais à éluder les entraves que la loi avait
mises à la société anonyme, en fondant les commandites
par actions au porteur sur lesquelles les spéculateurs se
livrèrent bientôt à un agiotage effréné. Le raisonnement
fut le suivant : « Dans une commandite il faut un ou
« plusieurs associés responsables; soit, nous en aurons
« un. Il faut un nom social, qui doit être celui du gérant;
« qu'importe, nous ne tenons pas à paraître diriger, mais
« à diriger effectivement. Mais les commanditaires, dit
« la loi, ne peuvent faire aucun acte de gestion, même
« en vertu d'une procuration, sous peine d'être obligés
« solidairement avec le gérant pour toutes les dettes
« sociales. Voilà qui est grave. Cependant on peut
« tourner cette difficulté; nous diviserons le capital en
« actions au porteur. On ne saura point que nous sommes

« commanditaires ; nous pourrons donc gérer sans plus
« de risques que les actionnaires d'une société anonyme
« que leurs coassociés auraient élus administrateurs.
« Mais le gérant consentira-t-il à cette immixtion ? Il fau-
« dra bien qu'il y consente : nous en ferons un simple
« employé révocable à volonté, et obéissant à nos or-
« dres (1). »

Une grave difficulté s'éleva bientôt sur la validité
d'une telle convention : les plus éminents jurisconsultes
furent partagés sur la question de savoir si les sociétés
en commandite pouvaient émettre des actions au porteur.

Le Code de commerce, disaient les uns, ne permet de
diviser le capital des sociétés en commandite qu'en actions
nominatives : car, dans la commandite, les personnes
s'associent en considération les unes des autres ; l'art. 23
du Code de commerce en offre une preuve irréfutable : si
les actions sont au porteur, les associés ne pourront jamais
se connaître, les tiers ne sauront à qui s'adresser pour
exercer leur recours, enfin les commanditaires pourront
gérer tout à leur aise, et la loi sera violée.

On répondait que l'*intuitus personæ* n'est nullement de
l'essence de la commandite, et la division du capital
social en actions nominatives aura à cet égard les mêmes
inconvénients que la division en actions au porteur.

Il ne peut être question ici du recours des tiers : l'actionnaire, qui cède son action, la libère complètement, on
ne peut lui demander davantage. S'il ne l'a pas libérée,

(1) Lescœur, *Essai sur la législation des sociétés commerciales*, n° 46.

on connaît son nom, qui figure sur le registre de la société, et le recours subsiste.

Enfin les commanditaires, dit-on, pourront gérer, mais qui empêchera alors de prouver leur gestion par les livres de la société. Les tiers ont su que la société était par actions au porteur, ils ont accepté la difficulté, et ne peuvent s'en plaindre.

Du reste l'art. 38 vient après les règles de la société anonyme, il dit que les commandites pourront *aussi* être divisées par actions, il est incontestable que cet article vise aussi bien les actions au porteur que les actions nominatives.

La jurisprudence se fixa pour la validité des commandites par actions au porteur, et la difficulté fut tranchée (1).

C'est alors que la spéculation devint formidable : le bon public se trouva grugé, berné, bafoué et volé par d'habiles coquins qui surent à grand bruit spéculer sur la confiance de la foule. Ces tristes industriels, dont la race n'est malheureusement pas éteinte encore aujourd'hui, fondaient des sociétés en commandite, divisaient le capital en actions au porteur qu'ils rendaient accessibles à tous, en faisant des coupures aussi petites que possible. Ils prenaient pour gérant un homme taré, et réduit pour vivre à se prêter à tout, ou bien un crédule ébloui par leurs promesses. L'affaire était lancée à grand renfort de réclame : les belles promesses faites produisaient une hausse sur les actions, et les fondateurs, après avoir

(1) Arrêt de la cour de Paris du 7 février 1832. Sirey 32, 2, 257.

libéré leurs actions pour se mettre en règle avec la loi, vendaient et laissaient l'affaire sombrer dans la plus épouvantable des faillites.

D'autres fois, un intrigant captait la confiance de quelques capitalistes ; il fondait une société dont il se faisait le gérant, ayant bien soin d'être le maître, et d'annihiler toute surveillance : il se faisait alors payer sa gérance par de formidables appointements qu'il augmentait ensuite par une spéculation éhontée, produisant des alternatives de hausse et de baisse, vendant et rachetant ses actions, pour se retirer richissime, après avoir dupé et ruiné ses commanditaires.

En dehors de ces abus et de ces fraudes, ce système avait l'inconvénient, même dans les sociétés honnêtes et sérieuses, de faire peser sur le gérant une responsabilité trop lourde, responsabilité que les commanditaires étaient obligés de payer par de gros appointements.

Toutes ces causes avaient produit une vive réaction et, après l'engouement, vint la défiance. Les sociétés en commandite par actions, après avoir atteint comme nombre et capitaux des chiffres considérables, furent à peu près complètement délaissées.

Les législateurs s'émurent de cette situation, et un projet de loi fut présenté à la Chambre des députés le 16 février 1838.

Ce projet causa un désappointement général en prohibant la commandite par actions au lieu de la réglementer. Tout le monde attaqua ce projet que la commission, nommée pour l'examiner, dut réformer, et qu'elle finit par enterrer. La situation resta la même jusqu'en 1856.

Après la crise dans laquelle sombra le gouvernement de juillet, l'esprit d'association reprit toute sa force ; il fallut bien alors que l'on se préoccupât de parer aux nombreux inconvénients que nous avons signalés, c'est ce qu'essaya de faire la loi du 23 septembre 1856 qui trace ainsi son programme :

« L'exagération de la valeur des apports en nature, la
« distribution d'actions d'après cette appréciation, la
« forme au porteur qui donne une si dangereuse faci-
« lité pour se défaire d'actions mal acquises et sans
« qu'on puisse suivre leurs traces dans les mains qui se
« les transmettent, la valeur nominale rendue à peu près
« illusoire par la faculté de faire des versements minimes
« au moment de l'émission, la composition des conseils
« de surveillance dans lesquels on entre soit par faiblesse,
« soit par calcul, souvent avec de mauvais desseins,
« presque toujours dans la pensée qu'aucune responsa-
« bilité n'est attachée aux fonctions qu'on accepte, enfin
« la distribution de dividendes fictifs pris sur le capital
« social, tantôt à l'insu des conseils de surveillance,
« tantôt de connivence avec eux ; telles sont les manœu-
« vres employées pour tromper le public. C'est là ce
« qu'il faut défendre, empêcher ou punir. »

La loi de 1856 ne fit qu'imposer aux sociétés et à leur constitution des conditions plus dures ; ce fut une loi destinée à remédier aux inconvénients les plus palpables des sociétés, on pansa les plaies les plus apparentes.

Quatre conditions furent imposées à la constitution des sociétés :

1° Souscription de la totalité du capital social.

2° Versement par chaque actionnaire du quart au moins du montant des actions par lui souscrites.

3° Déclaration du gérant par acte notarié que la totalité du capital est souscrite, que le quart des actions est versé, avec annexion à cette déclaration de la liste des souscripteurs, de l'état des versements et de l'acte de société.

4° Consentement des actionnaires en assemblée générale aux clauses de l'acte social relatives aux apports du gérant et aux avantages à lui faits.

Ces conditions furent prescrites à peine de nullité.

La loi de 1856 annexa à la gérance un conseil de surveillance, de la diligence duquel une lourde responsabilité fut la garantie.

Enfin le montant de l'action ne put être inférieur à 100 francs pour un capital n'excédant pas 200,000 francs et à 500 francs si le capital était supérieur à 200,000 fr.

L'effet de cette loi fut désastreux et son but manqué : les entraves mises à la formation des sociétés, la lourde responsabilité incombant aux conseils de surveillance et qui menait presque inévitablement ses membres sur les bancs de la police correctionnelle, fit déserter la commandite par actions. Nous ne pouvons mieux faire pour peindre la situation que de donner les chiffres fournis par la statistique : le chiffre des capitaux engagés chaque année dans les sociétés en commandite tomba de deux milliards à vingt millions.

Que fit-on alors ? La loi du 30 mars 1857 permettant aux sociétés étrangères d'exercer leurs droits en France, celle du 30 avril 1862 autorisant les sociétés anglaises (*joint stock companies limited*) à fonctionner librement sur

notre territoire, donnèrent le moyen d'échapper aux entraves de la loi française : on alla tout simplement fonder les sociétés à l'étranger, et on vint en France les faire
fonctionner.

Cette situation émut le législateur. Une loi du 6 mai 1863,
qui modifie l'article 28 du Code de commerce, restreignit
la responsabilité du commanditaire qui a fait acte de gestion : avant elle le commanditaire, convaincu de s'être
immiscé dans la gestion de la société, était tenu avec le
gérant de toutes les dettes et engagements de la société.

La loi de 1863 déclare que ce commanditaire ne sera
obligé solidairement avec les gérants, que pour les dettes
et engagements résultant des actes de gestion par lui faits :
et si ces actes ont été multipliés, il pourra être déclaré
obligé pour tous les engagements de la société, ou pour
quelques-uns seulement : toute liberté d'appréciation est,
dans ce second cas, laissée aux juges.

Les législateurs de 1863 profitèrent de l'occasion pour
trancher deux controverses qui divisaient les auteurs avant
sa promulgation : elle décida qu'un commanditaire pourrait être l'agent de la société, employé pour ses affaires
et qu'il pourrait, sans encourir la responsabilité de
l'art. 28 modifié comme nous l'avons vu, exercer un droit
de contrôle sur les actes du gérant et lui donner des avis.
Jusqu'en 1840 la jurisprudence avait été sur ce point
inexorable, et la plus petite chose, faite par un commanditaire pour la société, constituait immixtion, et rendait
le commanditaire responsable.

En 1840, sous l'inspiration de M. Duvergier, on dis-
tingua entre les actes extérieurs et les actes intérieurs. Les

premiers étaient tous actes faits par le commanditaire avec des tiers pour le compte de la société, tels que contrats passés avec des étrangers ; ils constituaient immixtion.

Les seconds étaient les actes non intéressants pour les tiers comme avis donnés, conseils, surveillance, ou exercice de fonctions secondaires : caissier, garçon de caisse, etc. Ils pouvaient être faits par le commanditaire.

La loi de 1863 n'a fait que permettre les actes intérieurs.

Ces dispositions, toutes d'interprétation, doivent par conséquent être considérées comme rétroactives.

Une seconde loi apparut le 23 mars 1863. Elle crée, ou du moins veut créer, un nouveau type de sociétés : les sociétés à responsabilité limitée qu'elle organise sur le pied de la liberté.

En fait, ces sociétés à responsabilité limitée ne sont que des sociétés anonymes, et la loi de 1863 ne fut qu'un ballon d'essai en faveur du système de la liberté.

Aussi, devant la réussite de la tentative, les législateurs poursuivent-ils leur tâche, et dès le 28 mars 1865 un projet, qui devait être la loi de 1867, est-il déposé ; ce projet abroge la loi de 1863, et modifie profondément la loi de 1856.

Ce projet devint la loi du 24 juillet 1867 sur les sociétés. Cette loi, qui nous régit actuellement et que nous avons à étudier dans ses détails, unifie la législation des sociétés par actions, en admettant pour l'anonymat la liberté complète, mais en lui appliquant toutefois les précautions prises en 1856 contre la commandite par actions.

CHAPITRE IV

CONSTITUTION DE LA SOCIÉTÉ EN COMMANDITE PAR ACTIONS

L'article premier de la loi du 24 juillet 1867 impose, en son second alinéa, deux conditions à la constitution des sociétés en commandite par actions. Elles ne peuvent être définitivement constituées, nous dit-il, qu'après la souscription de la totalité du capital social, et le versement, par chaque actionnaire, du quart au moins des actions par lui souscrites.

Nous avons donc à examiner d'abord cette première condition.

I. — *Souscription de la totalité du capital.*

Nous avons vu plus haut que toute société doit être constatée par écrit : la première chose à faire est donc de rédiger l'acte de société. La loi de 1867, en ne disant rien sur ce point, laisse aux parties la plus grande latitude : l'acte peut être notarié, ou simplement sous signatures privées, et les conditions de sa validité sont contenues dans les titres du Code civil, qui traitent de l'un ou l'autre de ces actes.

On aurait pu se demander, dans le cas où l'acte est sous seings privés, en combien de doubles il devait être fait : en autant d'originaux qu'il y a de parties intéressées, répondait le Code civil. Désireuse de prévenir toute question ambiguë à cet égard, la loi établit, en son article premier, § 5, que l'acte sous seings privés, quel que soit le

4

nombre des associés, sera fait en double original dont l'un sera annexé à la déclaration du gérant dont nous allons parler, et l'autre restera déposé au siège social, sauf bien entendu les doubles nécessaires à la publicité.

Lors de la discussion de la loi on avait proposé trois doubles; la création des conseils de surveillance plaçant, entre les gérants et les commanditaires, une sorte d'intérêt intermédiaire auquel un double pourrait être nécessaire. Mais l'opinion consacrée par la jurisprudence prévalut.

L'annexion de l'un des doubles à la déclaration notariée a pour but de permettre de contrôler l'identité de l'acte de société, qui souvent est signé du gérant seul, et qui, avant 1867, pouvait très bien être changé par lui; mais ce remède apporté à la fraude est encore imparfait, car le gérant possède les doubles jusqu'à l'annexion, et il peut pendant tout ce temps opérer encore ce changement. L'idéal serait de faire signer l'acte à tous les souscripteurs, la fraude serait ainsi empêchée; malheureusement cette exigence se butterait à des difficultés très grandes, ce serait restreindre à un cercle assez étroit la possibilité de souscrire, en un mot, ce serait supprimer la souscription par correspondance. Toutefois il serait bon, pour augmenter la difficulté, de changer, l'acte de société, de faire signer le plus de souscripteurs possible.

En droit civil, le contrat est parfait par l'accord des volontés des parties : l'exigence de la souscription de la totalité du capital n'est qu'une application de ce principe. Il y a en effet ici deux parties en causes : d'une part, le ou les fondateurs qui offrent la société et ses statuts; d'autre part, le public qui apporte son argent. La souscription est une adhésion aux statuts ; elle se constate en fait par une lettre, si le souscripteur ne veut pas se déranger et connaît d'avance les statuts de la société, ou par la signature d'un bulletin de souscription, si le souscripteur se présente lui-même au siège de la société.

Du jour de la souscription, le souscripteur est lié envers la société et la société envers lui, sous la condition qu'elle sera formée.

Mais à quel moment exact la souscription est-elle réputée parfaite ? Nous avons dit qu'elle pourrait se faire par lettre, est-elle faite du jour de l'envoi, du jour de la réception ou du jour de la notification de l'acceptation ?

Le capital social demandé aux souscripteurs peut être plusieurs fois couvert, et donner lieu ainsi à une réduction proportionnelle de la souscription de chacun : cette réduction est notifiée à chaque souscripteur, est-ce seulement cette notification qui forme le contrat ?

Il est même aujourd'hui universellement admis par les auteurs et la jurisprudence que cette notification seule rend la souscription parfaite. De ce jour seulement, en effet, l'accord des volontés existe, le contrat est formé.

Il a même été jugé (1) que les statuts ne pourraient déroger à cette règle, qui touche à l'ordre public.

La souscription doit être pure et simple. Une souscription conditionnelle n'est plus possible en effet, depuis qu'une des conditions essentielles à la formation de la société est le versement du capital souscrit.

Toutefois la Cour de cassation a jugé (2) que la condi-

(1) Paris, 16 novembre 1853. Cass., 11 mai 1863. S. 63, I, 284.
(2) 12 août 1863. S. 63, I, 459.

tion mise à l'exigibilité du complément d'une action non libérée, avant la loi de 1856, par les statuts de la société, devait être obligatoire, même depuis 1856, s'il s'agit d'une société formée antérieurement à cette date.

La souscription peut être attaquée pour dol, mais l'effet de cette action ne fera annuler la souscription que vis-à-vis du gérant seul, de l'auteur du dol. Les créanciers de la société ne peuvent être lésés par un dol du gérant antérieur à la constitution.

Le souscripteur devra donc libérer ses actions et n'aura de recours que contre l'auteur du dol personnellement (1). Le dol résulte du reste des circonstances, dont les juges des faits seront souverains appréciateurs.

La loi, en exigeant la souscription immédiate de tout le capital social, supprime du même coup la possibilité de l'émettre par séries successives, pratique suivie autrefois.

On a vu dans cette prohibition une entrave regrettable mise à la marche des sociétés qui ne savent pas exactement, au début, le capital dont elles auront besoin, et se trouveront fort empêchées par la suite d'obtenir l'unanimité des actionnaires pour augmenter le capital.

Il est facile cependant de parer à cet inconvénient, en insérant dans les statuts la faculté d'augmenter le capital par une émission, soit d'actions nouvelles, soit d'obligations. La majorité des actionnaires suffira alors pour faire cette émission.

Cette clause pourra bien être encore une façon de frauder la loi en fondant la société à un capital minime

____

(1) Req. 10 février 1868. Sirey, 68, I, 149.

qu'on augmenterait quelque temps après, mais elle n'est contraire ni au texte, ni à l'esprit de la loi. S'il y a fraude les juges en feront bon marché. Du reste, nous verrons plus loin que cette augmentation de capital est soumise aux prescriptions de l'article premier.

L'obligation de la souscription de la totalité du capital social est exclusive du droit pour le gérant de souscrire une partie des actions pour son compte personnel. Le gérant en effet doit tous ses biens, toute sa responsabilité personnelle aux tiers, il ne peut en distraire aucune partie. Ce serait du reste rendre illusoire l'exigence de la loi : lorsqu'une partie du capital seulement serait souscrite, le gérant souscrirait le reste et la société serait constituée en fraude de la loi. Aussi pensons-nous qu'il faut défendre absolument au gérant la souscription des actions.

On objecte que la liste des souscripteurs est publiée et que les tiers seront prévenus, qu'ils accepteront la situation en contractant avec la société. Cette raison a sa valeur, mais ne détruit pas les nôtres ; comment veut-on faire dire à la loi : Pour que la société soit sérieusement constituée, il faut la souscription de la totalité du capital, mais si le gérant le désire il peut en souscrire une partie. Ce serait là lui faire enlever d'une main la garantie qu'elle organise de l'autre.

Enfin, une dernière conséquence de notre alinéa est de rendre illégale toute diminution du capital social par rachat d'actions ou paiement d'intérêts pris sur le capital en l'absence de bénéfices : le capital social est annoncé aux tiers comme garantie, il ne doit pas diminuer du fait des associés.

Nous avons vu plus haut que l'amortissement était possible avec les bénéfices ou sur le fonds de réserve, mais à condition de créer pour remplacer les actions remboursées des actions de jouissance. Ce serait en effet augmenter le droit de chacun des associés que de diminuer le nombre des actions. Si l'amortissement a lieu autrement, il y a diminution du capital social, et cette modification aux statuts doit être publiée.

Il se place ici une question de fait assez importante : Lorsqu'une société se forme, qu'elle lance ses actions dans le public, elle est accueillie souvent de différentes manières ; les unes voient leur capital plusieurs fois couvert, les autres ne peuvent arriver à une souscription complète. Que faire dans ce dernier cas? Les souscripteurs, à la simple majorité, peuvent-ils, réunis en assemblée générale, et d'accord avec les fondateurs, réduire le capital à la portion souscrite, et constituer la société?

Les dispositions de l'article premier de la loi de 1867 ₰ont d'ordre public, personne ne le conteste : il ne peut donc être permis d'y porter atteinte. Or qu'est-ce que réduire au capital souscrit un capital qu'on n'a pu faire couvrir entièrement? Est-ce là une saine manière d'entendre la disposition de la loi qui exige la souscription du capital entier? Ce serait éluder la loi, violer une disposition d'ordre public ; aussi pensons-nous que la société qui ne peut faire souscrire son capital ne peut faire qu'une chose : considérer la première souscription comme non avenue, rendre l'argent versé, et recommencer, si on le juge convenable, avec un capital moindre.

Nous irons même jusqu'à dire que les statuts ne peuvent, prévoyant le cas qui nous occupe, autoriser la majorité des souscripteurs à réduire le capital, et ce, pour la même raison que précédemment : il s'agit ici d'une matière qui intéresse l'ordre public ; il faut donc considérer comme non avenue toute clause du projet de constitution d'une société qui dérogerait à la volonté formelle du législateur.

Notre opinion, qui est celle de M. Bédarride, est vivement combattue par M. Vavasseur (1) qui admet cependant que les dispositions de l'article premier sont d'ordre public, ce qui du reste lui est imposé par l'article 7 frappant de nullité toute société constituée contrairement aux principes de notre article.

M. Vavasseur raisonne comme il suit : Demander l'unanimité des souscripteurs consentant à la réduction du capital, n'est-ce pas arriver au même résultat que de tout refaire et tout recommencer ?

Sans doute le résultat est le même, mais en présence du texte, et en présence surtout de la facilité que cette opinion laisse aux fraudes, il faut bien admettre l'illégalité d'un pareil acte, qui est contraire aux prescriptions de l'article premier.

Et surtout où nous ne suivrons pas M. Vavasseur, c'est lorsqu'il admet qu'une clause des statuts peut laisser à la majorité le pouvoir de faire cette réduction.

Sans revenir sur notre principal argument qui suffit cependant à lui seul pour faire tomber une telle prétention, il faut bien examiner aussi ce qui se passe en fait :

_____

(1) *Loc. cit.*, n° 389.

Tel souscripteur a apporté son argent après avoir étudié ou dû étudier l'affaire à fond, sa conviction est qu'avec le capital demandé la chose peut marcher; est-ce à dire qu'il en sera de même avec un capital réduit de moitié?

Tel autre ne connaît pas les statuts, il n'a été attiré là que sur la foi d'un prospectus, et c'est bien là ce qui arrive le plus souvent. Il ne lit même pas les statuts, et n'a formé le contrat en souscrivant que parce que le capital lui semblait suffisant pour marcher : s'il est réduit, peut-être ne donnerait-il plus son consentement, et pourtant il se trouve engagé, poussé souvent vers une perte certaine.

La loi, la raison et la morale repoussent une pareille éventualité.

II. — *Versement du quart du capital souscrit.*

La loi exige en outre, pour la constitution de la société, le versement du quart au moins du capital souscrit.

Ce versement doit être fait par chaque souscripteur, par chaque action qui doit se libérer d'un quart.

La loi ne dit pas que le versement doit être effectué en même temps que la souscription, toute liberté est donc laissée aux intéressés : il suffit que le quart soit versé avant la constitution de la société.

Mais il sera prudent, si on veut, dès le début, empêcher les embarras et les lenteurs, d'exiger immédiatement ce versement. Il peut en effet arriver, et il arrivera souvent, que l'on se trouvera en face de souscripteurs retardataires et récalcitrants pour verser leur quart. Il faudra alors exercer contre chacun d'eux des poursuites, soit à fin de

versement, soit à fin d'annulation de souscription, poursuites onéreuses et qui feront perdre un temps précieux.

M. Vavasseur (n° 371) indique un moyen d'éviter ce
danger : « Ce serait de le prévoir dans l'acte de société
et d'y stipuler que, huitaine après une mise en demeure
infructueuse, la souscription serait considérée comme
non avenue. Nous ne saurions, ajoute-t-il, recommander
cette clause avec trop d'insistance, pour le cas où la
société croirait avoir intérêt à recueillir les souscriptions sans les faire accompagner du versement du premier quart. »

Toutefois il nous semble que cette clause, dont nous
ne contestons pas l'utilité, est pourtant dangereuse : si
en effet on annule les souscriptions des récalcitrants, le
capital ne sera plus souscrit entièrement, au moins
dans la plupart des cas, et pour éviter des lenteurs, on
empêchera la constitution de la société.

Mais ce versement à faire par chaque actionnaire,
comment doit-il être fait ?

L'article 25 de notre loi de 1867 nous dit qu'il consiste en numéraire, nous ajouterons ou en valeurs équivalentes : billets de banque, bons sur le trésor ou valeurs
d'un recouvrement incontestable et immédiat (1).

Toutefois le versement ne peut être fait en valeurs d'un
recouvrement incertain. Le but de la loi a été de faire
cesser l'abus du paiement fictif des actions, afin d'assurer
à la société un roulement de fonds, un capital effectif
nécessaire à ses débuts. M. Bédarride, tout en admettant

____

(1) Paris, 28 mai 1869. S. 1870, 2, 69.

que le paiement ne peut être fait en valeurs irrécouvrables,
veut que l'on attende l'échéance de la valeur avant de se
prononcer sur la validité du versement : ce serait là créer
des embarras fâcheux à la société, et arriver à substituer
au paiement en numéraire, si commode et si avantageux
pour elle, le paiement en valeurs souvent douteuses dont
le recouvrement serait souvent un obstacle au fonctionnement de la société. Aussi nous rangeons-nous à la
doctrine émise par la Cour de cassation dans un arrêt
du 11 mai 1863 (1), et admettons-nous que ce versement serait illicite même s'il avait été prévu par les
statuts, car ce serait induire en erreur les tiers qui ont
compté sur le capital annoncé, et qui le plus souvent
se trouveraient en face d'un capital fort réduit.

Cette obligation de verser le quart ne s'applique qu'aux
apports en numéraire, et non aux apports qui doivent
être faits en nature, mais ces apports, nous le verrons
bientôt, doivent être vérifiés et approuvés par l'assemblée
générale.

L'apport vérifié et approuvé tient donc lieu de versement (2).

Toutefois rien n'empêcherait le gérant de compenser
le surplus du versement avec le payement de travaux
dus aux actionnaires, ou avec toutes autres créances de
ceux-ci envers la société : la compensation aurait du
reste lieu de plein droit, si ces créances étaient liquides
et exigibles.

L'article premier de la loi de 1867 ajoute ensuite :

(1) S. 1863, 1, 284.
(2) Paris, 28 mai 1869 et Cass. 27 janvier 1873 (S. 73, 1, 163).

Cette souscription et ces versements sont constatés par une déclaration du gérant dans un acte notarié. — A cette déclaration sont annexés : la liste des souscripteurs, l'état des versements effectués, l'un des doubles de l'acte de société s'il est sous seing privé, ou une expédition, s'il est notarié et s'il a été passé devant un notaire autre que celui qui a reçu la déclaration.

Nous avons à examiner maintenant cette troisième exigence de la loi.

III. — Déclaration du gérant.

Peu soucieux de s'en rapporter à la bonne foi du fondateur, et de perdre ainsi le bénéfice de ses précautions, le législateur, pour la preuve de l'exécution des prescriptions de la loi, a imposé au gérant une déclaration, faite devant notaire, que les règles que nous venons d'examiner ont été observées.

Le notaire n'a du reste aucune responsabilité et n'a pas à contrôler la véracité du gérant. Le motif de son intervention est fort bien mis au jour par M. Duvergier (1) : « La solennité de l'acte, l'intervention du fonctionnaire qui le reçoit ne sont pas un obstacle absolu à ce que le gérant énonce des faits inexacts, mais elles offrent cependant une certaine sécurité. Le notaire qui soupçonnerait que les articulations sont mensongères refuserait son ministère ; il pourra, s'il n'y a pas de fraude, éclairer les parties par ses conseils, leur indiquer ce qu'elles au-

____

(1) Collect. des lois, p. 337.

raient négligé de faire et les moyens de réparer les erreurs ou les omissions. » Ajoutons que la solennité de l'acte peut quelquefois influer sur ces déclarations et empêcher de frauder quiconque en a peut-être l'intention.

Pour enlever au gérant toute possibilité de fraude, la loi exige l'annexion à la déclaration de la liste des souscripteurs : Cette liste, ne pouvant porter des noms de personnes qui n'ont pas souscrit, et déterminant ainsi le personnel social au moment de la constitution, enlève la possibilité de faire faire la souscription par des hommes de paille, qu'on remplacerait ensuite par des actionnaires sérieux. La liste étant annexée à l'acte notarié, il sera facile d'en rapprocher la liste actuelle, et de percer les agissements du gérant.

La loi exige en outre, pour empêcher l'introduction parmi les souscripteurs d'actionnaires fictifs, l'annexion de l'état des versements.

Et enfin, comme nous l'avons vu plus haut, l'annexion de l'acte de société lui-même.

Toutes ces formalités exigées pour la constitution des sociétés seront-elles applicables au cas où, au cours de la société, on augmenterait le capital ?

Certains auteurs, se fondant sur ce fait que la loi ne parle que de constitution de société, tiennent pour la négative : la société est fondée, disent-ils, on n'est plus dans l'espèce de l'article premier, il ne faut pas l'étendre. Du reste on n'a pas, en cas d'augmentation de capital, à craindre les dangers contre lesquels le législateur a pris les précautions que nous venons d'énumérer.

Nous ne partageons pas cette manière de voir. Et d'abord quant aux dangers. Ne serait-ce pas ouvrir la porte aux fraudes? On n'aurait qu'à fonder une société à un capital insignifiant qu'on déluplerait le lendemain, et la loi serait éludée.

De plus si l'augmentation n'a pas été prévue par les statuts, il y a une modification profonde aux statuts qu'il y a lieu de considérer comme aussi importante que la fondation même de la société.

Si l'augmentation a été prévue, on peut dire que pour le nouveau capital il y a une société nouvelle. Aussi pensons-nous que, dans le silence de la loi, il faut appliquer à notre espèce les précautions par elle prises.

Du reste, dire que cette augmentation de capital ne tombe pas sous le coup de l'article premier, n'est-ce pas dire en même temps que la négociation des nouvelles actions ne sera pas régie par l'article 2, la conversion par l'article 3? Or tout le monde reconnaît que ces dispositions sont d'ordre public.

La Cour de cassation s'est du reste prononcée en ce sens le 11 mai 1870 (1). Cet arrêt confirme un arrêt de la cour d'Aix du 9 avril 1867, lequel adoptait les motifs d'un jugement du 31 octobre 1866 du tribunal de commerce de Marseille portant entre autres motifs : « Attendu que les souscriptions de l'augmentation du capital et les versements qui les ont suivies devaient être aussi sérieux que les souscriptions du premier fonds social et les premiers versements; que les demandeurs ont soutenu

(1) S. 1870, 1, 525.

avec raison que le conseil de surveillance nommé dans la deuxième période avait le devoir de constater la réalité des souscriptions du complément du capital et des versements exigés ; que l'augmentation du capital correspond en effet aux besoins d'une société agrandie, comme le capital originaire correspondait aux besoins d'une société moindre et que le conseil de surveillance est appelé à prévenir les mêmes dangers lors de l'accroissement du capital que lors de la constitution de la société. »

La Cour de cassation a confirmé sa jurisprudence par un autre arrêt du 27 janvier 1873 (1) relatif aux sociétés à responsabilité limitée.

Les mêmes règles seront applicables toutes les fois qu'on peut dire qu'il y a société nouvelle. Mais il est délicat d'apprécier quand il y a société nouvelle. Si la société première est dissoute et une seconde constituée, pas de difficulté ; mais une société peut subir de profondes transformations qui changent assez l'ancienne pour qu'on puisse dire qu'une société nouvelle l'a remplacée : il y aura là des questions de fait laissées à l'appréciation des tribunaux : plusieurs ont du reste déjà été jugées.

Une société peut changer de nom sans qu'on puisse dire qu'il y a pour cela société nouvelle, c'est en effet là une modification qui n'altère pas l'essence même du contrat. Mais peut-elle changer d'objet ? Il faut ici distinguer : si les statuts prévoient le cas et l'autorisent, il n'y a pas évidemment de société nouvelle ; si au contraire ils sont

(1) S. 73, 1, 163.

muets, il faut pour cela l'unanimité des actionnaires (1).
Il intervient alors un nouveau contrat et on doit dire qu'il
y a substitution d'une société nouvelle à l'ancienne (2).

En cas de fusion de plusieurs sociétés, il faut également
considérer comment cette fusion s'est opérée. Deux sociétés
peuvent fusionner soit en se dissolvant toutes deux pour
faire une société nouvelle, soit en absorbant l'une, qui
meurt, dans l'autre, qui subsiste. Dans le premier cas il
n'y a pas de difficultés; mais dans le second la société
absorbante devient-elle société nouvelle par le fait de
l'absorption de l'autre?

La Cour de cassation, adoptant les motifs d'un arrêt
d'Aix du 5 juillet 1871, décide que non si le cas a été
prévu par les statuts (3). Si donc il n'a été rien dit aux
statuts, il y a société nouvelle; en effet, il y aura toujours
là une augmentation du capital.

Enfin, en cas de conversion d'une société en commandite en société anonyme (art. 19), il faut dire également qu'il
y a une société nouvelle. La cour de Besançon a pourtant
jugé le contraire, en s'appuyant sur ce que la transformation n'est pas l'anéantissement de l'état ancien, et que les
personnes et les choses restent les mêmes : la forme seule
est modifiée (4). Mais qu'est-ce que cette modification dans
la forme, sinon une substitution d'une société nouvelle à
l'ancienne? Les personnes et les choses restent les mêmes,
mais leurs rapports avec les tiers et entre elles sont chan-

(1) Cass. 14 février 1853, Dalloz, 53, 1, 44 ; *Id.* 17 avril 1859, Dalloz,
53, 1, 213.
(2) Paris, 28 mai 1869, Dalloz, 69, 2, 145.
(3) Cass. 26 avril 1872, Dalloz, 1873, 1, 73, et Sirey, 72, 1, 229.
(4) Besançon, 15 juin 1869, Sirey, 70, 2, 105.

gés ; il y a donc une profonde modification, une nouvelle espèce de société, en un mot une société nouvelle (1).

IV. — *Approbation des apports en nature et avantages particuliers.*

Lorsque les trois formalités que nous avons examinées ont été remplies, il faut, pour que la société soit définitivement constituée, une assemblée générale des actionnaires.

La loi de 1856 exigeait également la réunion de deux assemblées, mais ces réunions pouvaient avoir lieu le même jour : aujourd'hui, elles ne le pourraient.

La loi a voulu sauvegarder l'intérêt des actionnaires qui, pris isolément, ont, au moins pour la plupart, été attirés par un prospectus pompeux, orné de promesses éblouissantes. La loi a voulu qu'ils se réunissent, qu'ils entendissent les explications des fondateurs et des gérants, qu'ils pussent se rendre compte du but, de l'objet de la société et vérifier les apports faits en nature et les avantages particuliers alloués à certains membres de la société. C'est l'objet de la réunion de la première assemblée. Lorsqu'un associé, nous dit l'article 4, § 1, fait un apport qui ne consiste pas en numéraire, ou stipule à son profit des avantages particuliers, la première assemblée générale fait apprécier la valeur de l'apport, ou la cause des avantages particuliers.

Et remarquons le mot *fait apprécier*. La loi se défiant toujours de l'actionnaire n'a pas voulu qu'il appréciât lui-même séance tenante ; tous les moyens lui sont laissés

(1) Lyon, 6 février 1868, Sirey, 68, 2, 165, Comp. Paris, 24 mars 1859, Sirey, 59, 2, 437. Req. 26 mai 1869, Dalloz, 69, 1, 401.

pour se faire éclairer, l'assemblée organise son contrôle, et les contrôleurs nommés doivent en dresser un rapport. La seconde assemblée, dit le paragraphe 3, ne pourra statuer sur l'approbation de l'apport ou des avantages, qu'après un rapport qui sera imprimé et tenu à la disposition des actionnaires, cinq jours au moins avant la réunion de cette assemblée.

La loi ne donne pas le moyen de prouver l'exécution de cette formalité : c'est donc au gérant à se pourvoir en conséquence, et à se mettre en mesure de prouver, si besoin est, le dépôt du rapport : il pourra faire enregistrer un des exemplaires du dit rapport.

A défaut d'approbation, la société reste sans effet à l'égard de toutes les parties : l'approbation, ajoute l'article 4, ne fait pas obstacle à l'exercice ultérieur de l'action qui peut être intentée pour cause de dol ou de fraude. C'est là une application des règles du droit civil, mais on comprend que les juges ne devront admettre que difficilement les articulations de dol : après les deux assemblées, le rapport, et l'examen que les actionnaires ont dû faire, il est difficile d'admettre qu'ils ont pu être trompés, et il faudra des manœuvres de dol bien caractérisées pour que la constitution de la société puisse être mise en question.

Le défaut d'approbation rend donc impossible la constitution de la société. Mais ne, pourra-t-on pas réduire l'évaluation de ces apports, ou le chiffre des avantages stipulés ?

Il est évident que si l'unanimité des actionnaires pouvait s'obtenir, un accord immédiat pour la réduction sauverait la société : mais cette unanimité est sinon impossible, au moins fort difficile, la majorité peut-elle suffire ?

Une discussion fort confuse s'est élevée sur ce point au Corps législatif. M. Javal proposa d'ajouter à l'article que la société serait sans effet, à moins que les parties ne se missent d'accord sur une évaluation différente. Cet amendement fut repoussé comme inutile, car il dépend toujours de la volonté des parties de se mettre d'accord sur de nouvelles évaluations.

M. Marie soutint que c'était là un privilège qui appartenait par conséquent à la seule unanimité, et demanda le renvoi à la commission, si l'article avait une autre portée.

Le rapporteur répondait : « Le système du droit commun est celui-ci : Un contrat de société est fait, il est proposé à l'adhésion du public, le public accepte et l'action souscrite constitue, de la part de chaque actionnaire, une adhésion au contrat. Il est lié : tel est le droit commun. C'était là le principe antérieurement à la loi de 1856, laquelle, par des considérations respectables, a cru devoir y déroger ; mais y déroger, à quel point de vue et dans quel sens? A-t-on entendu que le contrat n'avait aucune existence ou réalité? Non, on a pris simplement une précaution, on a organisé, ce que reproduit la loi qui vous est en ce moment soumise, des assemblées successives. Que sont-elles? un tribunal de révision des apports, pas autre chose. Ces assemblées n'ont pas le caractère que leur attribuait M. Marie. C'est une espèce de tribunal organisé par la loi, tribunal choisi par les actionnaires eux-mêmes, puisque c'est l'assemblée générale des actionnaires qui le constitue, tribunal éclairé par une estimation, par une expertise, par l'impression du rapport et sa mise à la disposition des actionnaires. Voilà le système. La loi, par un sentiment facile à comprendre, n'a pas voulu tenir en échec, d'une manière absolue, un contrat qui après tout était parfait jusque là. Elle a voulu seulement que les actionnaires trouvassent dans leur sein ce tribunal, ainsi que je l'appelais tout à l'heure, et dans tous les cas *des mandataires chargés d'agir pour tous*, lesquels se composent du quart des actionnaires représentant le quart du capital. » Et le rapporteur concluait au vote pur et simple.

L'article fut voté ; nous croyons donc qu'il faut en conclure que l'assemblée, refusant d'approuver les apports ou avantages, peut, à la majorité *et d'accord avec les intéressés*, les réduire, sans qu'il y ait lieu pour cela de tout recommencer : cela résulte suffisamment de l'explication du rapporteur qui a enlevé le vote de l'article.

Du reste on peut prévenir toute ambiguïté en insérant dans les statuts une clause, autorisant la majorité à accepter toute diminution sur les évaluations contenues ou les avantages accordés dans l'acte social, sur la proposition des intéressés.

Ainsi les apports soumis à l'approbation de l'assemblée générale sont ceux qui ne sont pas faits en numéraire, mais quels sont les avantages qui seront également soumis à cette approbation ?

Il est facile de déterminer ces avantages en suivant les principes généraux des sociétés : l'égalité la plus parfaite doit régner entre les associés ; toutes les fois que cette égalité sera rompue, il y aura avantage particulier. « Peu

importerait, dit M. Bédarride, que ces diverses stipulations ne fussent que la rémunération d'études, de
démarches, d'avances faites pour préparer la société et
arriver à sa constitution. S'il est juste que l'associé soit
récompensé de ce qu'il a fait, des sacrifices qu'il s'est
imposés dans l'intérêt commun, il serait inique qu'il pût
l'être au delà de toute proportion. L'intervention de
l'assemblée générale, arrivant à n'accorder que ce qui
sera réellement dû, s'imposait en quelque sorte d'elle-
même. »

Les avantages à approuver, de même que les apports
en nature, sont ceux qui sont contenus dans les statuts :
cela résulte des travaux préparatoires et existait du reste
déjà sous l'empire de la loi de 1856 ; mais cette approbation ne s'applique évidemment pas aux jetons de présence
souvent alloués aux membres des conseils de surveillance,
car c'est là la rémunération d'un service intérieur qui
n'est pas attaché à une personne déterminée, mais que
tous les associés sont appelés à remplir. Du reste, s'il
s'élevait un doute sur le point de savoir si l'on doit ou
non soumettre à l'approbation tel ou tel avantage, la question devient contentieuse, elle serait du ressort, non de
l'assemblée, mais des tribunaux.

On a voulu soutenir que l'approbation n'était nécessaire
que si l'avantage était fait à un simple associé, et que,
s'il joint à cette qualité la fonction de gérant statutaire, le
traitement à lui alloué n'est pas un avantage à approuver,
mais la rémunération de louage de service antérieur.

C'est méconnaître la nature de la convention intervenue : en formant la société et en nommant le gérant,

on a bien convenu que le temps et l'industrie du gérant
entraient dans le fonds social, et si on lui accorde des
appointements c'est bien un avantage qui, *stricto sensu,*
ne lui est pas dû. Il y a donc lieu de le soumettre à
l'approbation de l'assemblée : d'autant mieux qu'il est
souvent le fondateur de la société, l'auteur des statuts et
que ces avantages, c'est lui-même qui se les est alloués ;
l'esprit de la loi est bien de faire ratifier ses exigences
par l'assemblée : c'est du reste dans ce sens que s'est
prononcé la Cour de cassation le 29 novembre 1869.

La disposition finale de l'article 4 contient une exception aux règles par lui posées : le rapport de la commission en explique bien la portée et nous croyons
utile de le citer encore ici : « Fallait-il faire des précautions qu'impose l'article 4 une règle absolue; n'y avait-
il pas des exceptions possibles et nécessaires? Un membre
de la commission nous a soumis les hypothèses que voici :
Une société en commandite sans actions ou en nom
collectif, par des motifs d'ordre purement intérieur, veut
se transformer en société en commandite par actions;
elle n'a pas besoin de faire appel à des capitaux étrangers, c'est entre les associés ou propriétaires de l'actif
social que les actions devront exclusivement se répartir.

« Un manufacturier que l'âge ou les circonstances
mettront dans la nécessité d'alléger le fardeau qui pèse
sur lui voudra loyalement faire de son usine, de son
industrie, la matière d'une société par actions.

« Dans tous ces cas et alors même qu'un ou deux capitalistes étrangers viendraient souscrire des actions repré-
sentatives d'un capital en numéraire, ajouté aux apports,

la création d'une société en commandite par actions sera impossible : il a donc semblé à la commission qu'il y avait là une exception commandée par la force des choses. »

Tels sont les motifs qui ont inspiré le dernier alinéa de notre article ainsi conçu : Les dispositions du présent article, relatives à la vérification de l'apport, qui ne consiste pas en numéraire, ne sont pas applicables au cas où la société, à laquelle est fait ledit apport, est formée entre ceux seulement qui en étaient propriétaires par indivis.

Toutefois et si les motifs qui ont dicté cette exception sont bons, il est à craindre que son effet soit d'ouvrir une issue à la fraude. En effet de deux choses l'une, ou les co-propriétaires fourniront eux-mêmes les fonds de roulement et dans ce cas on comprend l'exception, ou ils feront un appel de fonds, soit par émission d'actions, soit par émission d'obligations : dans l'un et l'autre cas alors ils auront intérêt à enfler leur évaluation d'apport, et actionnaires et obligataires seront bernés. L'exception eût donc dû être restreinte au premier cas : il était plus facile d'empêcher la fraude que de la réprimer ensuite, quand elle a existé.

L'article 4 contient encore deux dispositions relatives à l'organisation des assemblées dont nous venons de parler ; elles sont ainsi conçues :

Les délibérations sont prises par la majorité des actionnaires présents. Cette majorité doit comprendre le quart des actionnaires et représenter le quart du capital social en numéraire.

Les associés, qui ont fait l'apport ou stipulé des avantages particuliers, soumis à l'appréciation de l'assemblée, n'ont pas voix délibérative.

On ne peut être en effet juge et partie, mais cette exclusion ne s'applique qu'au vote sur l'approbation des avantages les concernant spécialement ; ils peuvent voter sur l'approbation des avantages concernant les autres associés.

Le vote a lieu par tête et chaque souscripteur, n'eût-il qu'une action, a droit de voter : c'était le moyen d'empêcher la prépondérance dans l'assemblée des parents et amis des fondateurs, qui souvent se partagent une grande partie des actions, et qui auraient emporté la majorité. Comme il ne faut pas non plus que les petits souscripteurs fassent la loi aux gros, la loi a exigé que le quart du capital soit représenté.

Dans le silence des statuts, chaque actionnaire n'a qu'une voix quel que soit le nombre de ses actions : mais les statuts ne peuvent-ils appliquer la clause, contenue dans l'article 27 sur les sociétés anonymes, et stipuler que l'on aura plusieurs voix suivant le nombre des actions, sans que l'on puisse toutefois en avoir plus de dix. Il nous semble que l'article 27 est un puissant argument d'analogie pour faire valider cette clause, qui après tout est fort équitable, et si, sous l'empire de la loi de 1856, on devait décider la négative, il ne peut plus en être de même en face de l'art. 27 de notre loi nouvelle : mais il faudra que la clause soit formelle et spéciale, et qu'on ne puisse se tromper dans l'application à telle ou telle assemblée ?

La majorité se compose du quart des actionnaires et

doit représenter le quart du capital en numéraire : si l'une des assemblées constitutives ne réunit pas la majorité exigée par la loi, quel sera le sort de la société ?

Certains auteurs, je dirai même la majorité des auteurs, soutiennent qu'en présence du silence de l'article 4, la société doit être considérée comme ne pouvant se former et être annulée, l'impuissance où l'on est de réunir une majorité équivalant à un refus d'approbation.

Il nous semble bien dur d'aller jusque là, et nous pensons que le silence de l'article 4 n'est pas une raison suffisante pour annuler la société : que demande notre article? Il ne demande pas la réunion d'une assemblée, il demande un vote, or ce vote ne peut être obtenu qu'avec une assemblée en nombre ; il faudra donc avoir une assemblée en nombre et, tant qu'on ne l'aura pas, on recommencera les convocations ; et il est bien probable qu'on ne dépassera pas deux convocations ; le zèle ne fait pas défaut au début des sociétés surtout chez les souscripteurs.

La loi nouvelle, et ce n'est pas la seule lacune que nous aurons à signaler, ne dit rien sur le mode de convocation, ni sur le mode de votation de ces assemblées.

Les statuts feront bien de s'expliquer sur ce point; sinon, comment se fera la convocation?

On suivra sur ce point l'usage de tous temps suivi, et qui consiste à insérer un avis dans les journaux ; mais combien de fois l'avis devra-t-il être inséré? Il y a là une question de fait laissée à l'appréciation des tribunaux, qui devront voir si la publicité a été suffisante : les gérants auront donc intérêt à ne pas faire d'économie de publicité.

Sur la votation, l'usage est le vote par tête à la majorité des membres présents. C'est donc ainsi que seront comptées les voix dans le silence des statuts.

La société n'est définitivement constituée, dit encore notre article, qu'après l'approbation de l'apport, ou des avantages, donnée par une autre assemblée générale après une nouvelle convocation.

Ainsi, dès que la seconde assemblée à voté l'approbation des apports ou avantages, la société est constituée, elle a dès ce moment une existence légale. Il ne lui reste plus, pour pouvoir fonctionner, qu'à être pourvue d'un conseil de surveillance; c'est ce que fera l'assemblée avant de se dissoudre.

CHAPITRE V

DES ACTIONS ET AUTRES TITRES ÉMIS

Nous avons déjà vu plus haut ce que c'était qu'une action, les diverses formes qu'elle pouvait affecter, et les différents modes suivant lesquels elle pouvait être négociée; il nous reste à étudier ici : d'abord le taux des actions, l'époque à laquelle elles deviennent négociables et où elles peuvent indifféremment affecter toutes les formes, et enfin la garantie due par les porteurs quant aux versements restant à faire.

I. — Taux des actions.

L'article premier, § 1er de la loi de 1867, nous dit que : Les sociétés en commandite ne peuvent diviser leur capital en actions ou coupons d'actions de moins de cent francs, lorsque ce capital n'excède pas deux cent mille francs, et de moins de cinq cents francs, lorsqu'il est supérieur.

C'est pour éviter d'entraîner les petits capitaux que la loi de 1856 avait fixé un mininum au taux de l'action : l'abus était devenu si grand qu'on allait jusqu'à faire des coupures d'actions de un franc, et qu'on atteignait ainsi les petits capitalistes, plus facilement alléchés que les autres : le législateur leur devait protection, il la leur donna dans la loi de 1856, et la loi de 1867 reproduit la disposition de cette dernière.

Cette disposition est d'ordre public, ainsi la société dont le capital n'aurait pas été divisé conformément aux prescriptions de l'article premier serait absolument nulle.

Les statuts sociaux, qui sont la base du contrat qui se forme entre les fondateurs et le public par la souscription, doivent fixer formellement et définitivement le taux des actions, taux qui se calcule sur le capital porté aux mêmes statuts : et ces prescriptions restent en vigueur pendant toute la durée de la société. Le législateur a sans cesse eu pour but d'éviter l'agiotage, c'est assez dire que ses prohibitions s'appliquent aussi bien au cours de la société qu'à ses débuts, aux actions de jouissance qu'aux actions non amorties.

L'action ne peut être fractionnée, tel est le principe constant : et si dans une succession il se trouve une action à partager entre deux héritiers, elle reste indivise ou doit être licitée, c'est un bien impartageable en nature.

On ne peut, cela va de soi, par des moyens détour-

nés, éluder notre article, soit en créant des parts d'intérêts inférieures au taux minimun de la loi et sans indication de capital, soit par tout autre moyen; ce serait
rendre la société nulle, mais, de l'avis de tous, la clause
si pratique en vertu de laquelle, une fois le premier
quart versé, la libération ne se fera que par versements
successifs, échelonnés à diverses dates, est parfaitement
licite, et si, la société prospérant, on n'a jamais besoin
de nouveaux versements, il ne faut pas voir là une voie
détournée pour éluder la loi : le taux de l'action est fixé
à 500 fr. par exemple, chaque actionnaire sait qu'on
pourra lui demander pareille somme, et si la société fait
d'heureuses affaires, on ne peut le leur imputer à faute.
Mais, à moins de clause spéciale dans les statuts, la libération de pareilles actions ne peut être décidée qu'à
l'unanimité des actionnaires, et comme il y a diminution
du capital social, elle ne serait pas opposable aux créanciers antérieurs.

L'article premier s'appliquera également, ses termes
généraux le comportent, aux actions émises au cours de
la société, comme augmentation de capital. Mais cela
peut faire naître une difficulté assez délicate et qu'il
importe d'examiner.

Supposons une société fondée au capital de 200,000 fr.
Ses actions sont émises au taux de 100 fr. Plus tard, et
en vertu, soit d'une clause des statuts, soit de l'accord
unanime des actionnaires, le capital est porté à 500,000 fr.
par exemple : les actions nouvelles seront certainement
émises à 500 fr., mais devra-t-on ramener à ce taux les
actions primitives?

Nous croyons que rien ne s'oppose à laisser subsister les anciennes actions au taux de 100 fr. La société s'est régulièrement constituée au capital de 200,000 fr. Elle a fait appel à la souscription de titres de 100 fr. ; la loi l'y autorisait. Et si plus tard, toujours légalement, elle augmente son capital par l'émission de nouvelles actions au taux de 500 fr., cette fois elle sera toujours dans le texte de notre article qui ne prescrit pas de porter les premières au taux des secondes, ce qui, du reste, serait d'une très grande difficulté pratique.

Cependant on objecte le texte de l'article 34 du Code de commerce, qui dit que le capital de la société anonyme se divise en actions ou coupons d'actions d'une valeur égale.

Spécialement pour notre matière, nous pourrions remarquer que ce texte ne parle que de la société anonyme et ne s'applique pas à la société en commandite par actions ; mais même en admettant que l'article 34 s'applique à toutes les sociétés par actions, cette disposition de la loi, qui manque aujourd'hui pour les sociétés anonymes et qui a toujours manqué pour les autres, de toute espèce de sanction, ne peut être et n'a jamais été que la constatation de l'usage ordinaire et de la pratique la plus commode en cette matière. La forme même de la phrase « le capital se divise » l'indique bien : si la loi avait voulu imposer une obligation, n'aurait-elle pas pris une autre expression ?

On a voulu objecter aussi que le signe caractéristique de l'action était l'égalité du titre ; nous avons vu ailleurs que le criterium était tout autre, et nous n'y reviendrons pas ici.

Nous pensons donc que la société dont nous parlons aura deux espèces d'actions, les unes à 100 fr., les autres à 500 fr., et que rien dans la loi ne s'oppose à la validité de pareils titres.

II. — *Époque où la négociation de l'action est permise et où elle peut être mise au porteur.*

L'article 2 de la loi de 1867 nous dit que : les actions ou coupons d'actions sont négociables, après le versement du quart. Le législateur veut empêcher l'agiotage autant que faire se peut, et défend de négocier les actions avant que la société ne soit constituée : lorsqu'une société se fonde, on émet des actions; au souscripteur qui se présente, on délivre un récépissé qui confère des droits assez ambigus. Si la société se fonde, il constituera un droit à un certain nombre d'actions, qui en cas de réduction sera peut-être inférieur à celui porté au récépissé. Si elle ne se fonde pas, ce récépissé ne confère aucun droit.

Les lois du 15 juillet 1845 et du 10 juin 1855, relatives aux actions des compagnies de chemin de fer, défendaient de négocier ces récépissés, et notre article ne fait que reproduire la même défense jusqu'au versement du quart.

Mais cette disposition est restrictive, elle ne défend que la négociation à la Bourse, ou par endossement, ou par toute autre voie commerciale, mais elle ne défend nullement la cession par les voies civiles. L'exposé des motifs de la loi du 17 juillet 1856, qui défendait la négociation avant le versement des 2/5, le disait formellement

en ces termes : « Est prohibée seulement la négociation
à la Bourse ou ailleurs, avec ou sans l'intermédiaire
d'agents de change, tantôt au moyen de procurations en
blanc, tantôt autrement, par tradition manuelle, par l'endossement, par transfert signé sur les registres de la
société, *en un mot par les voies commerciales.* »

Mais il est bien entendu, et cela ne peut faire doute,
que par versement du quart il faut entendre : constitution de la société. Tant que celle-ci n'est pas constituée
on n'a qu'un tire provisoire, aléatoire, qu'on ne peut négocier, puisque ce n'est pas encore une action.

Après la constitution de la société accompagnée du
versement du quart, l'action peut être négociée en tant
que titre nominatif, c'est-à-dire par un transfert régulier
sur les registres de la société, mais on ne peut encore les
transformer en titres au porteur.

Le transfert fait preuve de la transmission, et cette
preuve, résultant d'un acte écrit, ne peut être repoussée
que par une preuve contraire aussi écrite ou par témoins
après commencement de preuve par écrit. On a essayé
d'appliquer ici la maxime : « en fait de meubles possession vaut titre », mais que peut faire la possession d'un
titre nominatif, s'il ne porte pas le nom du possesseur?
Aussi la Cour de cassation a-t-elle très bien jugé, le
17 décembre 1873 (1), que la présomption légale dont
nous parlons n'est applicable qu'aux meubles corporels
et par extension aux titres au porteur, mais non aux titres
nominatifs, qui restent soumis aux règles générales établies pour les meubles incorporels.

(1) Dalloz, 741, 145.

Mais à quelle époque les titres pourront-ils être transformés en titres au porteur?

Sous l'empire de la loi de 1856, les actions devaient rester nominatives jusqu'à leur entière libération : c'était en effet là le seul moyen de connaître les cessionnaires, de savoir qui ils sont, de prévenir l'agiotage qui est surtout à craindre au commencement des sociétés, car les agioteurs n'aiment guère à faire connaître leur nom.

De plus ce n'est qu'après complète libération que le souscripteur, indéfiniment responsable du versement complet de son action, se trouve libéré de toute obligation.

Enfin, ce n'est également qu'après cette complète libération que les cessionnaires, responsables avec le souscripteur originaire dudit versement, se trouveront quittes envers la société.

Jusqu'en 1867 ces trois principes n'admirent aucune exception : mais de nombreuses réclamations s'élevèrent de la part des banquiers qui, souscrivant beaucoup d'actions, restaient souvent tenus d'une somme considérable à verser dans un temps assez éloigné et d'un autre côté négociaient difficilement les titres nominatifs non libérés.

De plus les sociétés qui n'avaient pas besoin du complément du capital restant à verser ne pouvaient jamais avoir d'actions au porteur.

L'article 3 fait droit à ces réclamations :

Il peut être stipulé, mais seulement *par les statuts constitutifs de la société*, que les actions ou coupons d'actions pourront, *après avoir été libérés de moitié*, être convertis en actions au porteur par *délibération de l'assemblée générale.*

Notre article, tout en reconnaissant les trois principes
que nous avons énumérés plus haut, permet d'y faire
exception, mais sous trois conditions :

1° Que la transformation des actions nominatives en
actions au porteur ait été permise dans les statuts constitutifs de la société. Remarquons que c'est dans les statuts *constitutifs* que la clause doit se trouver, et qu'elle
ne pourrait y être introduite, lors d'une révision et d'une
transformation des statuts.

2° Que l'action ait été libérée de moitié au moins.

3° Que l'assemblée générale des actionnaires ait déli-
béré sur ce point et se soit prononcée pour la conversion.

Cette exception a du reste son point d'appui dans le
droit commun : aux termes de l'article 1861 du Code
civil, un associé peut s'en substituer un autre avec le
consentement de tous. Notre article 3, § 1 ne fait qu'appliquer ce principe : l'adhésion à l'article des statuts qui
permet la conversion est le consentement demandé par
l'article 1861, consentement qu'on a cru bon de corro-
borer par une délibération de l'assemblée générale des
actionnaires.

La libération de moitié vient d'autres sources : Le
souscripteur, a-t-on dit, ne répond personnellement que
de la moitié du versement, le titre lui-même répond de
l'autre moitié, le versement de la première répond de
celui de la seconde, c'est le titre qui devient débiteur.
Si son porteur ne paie pas, on vendra le titre à la bourse,
on l'*exécutera*, et le prix obtenu le libérera des versements en retard. Ce système, inauguré par la loi du
15 juillet 1845, fut repris par la loi de 1867.

Ainsi quand les statuts l'ont permis et après versement de moitié, l'assemblée générale des actionnaires peut examiner si la prospérité des affaires permet de dispenser les actionnaires dans le passé et l'avenir de l'obligation du versement de la seconde moitié, et de transformer en actions au porteur les actions jusque-là nominatives.

Cette assemblée peut n'être qu'une assemblée ordinaire, délibérant à la simple majorité, si rien dans les statuts ne s'y oppose, car on ne fait qu'appliquer ces statuts : quoi qu'il en soit, comme il s'agit ici d'une décision très grave, il est préférable, pour éviter toute critique, de soumettre la question à une assemblée extraordinaire, s les statuts en ont organisé.

Mais avant que la question puisse être posée devant l'assemblée, avant qu'elle puisse en délibérer, il faut, outre une clause dans les statuts, que toutes les actions soient déjà libérées de moitié, et il ne faut pas que ce versement ne soit fait qu'après la délibération, par les actionnaires qui veulent convertir. La loi elle-même le dit : *Après avoir été libérées de moitié*, et le rapport de la commission atteste la portée et le but de ces termes, en déclarant que la délibération de l'assemblée doit constater tout à la fois que la moitié du capital a été versée et que la société est dans un état prospère.

Toutefois cela a fait difficulté puisque la Cour de cassation a dû prononcer : elle l'a fait du reste dans le sens que nous indiquons (1).

, Donc, après versement préalable de moitié, et délibération de l'assemblée des actionnaires, il est loisible à

(1) Cass. 21 juillet 1879, Dalloz, 79, 1, 321.

chaque actionnaire de transformer son titre nominatif en titre au porteur. Remarquons du reste que ce n'est là qu'une simple faculté et que chacun reste libre de garder son titre nominatif.

Ce droit que conférait déjà la loi de finances du 23 juin 1857, article 8, à tout propriétaire d'actions ou d'obligations dans les sociétés qui admettent les titres au porteur, ne peut évidemment être exercé par les personnes qui sont frappées d'une incapacité générale comme les mineurs non émancipés et les interdits. Mais peut-il l'être par celles qui, incapables de faire certains actes, ont la capacité d'en faire certains autres, comme les mineurs émancipés, les individus pourvus d'un conseil judiciaire, ou les femmes mariées séparées de biens, et par celles qui représentent les incapables, comme les tuteurs des mineurs non émancipés ou des interdits?

La Cour de cassation a résolu la question pour la femme séparée de biens (1) et pour le tuteur des mineurs non émancipés (2).

Elle déclare que la conversion n'est qu'un acte de pure administration n'impliquant aucunement l'aliénation du droit de l'actionnaire, que du reste aucun danger n'est couru par l'incapable, aucune loi n'imposant à son tuteur l'obligation de consulter le conseil de famille avant d'aliéner les meubles incorporels autres que les rentes sur l'État et les actions de la Banque de France, et qu'on ne peut exiger plus de garantie pour un acte qui n'est pas l'aliénation. Et elle en conclut que ces actes sont permis

(1) Cass. 8 février 1870, Sirey, 70, 1, 189.
(2) Cass. 4 août 1873, Sirey, 73, 1, 441.

à la femme séparée de biens, même sans autorisation du mari ou de justice, et au tuteur sans autorisation du conseil de famille.

Malgré l'autorité de la Cour de cassation une opinion contraire avait de nombreux partisans : elle soutenait que la loi a toujours eu en vue la protection des intérêts des incapables, et que tout danger pour eux amène des précautions de sa part.

De plus et en dehors de cette considération qui du reste ne fait que détruire un argument *a fortiori*, on soutenait qu'il faut refuser aux incapables et à leurs représentants le droit de faire seuls la conversion. Sans doute c'est là un acte d'administration qui ne fait pas sortir le titre du patrimoine, qui est même la source de certains avantages comme de faire échapper au droit de courtage et de rendre le crédit plus important. Mais la nature même du titre au porteur entraîne pour le propriétaire de sérieux dangers : ces titres sont assimilés aux meubles corporels et tombent sous l'application de la règle : *En fait de meubles, possession vaut titre*, et de plus, quant aux incapables, cette conversion, par l'application même de l'article 2279 de Code civil, ne sera-t-elle pas un moyen d'échapper à la protection de la loi et d'arriver à une aliénation que la loi défend ?

Il y a plus : Dans la plupart des cas de tutelle dative, le conseil de famille, qui a à s'expliquer sur la manière dont seront employés les fonds de l'incapable, n'autorise le placement en valeurs mobilières qu'à la condition expresse que ces valeurs seront inscrites au nom du mineur. C'est là une sage précaution, surtout quand le tuteur ne

possède pas d'immeubles qui assurent le recours de l'incapable qu'il représente. Que devient-elle si le tuteur
peut transformer les titres au porteur ? Et quels risques
ne va pas courir la fortune de l'incapable ?

Devant ces dangers on n'hésitait pas, malgré la jurisprudence, à défendre la conversion aux incapables ou à
leurs représentants agissant seuls et à réclamer les autorisations exigées par la loi pour l'aliénation même.

Un document législatif vient de résoudre la question
dans le sens de la seconde opinion en ce qui concerne les
mineurs et interdits, et tranche la controverse, nous
voulons parler de la loi du 27 février 1880, sur l'aliénation des valeurs mobilières appartenant aux mineurs et
interdits.

Le Code civil a organisé avec grand soin la protection
des incapables et notamment des mineurs, au point de
vue de leur fortune immobilière ; mais ses rédacteurs,
encore sous l'impression de l'adage de l'ancien droit:
Vilis mobilium possessio, avaient laissé la fortune mobi-
lière des incapables exposée à tous les périls, surtout depuis l'extension donnée aux valeurs mobilières qui, de
nos jours, composent souvent en totalité la fortune des
particuliers.

Les lois du 24 mars 1806, relative aux rentes sur l'État,
et du 25 septembre 1813, sur les actions de la Banque
de France, avaient déjà comblé une lacune à cet égard,
mais il fallait une loi générale et c'est le but de la loi du
27 février 1880.

Soumis au Sénat le 24 janvier 1878, le projet de loi a
été adopté par la Chambre des députés le 29 novembre

1879 ; c'est une application aux valeurs mobilières des règles du Code civil sur l'aliénation des immeubles.

Le tuteur ne peut aliéner un titre quelconque : rente, action, part d'intérêts, obligations ou autres sans autorisation préalable du conseil de famille, dont la délibération doit être homologuée par le tribunal si le titre à aliéner dépasse 1500 francs en capital.

Les titres au porteur doivent être, dans les trois mois du jour où ils adviennent au pupille, convertis par le tuteur en titres nominatifs ; si la conversion ne peut avoir lieu, ces titres doivent être déposés.

Ces dispositions sont applicables aux mineurs, aux mineurs émancipés, à l'interdit, aux aliénés non interdits placés dans une maison de santé.

Telle est l'économie générale de la loi qui termine par l'abolition de la loi du 24 mars 1806 et du décret du 25 septembre 1813, qui n'avaient plus en effet de raison d'être, et dont l'article 10 tranche notre controverse en ces termes : « La conversion de tous titres nominatifs en titres au porteur est soumise aux mêmes conditions et formalités que l'aliénation de ces titres. »

Une autre question reste à résoudre : la délivrance du titre au porteur faite illégalement à un incapable ou à son représentant non muni des autorisations préalables, ou bien faite illégalement avant le versement de moitié, ou encore après versement de moitié fait après la délibération de l'assemblée, produit-elle quelqu'effet ?

Il est évident d'abord que la délivrance illégale de titres au porteur n'entraînerait pas la nullité de la société : l'article 7 ne s'applique pas à ce cas, et on ne peut l'étendre. De même l'article 13 que nous étudierons plus loin ne punit que l'émission d'actions de sociétés illégalement constituées, et ne s'applique pas non plus à ce cas : il en serait autrement de l'article 14 qui punit la négociation d'actions dont la forme est contraire aux dispositions de la loi. Il n'y aura donc de sanction pénale qu'au cas de négociation de l'action irrégulièrement convertie.

Quant à la sanction civile elle subsiste entière, et les coupables seront évidemment passibles de dommages-intérêts.

III. — *Versement restant à faire.*

Nous sommes arrivés à la seconde partie de l'article 3, qui comprend une décision au moins fort obscure, et même, de l'avis de beaucoup d'auteurs, incompréhensible. Appelant à notre aide les très claires explications qui nous ont été données sur ce point, à son cours, par notre savant professeur M. Rataud, nous essaierons cependant de donner sur ce point les solutions que nous croyons bonnes, et pour lesquelles on est bien souvent obligé de suppléer au texte par l'application des principes et de l'équité.

L'article 3, § 2, est ainsi conçu :

« Soit que les actions restent nominatives après cette délibération, soit qu'elles aient été converties en actions au porteur, les souscripteurs primitifs qui ont aliéné les actions et ceux auxquels ils les ont cédées avant le versement de moitié, restent tenus au paiement du montant de leurs actions pendant un délai de deux ans, à partir de la délibération de l'assemblée générale. »

Ainsi la délibération de l'assemblée générale ferme la liste des obligés et libère tous les cessionnaires ultérieurs de l'obligation de payer la seconde moitié.

Quels sont ceux qui restent obligés pendant deux ans ?

Ce sont tous ceux qui étaient obligés auparavant : la loi n'a pas voulu que ces obligations s'éteignissent immédiatement.

La perspective de la responsabilité biennale est une garantie que les actionnaires ne voteront la conversion qu'à bon escient, loyalement, avec l'idée que la conversion ne sera pas une source de préjudice pour les tiers ; ils choisiront bien leurs cessionnaires puisqu'ils en seront garants.

Après deux ans tout le monde est libéré et si la société a besoin d'argent elle avertira les actionnaires de cet appel de fonds ; s'ils n'y répondent pas, on n'aura à exercer contre eux aucune poursuite, mais on leur retirera leur titre qui sera vendu à une personne qui voudra bien payer la seconde moitié. Nous avons vu que cela s'appelait exécuter le titre.

Certains auteurs se fondant sur cette phrase du texte : « Seront encore obligés pendant deux ans les souscripteurs *qui ont aliéné leurs actions,* » ont prétendu que ceux qui n'avaient pas aliéné devaient être libérés tout de suite. Cette opinion ne supporte pas l'analyse.

D'autres ont prétendu qu'ils restaient tenus indéfiniment. Cette solution se fonde sur le silence du texte qui ne parle que de ceux qui ont aliéné ; c'est donc, dit-on, qu'on doit revenir au droit commun des obligations : on s'est engagé, on doit donc d'après le droit commun.

Toutefois nous ne pouvons croire que telle ait été l'intention du législateur, il ne pouvait traiter plus mal les souscripteurs les plus honnêtes, ceux qui n'ont certainement pas cherché l'agiotage, que ceux qui ont, en aliénant, eu en vue un bénéfice à faire, ceux qui, dans un but de gain à réaliser ou de perte à éviter, ont résilié leurs engagements envers la société. C'eût été créer entre les associés une inégalité déplorable puisque les meilleurs seraient dans une situation pire que les moins bons.

Aussi croyons-nous que l'équité, qui est la loi commerciale, doit corriger la rigueur des principes, et admettons-nous que la situation des souscripteurs, qui n'ont pas aliéné, est la même que celle de ceux qui l'ont fait, et qu'ils sont libérés par deux ans.

Le résultat pratique de l'opinion que nous combattons serait du reste déplorable : les gens qui souscrivent dans l'intention de placer leur argent et de garder leurs actions, ceux qui sont les plus utiles aux sociétés et les plus dignes d'intérêt, se retireront forcément du nombre des souscripteurs et la souscription ne sera faite que par les agioteurs ; les autres n'achèteront que de seconde main de façon à éviter la responsabilité qu'on leur impose. Est-ce là le but qu'on doit se proposer ? Non, aussi faut-il croire que si le législateur n'a pas parlé des souscripteurs qui n'ont pas aliéné, c'est qu'il était évident qu'ils devaient être non moins bien traités que les autres.

Cela résulte du reste du deuxième rapport supplémentaire sur notre loi, qui s'exprime en ces termes :

« Il est désirable que la société, si elle le juge convenable à ses intérêts, à la circulation plus facile de ses titres, ait le droit de les convertir en actions au porteur après le versement de la première moitié, en maintenant toutefois la responsabilité des premiers souscripteurs, pendant le délai que la loi aura déterminé. » Le rapport ne fait pas ici de distinction.

Ainsi nous pensons que le vote de l'assemblée libère tous les souscripteurs après deux ans : la loi déclare également tous les cessionnaires libérés, et les défenseurs de l'opinion que nous venons de combattre sont bien obligés d'admettre parmi eux le porteur actuel de l'action ; ils crient alors à l'anomalie, c'est au contraire l'application de notre doctrine : après deux ans, tout le monde est libéré, le titre seul reste débiteur et, si son détenteur ne paie pas le capital qu'on lui demande, le titre sera exécuté.

Une question peut cependant être discutée encore : la loi dit : *Seront tenus aussi pendant deux ans ceux à qui on a cédé avant le versement de moitié ;* quelle sera donc la position des cessionnaires qui le sont devenus entre l'époque de ce versement et le vote de l'assemblée ? Si on s'en tient au texte de la loi, il faut les déclarer libérés immédiatement, mais on va alors admettre à voter des gens qui ont intérêt à voter pour la conversion, et dont le vote va terminer la responsabilité.

Aussi doit-on remplacer les mots : avant le versement de moitié, par ceux-ci : avant la délibération de l'assemblée.

Ceux qui n'admettent la libération que des souscripteurs qui ont cédé leurs actions se trouvent dans un
autre embarras : un des souscripteurs a gardé ses actions jusqu'à la délibération ; après le vote, il les cède.
On se demande si la prescription de deux ans doit
s'appliquer et alors quel en sera le départ ?

Nos adversaires se trouvent encore ici dans un embarras inexprimable : ils sont bien obligés d'avouer que
la situation de ce souscripteur est fort analogue à la
situation de celui qui a aliéné avant le vote, et ils doivent
admettre sa libération, mais comment faire ?

« Le texte, s'écrie M. Vavasseur, n'a pas prévu cette
hypothèse, c'est une regrettable lacune à signaler, car
il y avait identité de raison entre les deux cas et le
souscripteur, cédant ses actions après la délibération,
méritait aussi bien d'être affranchi que celui qui les
avait aliénées auparavant. En présence de cette analogie
manifeste, les tribunaux seront tentés d'appliquer la
prescription de deux ans ; mais comment fixer le point
de départ ? Si la cession a lieu dans les deux ans de la
délibération, on pourra jusqu'à un certain point admettre une prescription commençant rétroactivement à
partir de la délibération ; ainsi au moins la lettre de la
loi serait à peu près respectée. » Singulier respect que
celui qui consiste à l'éluder, singulière prescription
qu'une prescription rétroactive ; mais l'embarras est
encore plus grand, quand la cession a lieu plus de deux
ans après la délibération.

Le point de départ fait ici naturellement défaut : le
juge admettra-t-il une prescription *ipso facto*, s'opé-

rant instantanément au moment de la cession ? Mais ce serait ouvrir la porte aux fraudes... Il y aurait eu un point de départ rationnel, ce serait un délai de deux ans après la cession ; mais en l'adoptant le juge n'empié-terait-il pas sur le domaine législatif ?

.Tel est l'embarras de nos adversaires et combien notre système n'est-il pas plus simple : le vote de l'assemblée laisse tenus pendant deux ans souscripteurs et cessionnaires, sans distinction : et après ce vote si l'un d'eux cède il reste tenu, si les deux ans ne sont pas expirés, jusqu'à l'expiration ; s'il cède après les deux ans il est déjà libéré : quant à son cessionnaire il ne peut être tenu.

Cependant ce n'est pas dans ce sens que la Cour de cassation s'est prononcée dans un récent arrêt du 21 juillet 1879 (1). Son système est celui-ci : l'article 3 de la loi de 1867 ne libère que les souscripteurs primitifs qui ont cédé leurs actions et les cessionnaires qui ne sont plus en possession, qui ont eux-même cédé : restent tenus, suivant le droit commun, tous les porteurs d'actions actuels, tant souscripteurs primitifs qui ont gardé leurs actions que cessionnaires qui n'ont pas revendu : « Attendu, dit cet arrêt, que l'article 3 déroge à l'article 1845 du Code civil, mais qu'il ressort des termes mêmes dans lesquels il est conçu que la faveur exceptionnelle qu'il accorde s'applique exclusivement aux souscripteurs primi-

---

(1) *Le Droit*, nᵒˢ des 28 et 29 juillet 1879.

Cet arrêt a été confirmé par un autre arrêt dans le même sens de la Cour de cassation du 21 janvier 1880. — *Gazette des tribunaux* du 24 janvier 1880.

tifs et à leurs cessionnaires, qui ont aliéné leurs actions, et qu'elle ne saurait être étendue à ceux qui ont
conservé leurs titres... ;

« Que ledit article a pour objet non d'autoriser l'assemblée générale à réduire le capital social en dispensant
tout souscripteur ou cessionnaire, qui a payé une moitié de ses actions, d'en acquitter le surplus, mais seulement de permettre, sous les conditions qu'il détermine,
à chaque souscripteur primitif ou cessionnaire de s'af-
franchir, lorsqu'il se retire de la société, de l'obligation
qui lui incomberait, suivant le droit commun, de verser
ultérieurement le complément des actions par lui aliénées;

« Que la loi établit au profit de l'associé qui transmet
ses droits et ses obligations à un tiers, une novation, par
la substitution de son cessionnaire à son lieu et place;
mais que tant que l'actionnaire conserve la propriété de
ses actions, il ne saurait, sous aucun prétexte, se soustraire à l'obligation, qui pèse sur tout propriétaire d'une
action, d'en payer le montant total ;

« Que vainement on prétend qu'il existe une corréla-
tion nécessaire entre la forme des actions et l'étendue
de la responsabilité des actionnaires, et que la conversion des actions nominatives en actions au porteur entraîne forcément la libération de ces derniers ;

« Attendu, en effet, que si la conversion dont il s'agit
a pour conséquence de modifier les règles relatives à la négociation des actions, elle n'implique nullement une dérogation aux engagements que les associés ont contractés
envers la société et qui peuvent, après comme avant

la transformation des titres, recevoir leur exécution ;

« Que, sans doute, le changement apporté à la forme des titres rend plus difficile, en fait, la recherche et la preuve de leur transmission, mais que ceux auxquels ils appartiennent n'en doivent pas moins rester soumis, quand ils sont connus, aux obligations inhérentes à leur qualité d'associés. »

Ce système eût pu être bon, c'est un de ceux qui étaient défendus lors de la discussion de la loi : malheureusement pour lui rien dans notre article ne peut l'appuyer. Le texte de la loi est clair quant aux cessionnaires qu'elle déclare libérés après deux ans sans distinction : le porteur actuel ne peut donc être déclaré tenu indéfiniment. Quant au souscripteur qui n'a pas aliéné nous avons vu que l'équité et même l'analogie devaient également le faire déclarer libéré. La Cour de cassation n'a donc pas jugé dans le sens de l'article, elle a fait la loi.

En résumé voici donc comment il faut entendre notre article : Lorsque l'Assemblée a voté l'application de la clause des statuts permettant la conversion, soit que les actionnaires profitent ou non individuellement de la faculté de mettre leurs actions au porteur, les souscripteurs qui sont restés actionnaires, et même ceux qui ont aliéné leurs actions, et ceux à qui ils les ont cédées, soit avant le versement de moitié, soit seulement avant le vote de l'Assemblée (car ces cessionnaires ont fait partie de ladite assemblée) restent tenus pendant deux ans du jour de la déclaration. Après l'expiration de ce délai, personne ne reste tenu, le titre seul est débiteur. Mais si la conversion n'a pas lieu, soit que les statuts ne le permettent pas, soit que l'on n'use pas de la faculté qu'ils réservent, ou que l'Assemblée refuse de le voter, les actions restent nominatives.

Quelle est alors la position des actionnaires?

Ils restent tenus indéfiniment, les mots de l'article 3: « soit que les actions restent nominatives » ne visent pas ce cas, quoi qu'en dise M. Bédarride, ils ont trait à celui où, la conversion étant votée, les actionnaires préfèrent garder leurs titres nominatifs.

Mais pendant combien de temps restent-ils tenus?

Ils sont tenus indéfiniment, a-t-on dit, car ils ne peuvent prescrire par trente ans, la dette n'étant pas exigible, ni par cinq ans en vertu de l'art. 52, 3° de notre loi, qui est spécial aux sociétés à capital variable, ni en vertu de l'art. 64 du Code de commerce, qui n'établit qu'une prescription commençant à la dissolution.

Nous concédons les deux derniers points, mais non le premier; la dette est exigible au gré des gérants, et l'on prescrit par 30 ans, savoir: les porteurs d'actions, du jour où ils ont, pour la dernière fois, pris part à la vie sociale, en touchant des dividendes ou autrement, ceux qui ont vendu, du jour du transfert.

La loi n'exige pas que la société ait fonctionné pour que l'on puisse faire la conversion, on pourra donc la faire aux trois conditions que nous avons dites, aussitôt après la constitution, mais si les actions sont libérées de moitié, dès avant cette constitution, pourront-elles être immédiatement délivrées au porteur?

Nous croyons que pareille clause insérée dans les statuts serait lettre morte. On nous dit que c'est là un for-

malisme rigoureux, que l'adhésion aux statuts vaut délibération de l'Assemblée générale, chaque actionnaire en
y adhérant ayant consenti la mise au porteur, et les tiers
ayant connu les statuts par la publication. Nous ne
croyons pas ces raisons suffisantes : la loi s'est défiée des
adhésions individuelles et il n'est pas dans son esprit de
les réputer équivalentes à une décision prise en assemblée générale et, d'un autre côté, les assemblées constituantes, qui, dit-on, pourraient délibérer sur la question,
ont une mission spéciale dans laquelle elles devront se
renfermer, à peine de commettre un excès de pouvoir.

IV. — *Des obligations.*

Outre les actions, les sociétés peuvent émettre des
obligations, c'est-à-dire contracter un emprunt. Les porteurs d'obligations ne sont pas des associés, ce sont des
créanciers de la société.

A la différence de l'action que nous venons de voir
soumise au contrôle des assemblées constituantes, puis
de l'assemblée générale des actionnaires, qui doit être
libérée d'un quart au moins, et dont le nombre total doit
être souscrit, pour permettre de constituer la société, à la
différence, dis-je, de l'action, les émissions d'obligations
sont libres, et ont lieu sans contrôle.

L'obligation, dont l'usage a été vulgarisé par nos grandes
compagnies de chemins de fer et qui, vu la position de
créancier donnée au souscripteur, et souvent grâce à la
garantie de l'État, se trouve être une valeur de placement

de premier ordre, a de suite atteint une vogue extraordinaire : les lots à gagner par le sort et les primes de
remboursement, que nos grandes villes et établissements
financiers ont organisées, ont encore augmenté leur succès. Aussi les sociétés commerciales ne devaient-elles
pas, surtout en présence des embarras créés par la loi
aux émissions d'actions, laisser de côté cet instrument
de crédit.

Mais réglementer l'action en laissant l'obligation libre,
n'était-ce pas faire délaisser l'une pour l'autre, n'était-ce
pas pousser les maîtres dans l'art de la fraude à duper le
public au moyen des obligations, puisque les précautions
de la loi les gênaient dans leurs opérations sur les actions?
Ils ont sur ce terrain pleine et entière liberté, aussi s'en
donnent-ils à leur aise, jusqu'à ce qu'ayant comblé la
mesure, ils soient la cause d'une réaction d'où sortira une
loi nouvelle que nous souhaitons plus heureuse et plus
claire que celle que nous sommes obligés d'appliquer et
de suivre aujourd'hui dans notre étude.

Les titres d'obligations peuvent affecter les mêmes formes que ceux des actions et être nominatifs, au porteur
ou à ordre : leur émission est faite d'une manière un peu
différente. L'obligation est généralement émise au capital
de 500 fr., mais le capital réel payé pour être mis en possession du titre n'est jamais 500 fr. : on le vend le plus
cher possible, mais jamais au taux du capital nominal qui
est le chiffre fixé pour le remboursement. En règle générale, les obligations de 500 fr. sont émises à 300 fr., elles
sont pourvues d'un numéro d'ordre et chaque année un
tirage au sort détermine quels titres seront remboursés.

La différence entre le chiffre réel et le chiffre nominal s'appelle prime de remboursement.

On a discuté sur le point de savoir si ces tirages au sort n'étaient pas des loteries, et si par conséquent ils n'étaient pas illicites, et si les lots promis le plus souvent dans les émissions d'obligations ne sont pas prohibés par la loi du 21 mai 1836 qui défend les loteries et répute telles : toutes opérations offertes au public pour faire naître l'espérance d'un gain qui serait acquis par la voie du sort.

Ecartons d'abord de la question les compagnies et villes, que des lois spéciales autorisent à émettre des obligations avec lots et primes, comme la ville de Paris, le Crédit foncier de France, etc. La validité des tirages de ces compagnies ne peut être contestée.

Pour les sociétés non autorisées, distinguons entre les primes de remboursement et les lots.

Quant aux lots, on a dit qu'ils étaient en dehors de la loi de 1836, qu'on ne faisait pas appel ici à la cupidité et à l'ignorance, qu'on ne prenait pas les économies des petits capitalistes, puisque ceux qui ne gagnent pas le gros lot n'en sont pas moins remboursés un jour ou l'autre.

Toutefois la loi belge sur les sociétés, du 18 mai 1873, a proscrit les valeurs à lots, en ordonnant le remboursement des obligations par annuités, et la Cour de cassation, dans un arrêt du 14 janvier 1876, s'est prononcée dans le sens de l'illégalité, à bon droit suivant nous. Voici du reste les termes de cet arrêt :

« Attendu que la loi du 21 mai 1836, après avoir prohibé, dans son article premier, les loteries de toute espèce leur assimile, par son article 2, certaines opérations qui ne constituent pas, à proprement parler, de véritables loteries ; — que cet article 2, qui prévoit trois cas, dispose en effet : « Sont réputées loteries et interdites comme telles : 1° les ventes d'immeubles, de meubles ou de marchandises effectuées par la voie du sort ; 2° les ventes des mêmes objets auxquels sont réunies des primes, ou autres bénéfices dus au hasard ; 3° enfin, généralement, toutes opérations offertes au public pour faire naître l'espérance d'un gain qui serait acquis par la voie du sort ; » — qu'il résulte évidemment de ces expressions : « réputées loteries, et interdites comme telles, » que les opérations qui sont l'objet de la disposition ne sont pas par elles-mêmes des loteries, mais bien qu'elles leur sont assimilées ;

« Qu'il suit de là que tout emprunt offert au public, avec primes ou lots, pour faire naître l'espérance d'un gain qui sera acquis par la voie du sort, rentre dans les prévisions de la troisième disposition de l'article 2 de la loi de 1836 ;

« Que si des villes ou des compagnies françaises ont été autorisées à faire des emprunts, offrant au public des primes ou des lots qui seraient acquis par la voie du sort, elles l'ont toujours été par des lois spéciales emportant dérogation à la loi générale (1). »

Quant aux primes de remboursement, l'objection contre leur validité était qu'elles constituaient un prêt usuraire contraire à la loi de 1807.

(1) Sirey, 76, 1, 433 et Dalloz, 76, 1, 185.

Il semblerait que cette objection dût être victorieusement repoussée depuis la loi fiscale du 21 juin 1875, qui soumet à l'impôt de 3 p. 100 sur le revenu les lots et primes de remboursement payés aux créanciers et porteurs d'obligations. Mais outre que la loi fiscale ne fait que saisir le fait, sans en garantir la légalité d'après le droit civil, on peut dire que cela s'applique aux valeurs des compagnies autorisées, et en fait ce sont bien ces valeurs que la loi avait en vue.

Il faut donc trouver ailleurs un argument pour soutenir la légalité des primes de remboursement, aujourd'hui admise sans conteste. Cet argument se trouve dans le fait lui-même : l'intérêt payé est en général 5 p. 100 sur le capital réel, il est souvent à un taux inférieur, jamais à un taux supérieur : or le taux de l'intérêt en matière commerciale est 6 p. 100, la société débitrice gagne donc ainsi 1 p. 100 chaque année, qu'elle met en réserve, et c'est avec cette réserve qu'elle paie ses primes qui ne sont par conséquent que des intérêts accumulés pour être payés en même temps que le capital. De plus la prime est une compensation légitime des risques que font courir aux prêteurs l'époque lointaine et incertaine du remboursement, les éventualités des entreprises industrielles et la fluctuation des valeurs en Bourse.

En se basant sur ces principes, on peut fixer ce qui est dû aux obligations en cas de faillite de la société : il y a ici déchéance du terme au profit de la société, on doit donc immédiatement aux porteurs d'obligations le capital réel, le prorata de l'intérêt jusqu'au remboursement effectif et une part proportionnelle de la prime comparativement au temps écoulé avec celui qui restait à courir.

Si aucune loi spéciale n'a réglementé l'émission d'obligations, c'est le droit commun des contrats qui règle l'obligation de chacun, qui décide la question de savoir si les souscriptions sont définitivement acquises à l'emprunteur du jour où elles ont été faites, même au cas où l'emprunt ne serait pas couvert. Le juge du fait aura du reste à se guider d'après les chiffres : il est évident que si une société veut emprunter dix millions et qu'elle n'ait que 500,000 fr. de souscription, les souscripteurs ne peuvent être tenus. Il en serait autrement si dans le même cas un banquier a couvert l'emprunt et ouvert une souscription pour placer ses titres, le souscripteur n'est plus alors qu'un acheteur de titre, et n'y aurait-il qu'un titre acheté, l'émission est couverte et le banquier tenu.

Les émissions d'obligations sont le plus souvent annoncées au public par des assertions alléchantes par la voie des journaux. Le directeur du journal ne peut être responsable envers les souscripteurs que s'il y a de sa part une intention personnelle de duper ses abonnés, s'il a eu recours pour assurer le succès de l'émission à des assertions mensongères et à des manœuvres dolosives pour tromper ses lecteurs ; mais il ne serait pas tenu si, se faisant l'écho de promesses fondées sur des faits inexacts, il en a indiqué l'origine et mis ses lecteurs à même de contrôler la véracité des faits énoncés. C'est du reste dans ce sens que s'est prononcée la jurisprudence (1).

L'action en responsabilité peut aussi atteindre le ban-

(1) Arrêt de Paris du 7 juin 1872. *Bulletin de la cour d'appel*, n° 2672. *Sic* Vavasseur, n° 549.

quier qui a laissé annoncer que l'émission était faite avec
son concours et qui n'a pas vérifié l'exactitude des faits
énoncés par la société ; elle atteindrait de même les
membres du conseil de surveillance qui n'auraient pas
pris les mesures commandées par l'intérêt des souscripteurs, et en première ligne, bien entendu, le gérant de la
société.

CHAPITRE VI

ADMINISTRATION DES SOCIÉTÉS EN COMMANDITE PAR ACTIONS.

La société en commandite par actions se compose de
deux parties bien distinctes. D'une part la gérance solidaire et responsable, société en nom collectif qui
s'adjoint une société anonyme.

D'autre part, les commanditaires ou bailleurs de
fonds, société sinon anonyme dans le vrai sens du mot,
au moins société de personnes non responsables au delà
de leur mise.

A ces deux rouages s'en adjoint un troisième : le
conseil de surveillance.

Nous trouvons les règles relatives à ces trois parties
de la société en commandite par actions dans le Code
de commerce, la loi du 6 mai 1863 et la loi de 1867 ;
nous étudierons d'abord la gérance.

Section I. — Des gérants.

1. — De la nomination des gérants et de leur révocation.

La partie de la société en commandite, responsable indéfiniment, peut être représentée par une seule personne ou par une société en nom collectif de plusieurs.

S'il n'y a qu'une seule personne, celle-ci prend inévitablement les fonctions de gérant de la société, il en est de même si les statuts nomment un seul gérant.

S'ils sont plusieurs, trois hypothèses diverses se posent : ou bien les statuts n'ont pas nommé de gérant, ou bien ils ont confié la gérance à chacun dans une part déterminée, ou bien ils ont confié la gérance à tous sans détermination.

Si les statuts n'ont pas nommé les gérants, les associés responsables gèrent simultanément. Ils ont pouvoir de faire tous actes de commerce et de signer la signature sociale : ici le mandat d'obliger la société est présumé contrairement à ce qui arrive dans les sociétés civiles (art. 1864 Code civil).

S'ils ne sont pas d'accord, et si l'un d'eux fait un acte que les autres désapprouvent, ces derniers ont un droit de *veto*, après lequel on délibère, et la majorité décide. Ce pouvoir de la majorité est la garantie de ceux qui ne gèrent pas : il ne faut pas qu'un seul, par une opposition systématique, puisse empêcher la société de marcher : du reste on s'humilie plus facilement devant la majorité. Autant les actes individuels irritent souvent, autant on est généralement disposé à suivre l'opinion du plus grand nombre.

Mais il est évident que le pouvoir de cette majorité se restreint à l'administration, et qu'elle ne peut toucher aux statuts.

Cette majorité doit se compter par tête, chacun, portant par la solidarité le poids entier des engagements contractés, doit avoir une influence égale.

Le système contraire aurait pour effet de rendre celui qui aurait la mise la plus forte absolument maître de la société.

En cas de partage des voix, on s'abstient.

L'article 1859, 2° du Code civil permet aux associés de se servir des choses appartenant à la société, pourvu qu'ils les emploient à leur destination fixée par l'usage et qu'ils ne s'en servent pas contre l'intérêt de la société, ou de manière à empêcher ses associés d'en user selon leur droit.

Nous ne pensons pas que l'on puisse appliquer ici cette disposition. Le fonds social doit être employé à faire le commerce, et ce serait s'en servir contre les intérêts de la société et les employer à un usage en dehors de leur destination, que de les faire servir à son propre usage : le gérant ne peut donc employer ces fonds à son usage personnel.

Si les statuts ont nommé les gérants en déterminant à chacun sa part de pouvoirs, il n'y a aucune difficulté : les gérants n'ont qu'à se conformer aux statuts.

S'ils ont nommé les gérants sans détermination de pouvoirs, ils gèrent simultanément comme dans le premier cas.

Nous avons vu que les gérants agissaient l'un sans

l'autre sauf le droit de *veto*, mais peut-on stipuler que l'un ne pourra obliger la société sans le concours d'un ou plusieurs autres, et les obliger à se contrôler ainsi les uns les autres ?

La raison de douter se trouve dans le fait que chacun a la signature sociale, et que, apposée par l'un sur un acte, elle a pour résultat d'obliger la société. Mais la clause des statuts a été publiée, et les tiers la connaissent, ils ne peuvent donc se plaindre, s'ils n'ont pas exigé la signature de tous les gérants.

Nous venons de voir que les statuts peuvent nommer les gérants, mais qui peuvent-ils nommer ?

Un ou plusieurs des associés responsables, cela va sans dire.

Peuvent-ils nommer un étranger ?

On a prétendu que non, en se fondant sur ce que l'on a compté sur la capacité des fondateurs en entrant dans la société, mais il est facile de répondre que cette capacité a été employée à choisir un bon gérant.

On objecte encore que d'après l'article 43 du Code de commerce, reproduit par l'article 57 de la loi de 1867, la publication doit contenir les noms des associés autorisés à gérer, c'est donc qu'il n'y a que les associés qui peuvent être gérants.

Nous répondons que l'article 22 de la loi de 1867 permet aux administrateurs des sociétés anonymes de se substituer un mandataire étranger : or ce que les administrateurs peuvent faire, les statuts doivent à plus forte raison le comporter. Aussi pensons-nous qu'un gérant peut être pris soit parmi les associés, soit parmi les personnes étrangères à la société.

Les gérants sont nommés, ou par les statuts, ou par un acte postérieur, cette nomination doit être publiée.

Les gérants nommés par acte postérieur ne sont que des mandataires, et leur mandat peut être révoqué, mais le mandat des gérants statutaires est-il également révocable (1)?

Il est certain que l'on pourrait par les statuts stipuler révocable le mandat conféré au gérant, de même que l'on pourrait par acte postérieur lui donner un mandat irrévocable (2), mais *quid* si les statuts n'ont rien dit ?

Avant 1867, la jurisprudence, considérant que la forme de la commandite était imposée aux sociétés de capitaux par suite des entraves imposées aux sociétés anonymes, et pensant que l'intérêt de tous était de rapprocher autant que possible les règles de la société en commandite de celles de la société anonyme, admit d'abord la révocation judiciaire pour cause légitime (3).

Puis elle sanctionna la révocation *ad nutum* pour les gérants non statutaires (4) pour arriver à admettre également cette révocation pour les gérants statutaires si cette faculté est réservée dans les statuts (5).

C'était mettre les gérants dans la dépendance des

(1) Troplong, n° 676. — Delangle, n° 173.
(2) Duvergier. — Troplong, n° 669. — M. Beudant, *Revue critique*, 1867, p. 417. — Cass. 25 novembre 1872, Sirey, 73, 1, 385.
(3) Paris, 28 février 1850, Sirey, 1850, 2, 447.
(4) Req. 28 avril 1863, Sirey, 63, 1, 383.
(5) Cass. 9 mai 1860, Sirey, 1860, 1, 621. Cass. 9 mai 1868.

commanditaires et violer l'article 27 du Code de commerce, aussi croyons-nous qu'actuellement les considérations qui ont guidé la jurisprudence n'existant plus depuis la loi de 1867, on doit considérer le mandat des gérants statutaires comme irrévocable : si on a à se plaindre de sa gestion, le conseil de surveillance demandera la dissolution de la société à l'assemblée générale des actionnaires (art. 11).

Lorsque le gérant est révoqué en vertu d'une clause des statuts, qu'il est démissionnaire ou qu'il meurt, la société est dissoute à moins que l'unanimité des actionnaires ne s'entende pour le remplacer.

§ 2. — De la raison sociale.

La société en commandite est administrée par le gérant sous une raison sociale, symbole de la personnalité de la société. Le nom des associés responsables indéfiniment peut seul entrer dans la raison sociale, c'est une conséquence des principes : si en effet la raison sociale est la formule abrégée du mandat que les associés se confèrent entre eux, et si son emploi a pour effet d'engager les biens de tous, ce serait tromper les tiers que d'y faire figurer le nom de ceux dont la responsabilité est limitée. Aussi l'article 25 du Code de commerce le défend-il expressément.

Mais quelle sera la conséquence de la non exécution de cette disposition, et quelle sera la responsabilité du commanditaire dont le nom aura figuré dans la raison sociale ?

Casaregis pensait que, si le commanditaire a permis, ou simplement toléré, que son nom soit compris dans la raison sociale, il était tenu avec les gérants, *quia tunc, sine dubio, in solidum ultra capitalia cum eodem accommandatario teneretur*.

Nous adoptons l'opinion de Casaregis : chacun de ceux dont le nom figure dans la raison sociale est en effet censé avoir signé, le commanditaire ne peut donc rien opposer à la demande de celui qui réclame le paiement d'un titre signé de lui : le commanditaire perd sa qualité, car de fait il s'immisce dans tous les actes sociaux, il est tenu *in solidum* avec les gérants.

La raison sociale donne les noms des associés dont les biens répondent des obligations de la société, c'est un résumé complet de la solvabilité collective, il ne peut donc s'y introduire d'alliage. Tout nom qui y figure est, au regard des tiers, porté par un associé indéfiniment responsable.

De deux choses l'une en effet : ou c'est pour assurer à la société un crédit qu'elle n'aurait pas eu sans cela, que le commanditaire a voulu qu'on insère son nom dans la raison sociale, et alors on ne peut nier que, déterminant la confiance des tiers, il doive encourir une responsabilité sans limite à leur égard ; — ou c'est par simple tolérance et sans but arrêté d'augmenter le crédit qu'il a souffert qu'on s'emparât de son nom, et dans ce cas, il a dû savoir à quelle responsabilité il s'exposait, il a commis une imprudence, c'est à lui à en subir les conséquences (1).

(1) *Contra* Arrêt de la cour d'Aix du 16 janvier 1840. — Dalloz, 40, 2, 151.

Une autre question se pose relativement à la signature sociale : les gérants doivent s'en servir dans l'intérêt de la société, mais qu'arrivera-t-il s'ils s'en sont servis dans leur intérêt personnel ? La société est-elle tenue. C'est ici une question de bonne foi : si le tiers a pu croire, et a cru en effet, contracter avec la société, celle-ci est obligée envers lui, sauf recours contre le gérant coupable. Mais si le tiers a été de mauvaise foi, si tout lui montrait que le gérant faisait sa propre affaire, la société ne sera pas tenue (1).

§ 3. — **Des actes que peuvent faire les gérants.**

Les gérants peuvent faire tout ce qu'ils jugent convenable pour l'administration de la société, tous les actes, dit M. Delangle, qui tendent à développer le principe social.

Ils peuvent et doivent faire tous les actes de gestion intérieure comme révoquer les employés, les nommer, les payer. Il répond même de leurs délits au nom de la société (2).

Quant aux actes extérieurs, ils trouvent dans leur mandat le pouvoir de faire tous les actes d'administration : un commerce quelconque ne peut exister sans une succession d'achats et de ventes, d'engagements, de sommes payées ou reçues, et les gérants ont entièrement qualité pour faire tous ces actes.

(1) Cass. 7 mai 1851, Sirey, 51, 1, 324. — Paris, 14 août 1852, Sirey, 52, 2, 493. — Cass. 24 janvier 1853, Sirey, 53, 1, 241 ; id., 21 février 1860, Sirey, 60, 1, 415.

(2) Lyon, 3 décembre 1857, Sirey, 1858, 2, 471.

Les gérants peuvent contracter en leur nom personnel avec la société, mais ils doivent pour cela être autorisés par les statuts. L'article 40 de la loi de 1867 en décide ainsi pour les sociétés anonymes, et nous croyons qu'ici le principe est le même.

De même les gérants de deux sociétés peuvent obliger l'une envers l'autre (1).

Les gérants, représentant la société, ont qualité pour agir et défendre pour elle en justice, mais, au même titre, ils l'obligent par les condamnations qu'ils encourent : la société est aussi obligée par les condamnations prononcées contre les gérants pour délits de gestion (2).

Du reste la gérance est ici l'élément prépondérant : les gérants sont les maîtres qui seuls impriment aux affaires sociales la direction et le mouvement : le conseil de surveillance et l'assemblée des actionnaires peuvent bien leur donner des avis, mais ils sont libres de ne pas les suivre ; bien plus, ils peuvent passer outre même en cas de vote du conseil de surveillance ou de l'assemblée. Il est vrai qu'en ce cas ils agissent à leurs risques et périls à charge de responsabilité personnelle vis-à-vis des actionnaires, mais elle sera souvent illusoire et en tous cas ne viendra qu'après coup.

Mais cette liberté doit se restreindre d'après les règles du droit commun. Ils ne peuvent faire tout ce qui ne tend pas à l'objet de la société : ainsi ils ne peuvent disposer à titre gratuit sauf de petites sommes

(1) Req., 4 décembre 1854, Sirey, 56, 4, 592.
(2) Cass. 15 janvier 1872, Sirey, 72, 1, 9.

à titre rémunératoire, ni faire remise d'une dette, sauf en cas de concordat, cela étant considéré comme un acte à titre onéreux.

Ils ne peuvent non plus, à moins d'autorisation expresse dans les statuts ou de l'unanimité des actionnaires, emprunter ou émettre des obligations, car c'est augmenter le capital social.

Toutefois il faut admettre l'emprunt par petites sommes suivant les usages du commerce, c'est-à-dire en souscrivant des billets, ou en prenant des marchandises à crédit, etc.

Ils ne peuvent non plus faire d'innovations sur les immeubles de la société, même quand ils les soutiendraient avantageuses à la société, si les autres associés n'y consentent (art. 1859, 4° Code civil). A plus forte raison ne pourront-ils pas les aliéner.

Mais qu'arrivera-t-il si les travaux ont été faits ? D'abord posons en principe que les associés ne pourront se plaindre que si les travaux ont été faits à leur insu, ou malgré leur opposition : sinon leur silence vaut approbation.

Si donc ils sont en droit de réclamer, il faudra distinguer trois cas :

1° Les travaux ont été utiles et ont produit une plus-value : nul ne pouvant s'enrichir aux dépens d'autrui, la société ne peut le faire aux dépens de ces gérants, et ceux-ci devront être indemnisés jusqu'à concurrence de la plus-value, si elle est inférieure au prix, du prix, si elle est supérieure ;

2° Les travaux sont inutiles : dans ce cas les choses

devront être remises en état, mais les gérants pourront enlever tout ce qui peut se détacher sans dégradation ;

3° Les travaux sont nuisibles : il faudra alors non seulement remettre les choses en état, mais encore indemniser du dommage causé. Les associés ne peuvent souffrir de l'illégale extension du mandat des gérants.

L'aliénation étant défendue aux gérants, ils ne peuvent évidemment constituer une hypothèque sur les immeubles sociaux ; mais cela ne s'applique qu'à l'hypothèque conventionnelle, car les actes du gérant peuvent aboutir à une condamnation judiciaire conférant hypothèque judiciaire : cette dernière ne serait que la conséquence d'actes autorisés et en tous cas soumise au contrôle de la justice.

Mais le gérant peut-il transiger et compromettre ?

Nous ne pouvons l'admettre, en présence des termes formels de la loi, que dans la mesure de leurs droits d'aliénation : la loi, en effet, déclare d'une part que pour transiger il faut avoir la capacité de disposer des objets compris dans la transaction (Code civil, art. 2045), et d'autre part qu'on ne peut compromettre que sur les droits dont on a la libre disposition.

Or nous venons de voir que les gérants ne sont en réalité que des mandataires, ils ne peuvent donc être considérés comme ayant la propriété et par conséquent la capacité de disposer requise pour transiger ou compromettre, sauf pour les actes relatifs à leur commerce.

On objecte que le commerce présente une foule de circonstances où il sera utile de transiger ou de s'en

remettre à des arbitres : sans doute, nous le concédons, mais faut-il en induire de là que le gérant aura
cette capacité ? Non, la seule chose à en tirer, c'est
qu'il sera très utile de le faire autoriser par les
statuts ; du reste les associés peuvent bien aussi vou-
loir se réserver la faculté d'apprécier s'il y a lieu ou
non de transiger, et confier à l'assemblée générale le
soin de délibérer sur un point aussi important.

En résumé, l'associé gérant représente la société, il
fait tous les actes nécessaires à son exploitation : et ce
nonobstant l'opposition des actionnaires. La société
répond des obligations qu'il contracte, des pertes qu'il
éprouve, quand elles naissent de l'exécution de son
mandat. Toutes les dépenses qu'il fait grèvent la société, et s'il avance de l'argent les intérêts lui sont dus
de droit et sans stipulation. Souvent même un traitement lui est alloué en rémunération des soins qu'il
donne aux affaires sociales.

Mais à ces avantages nous trouvons certaines com-
pensations :

D'abord si les intérêts sont dus de plein droit aux
gérants, pour les sommes qu'ils ont avancées, ils
doivent aussi de plein droit les sommes qu'ils ont employées à leur profit personnel : et il est même de
jurisprudence constante que le défaut d'emploi des
sommes par eux touchées pour la société fait courir
ces intérêts, les sommes étant alors réputées employées
à leur profit : ils peuvent même être condamnés en
outre à des dommages-intérêts.

En second lieu le gérant ne peut sacrifier l'intérêt

de la société à son intérêt personnel et il faut appliquer ici les articles 1848 et 1849 du Code civil que nous avons vus précédemment, et qui disposent que s'il y a concours de dettes exigibles appartenant l'une à la société, l'autre à un associé, l'égalité doit régner entre les créanciers ; mais l'imputation proportionnelle n'a lieu que dans le cas où les dettes sont de même nature et que le débiteur n'a pas intérêt à acquitter l'une plutôt que l'autre, car dans ce dernier cas la déclaration du débiteur qu'il entend acquitter la dette personnelle de l'associé vaudrait à l'encontre de notre article.

Les gérants doivent aussi rendre compte de leur gestion non seulement à la fin, mais au cours de leurs fonctions : il faut que les associés puissent arrêter une gestion désastreuse ou infidèle, aussi est-il d'usage de présenter tous les ans, ou même tous les six mois, un compte rendu de l'état des affaires de la société.

Enfin, et c'est leur plus lourde charge, les gérants sont responsables non seulement de leur dol, mais encore de leurs fautes : ils répondent en outre des dettes de la société *in infinitum*.

§ 4. — Responsabilité des gérants.

Les gérants doivent apporter à la société tous leurs soins, toute leur intelligence, ils sont les représentants de tous, et toute action ou omission nuisible engage leur responsabilité. Mais il faut tempérer ce principe par l'équité, et admettre que si le gérant a pris toutes les précautions commandées par la prudence, il ne peut être garant de la mauvaise fortune : en un mot il répond de son imprudence, mais non d'une mauvaise réussite.

Quant aux engagements et aux dettes de la société, quant à leur responsabilité pécuniaire, nous distinguerons celle qu'ils encourent vis-à-vis des tiers, et celle qu'ils encourent vis-à-vis des associés.

Cette responsabilité que nous allons étudier est commune à toute la partie en nom de la commandite : gérants ou non gérants encourent la responsabilité. Nous désignerons sous le nom patronymique de gérants toute cette partie de la commandite.

Les gérants sont donc responsables doublement :

1° Envers les tiers.

Les associés en nom de la commandite par actions, les commandités sont tenus *in infinitum*, et solidairement pour toutes les dettes de la société, qu'elles aient été contractées par eux ou par tout autre ayant pouvoir d'obliger la société.

Cette obligation est par eux encourue non seulement pour les dettes résultant des contrats, mais encore pour celles qui dérivent de leurs quasi-contrats, délits ou quasi-délits, et spécialement pour la distribution des dividendes fictifs dont les tiers ne pourraient réclamer la restitution aux actionnaires de bonne foi (art. 10, § 3). Les commandités ne pourraient du reste invoquer à ce sujet, contre les tiers, la prescription de cinq ans établie par l'article 10, § 4.

Mais il peut se faire qu'en vertu des statuts, et par suite de décès ou autre cause, les gérants originaires soient remplacés par d'autres. Ces gérants nouveaux sont-ils tenus des dettes antérieures à leurs fonctions?

Ils sont évidemment tenus des dettes postérieures; quant à celles contractées avant leur entrée dans la société, il y a là une question de fait à examiner : ils s'en sont chargés, ou ils ne s'en sont pas chargés.

Quant aux gérants ou commandités écartés, ils ne sont plus tenus des dettes postérieures au jour où leur démission ou exclusion a été publiée avec leur remplacement.

Les gérants sont aussi solidairement responsables avec les membres du conseil de surveillance de l'accomplissement des formalités initiales : cette responsabilité n'avait guère sa raison d'être, ils sont déjà tenus des dettes et la nullité de la société n'est pas opposable aux tiers : c'est donc là une redite dans la loi.

2° Envers les co-associés commanditaires.

Les gérants sont responsables comme mandataires de leurs fautes, malversations pour tout ce que la société doit par leur faute ou dol (1).

Ils sont, et ici à bon droit, responsables de l'accomplissement des formalités initiales. Si la société est nulle, ils doivent rembourser les mises des commanditaires, la société n'ayant pu se former, il n'y a pas eu de chance de bénéfice et les mises ont été versées sans cause.

(1) Cass. 15 janvier 1872, Sirey, 72, 1, 9.

Mais comment et dans quel ordre la poursuite des créanciers, tiers ou commanditaires, va-t-elle s'exercer? Les tiers créanciers sociaux seront toujours payés les premiers sur le fonds social qui est le gage personnel du créancier de la société, personne morale. Ce n'est donc qu'après épuisement du fonds social que les commandités sont tenus sur leurs biens, ils sont cautions solidaires de la société entre eux, ils ne doivent que chacun pour leur part et portion, mais au créancier qui poursuit l'un d'eux, on ne peut cependant opposer le bénéfice de division, ni le bénéfice de discussion (art. 22 Code de commerce). Le créancier poursuit, à son choix, celui des gérants qu'il veut, ou tous ensemble; il n'a besoin pour cela que d'établir sa qualité de créancier social (1).

Les créanciers sociaux ont ainsi le plus souvent intérêt à faire séparer le patrimoine de la société de celui des associés, afin d'être payés avant les créanciers personnels, mais ils peuvent aussi n'en rien faire, et agir directement contre les associés, ils subissent alors le concours des créanciers personnels.

Toutes les règles de la solidarité s'appliquent du reste ici, et notamment son effet interruptif : les poursuites dirigées contre l'un des gérants interrompent les prescriptions à l'égard de tous.

Du reste, entre eux, les associés peuvent aussi invoquer les règles de la solidarité active ou passive : ainsi le paiement reçu par l'un d'eux est valable, et les pour-

(1) Cass. 24 août 1858, Sirey, 59, 1, 332.

suites exercées par un seul interrompent la prescription et font courir les intérêts à l'égard de tous.

Ainsi les gérants sont tenus solidairement des dettes de la société, mais celle-ci ne peut-elle être tenue des dettes du gérant? En principe non, car si le gérant le représente, elle ne représente pas le gérant, toutefois il peut arriver qu'un gérant, au lieu de signer la signature sociale, ait mis sa simple signature, auquel cas il est seul obligé; mais la société peut se trouver cependant tenue, si elle a ratifié même tacitement, et même si elle a profité.

On a voulu dans ce dernier cas donner au créancier une action *in rem verso*, mais la loi n'a nulle part consacré cette action d'une façon générale et nous croyons avec la Cour de cassation que le créancier n'aura que l'action oblique de l'art. 1166 du Code civil (1).

Les créanciers peuvent, au lieu de poursuivre le remboursement de leur créance, faire mettre la société ou les gérants en faillite; les gérants le seront toujours en fait en même temps que la société, celle-ci en effet ne sera mise en faillite que si ses gérants sont insolvables.

Mais l'un des gérants peut aussi être mis seul en faillite, c'est même un cas de dissolution (art. 1864 du Code civil).

Tels sont les pouvoirs du gérant, et de tous ses actes il doit compte à ses commanditaires envers lesquels il a des devoirs.

Comme tout commerçant il est tenu d'avoir des livres,

(1) Cass. 12 mars 1850, Sirey, 50, 1, 258. — Comp. Bes. 8 fév. 1863 et Bédarride, *Soc.*, n° 133.

des écritures régulièrement faites et qu'il doit communiquer, comme nous le verrons bientôt, au contrôle naturel de ses actions, le conseil de surveillance.

Il doit en outre et annuellement dresser un inventaire exact et fidèle, faire un rapport général sur la situation de la société, établir le bilan de la société et d'après son résultat proposer, s'il y a lieu, la distribution des dividendes.

Tout ce travail fait chaque année, ou plus souvent si les statuts l'exigent ainsi, doit être communiqué au conseil de surveillance qui a lui aussi un travail collatéral à faire, et est soumis ensuite à l'assemblée générale qui peut ainsi voir où le gérant conduit la société et l'arrêter, s'il court à sa ruine, en votant la dissolution.

Du reste le gérant a toujours le droit de réunir l'assemblée générale et il peut sauver sa responsabilité à l'égard de ses co-associés en faisant approuver par l'assemblée les décisions qu'il veut prendre.

Terminons par une question qui a son intérêt : L'article 408 du Code pénal frappe d'une peine plus forte l'abus de confiance lorsqu'il est commis par un domestique, homme de service à gages, élève, clerc, commis, ouvrier, compagnon ou apprenti au préjudice de son maître ; le gérant qui commet un abus de confiance à l'égard de ses commanditaires tombe-t-il sous le coup de cet article?

Pour admettre la négative, on s'est efforcé de soutenir que le gérant d'une commandite n'est pas le mandataire de ses co-associés commanditaires, et que dès lors l'abus de confiance par lui commis ne rentre pas dans les termes de l'article 408 du Code pénal et de l'art. 191 Instruction criminelle, lesquels ne peuvent être étendus (1).

Toutefois nous ne pouvons nous ranger à cette opinion : sans doute il existe des différences entre le mandataire ordinaire et le gérant de la société; mais ces différences tiennent à la combinaison des deux contrats de mandat et de société, et non à ce que le gérant ne serait pas mandataire des commanditaires. Les statuts ou l'acte postérieur qui nomment le gérant l'investissent en effet d'un réel mandat, puisqu'il peut être retiré au titulaire, en fait il y a donc mandat, modifié il est vrai par la société, mais qui n'en existe pas moins et permet l'application des articles que nous avons cités au gérant de la société (2).

SECTION II. — Du conseil de surveillance.

Pour contrebalancer le pouvoir des gérants la loi de 1867, reproduisant une disposition de celle de 1856, établit près de la gérance un conseil de surveillance : Un conseil de surveillance composé de trois actionnaires au moins est établi, dit l'article 5, dans chaque société en commandite par actions.

C'est là une obligation, une disposition d'ordre public à laquelle il n'est pas permis de déroger dans les statuts.

(1) Cass. 15 janvier 1842, Sirey, 42, 1, 362.
(2) Paris, 23 mars 1845, Sirey, 45, 2, 333 et Cass. 28 août 1845, Sirey, 45, 1, 59.

Nous examinerons d'abord le mode de nomination de ce conseil, ses fonctions et enfin sa responsabilité.

I. *Nomination du conseil de surveillance.* — L'article 5 de la loi de 1867 continue : Ce conseil est nommé par l'assemblée générale des actionnaires, après la constitution définitive de la société, et avant toute opération sociale.

Avant de se séparer l'assemblée, qui vient de constituer définitivement la société, doit donc nommer un conseil de surveillance, et ce n'est qu'après son entrée en fonctions que le gérant peut commencer les opérations (art. 13). Il est évident et hors de doute que la nomination du conseil de surveillance peut être laissée à une troisième assemblée des actionnaires. Cela importe peu : ce qu'il faut c'est que ce conseil soit nommé par les actionnaires, et non par le gérant.

Mais cette nomination sera-t-elle faite à la majorité réglée par l'article 4, ou bien à la simple majorité des membres présents.

L'article 5, en ne se référant pas à l'article qui le précède, a entendu revenir au droit commun. C'est donc à la majorité des voix comptées par têtes que sera nommé le conseil de surveillance. La rigueur des principes voudrait peut-être que cette majorité représentât la moitié plus un de tous les actionnaires, mais il ne faut pas augmenter par là les embarras d'une société naissante, nous pensons qu'il suffit de la majorité des membres présents.

Une question embarrassante, et sur la solution de laquelle les auteurs sont divisés, se présente ici : La loi,

en établissant près du gérant un conseil de surveillance
de trois membres, a-t-elle voulu empêcher la société en
commandite par actions de se constituer s'il y a moins
de trois actionnaires, ou bien n'est-ce là qu'une disposition se référant au cas le plus pratique où ils sont
très nombreux ?

Nous avons dit que la nomination d'un conseil de
surveillance au gérant était d'ordre public, et qu'on ne
pouvait y déroger par les statuts : de plus l'article 7
déclare nulle toute société en commandite par actions
constituée contrairement aux prescriptions de l'article 5.
Il nous semble impossible en face de ces textes de
déclarer valablement constituée une société en commandite par actions n'ayant pas au moins quatre personnes :
c'est la rigoureuse déduction de la loi. Et même si au
cours de la société les actions tombent entre les mains
de moins de trois personnes plus le gérant, la société
tombe en dissolution.

Toutefois certains auteurs, parmi lesquels nous remarquons M. Vavasseur, admettent le contraire et leur
seul argument est que notre opinion ajoute à la loi une
rigueur déraisonnable. *De eo quod plerumque fit, statuit
lex*, ajoute-t-il, et la question est tranchée.

Pourtant il nous semble que pour que la loi soit
raisonnable, pour que ses décisions soient d'accord
avec le bon sens, il faut admettre que nulle société ne
peut être constituée en commandite par actions si elle
n'a au moins quatre personnes ; et en effet que serait
une assemblée de un actionnaire, qui serait chargé de
voter l'approbation des apports en nature ? Comment

avoir un conseil de surveillance de trois membres, si on n'a qu'un actionnaire? Toutes les dispositions de la loi se placent donc dans des cas où il y a plusieurs actionnaires, trois au moins ; ses prescriptions, qui sont d'ordre public et prescrites à peine de nullité, ne peuvent être remplies que dans cette hypothèse ; avait-elle besoin de s'exprimer plus clairement? Et ne serait-il pas à craindre, s'il en était autrement, que l'on ne profite de cette tolérance pour supprimer le conseil de surveillance ? La société émettrait ses actions, deux hommes de paille les souscriraient et verseraient le quart, le conseil de surveillance ne serait pas nommé et le gérant agirait sans son contrôle. Plus tard les actions passeraient aux mains du public qui se trouverait ainsi livré sans contrôle à la volonté du gérant.

Toutefois un arrêt de la cour d'Aix du 19 novembre 1857 (1) s'est prononcé contre nous ; mais la Cour de cassation, qui dans un arrêt du 22 janvier 1872 (2) nous enseigne que le conseil de surveillance est un des éléments essentiels de la société qui, sans cette garantie d'ordre public, « n'a pas d'existence légale, » n'eut pas manqué, si on l'avait saisie de l'affaire, de réformer cet arrêt.

Donc la société en commandite par actions ne peut se former que s'il y a un concours de quatre personnes au moins : si l'on n'a pas ce concours, on ne peut former qu'une commandite simple.

A la différence de ce qu'édictait la loi de 1856, qui

(1) Sirey, 1858, 2, 473.
(2) Sirey, 1872, 1, 11.

prescrivait une limite de cinq ans aux fonctions du conseil de surveillance, la loi de 1867 se borne à poser le principe de la réélection, laissant aux statuts le soin de déterminer les conditions et les époques de cette réélection. Toutefois, pour retirer autant que possible les associés de la domination du gérant où ils sont. presque inévitablement, lors de la fondation, lorsqu'ils ne se connaissent pas encore entre eux, la durée des fonctions du premier conseil est limitée à un an.

D'ailleurs les membres sortants sont indéfiniment rééligibles, mais d'autre part ils peuvent être remplacés avant l'expiration de leur mandat, au cas où ils rempliraient mal les fonctions qui leur sont confiées.

Le remplacement d'un membre du conseil de surveillance, soit à cause d'une destitution, soit à cause de mort ou de démission, doit être fait immédiatement. M. Duvergier (1) veut que la défection d'un membre du conseil au cours de la société ait pour résultat la nullité de cette société : « L'absence *ab initio* de la formalité, dit-il, et le défaut de rétablissement, quand elle a disparu, doivent avoir le même effet. » C'est à notre avis aller trop loin : on ne peut en effet faire rétroagir des faits postérieurs jusqu'à atteindre la validité de la société : cette nullité ne peut résulter que de l'inobservation des conditions initiales. Mais imputer à faute à la société le cas fortuit de la mort d'un membre du conseil de surveillance d'une société qui fonctionne loyalement et heureusement depuis longtemps peut-être, rendre responsables les collègues du défunt et

(1) *Lois*, page 341.

même les membres du premier conseil de surveillance (art. 8) d'un fait naturel indépendant de toute faute, c'est à notre avis se montrer trop rigoureux : le conseil doit avoir trois membres, si l'un fait défaut on le remplacera immédiatement, c'est-à-dire dans le plus bref délai, sans que pour cela la société puisse être atteinte dans son existence, sans que ses affaires et son fonctionnement soient interrompus.

Mais que dire du cas où un premier conseil étant nommé, les statuts sont restés muets sur la réélection ? Au bout d'une année les fonctions du conseil sont expirées ; s'ils quittent leurs fonctions, ils manquent à leurs devoirs, car la loi défend aux membres du conseil de surveillance de quitter la place, avant d'avoir installé leurs successeurs, ils commettent donc un quasi-délit et sont responsables du préjudice qu'ils ont pu causer, dans les termes du droit commun.

S'ils restent en fonctions sans rien faire pour régulariser leur position, la faute est moins grande et il faudrait pour pouvoir agir contre eux prouver que le fait seul de ne pas s'être fait remplacer a été la cause directe d'un préjudice pour la société.

Toutefois le cas peut se présenter, et les membres du conseil feront sagement de convoquer l'assemblée générale des actionnaires et d'y provoquer leur réélection. Ils seront alors régulièrement installés jusqu'à la fin de la société, sauf le cas de mort ou d'indignité.

Tout actionnaire peut être nommé membre du conseil de surveillance : il faut seulement qu'il soit actionnaire. Mais qu'arriverait-il si le dit membre porteur d'action lors de sa nomination s'en défait ensuite, et cesse ainsi d'être actionnaire ? Il est évident que cela ne peut être une cause de nullité de la société qui a été régulièrement constituée ; mais doivent-ils être considérés comme démissionnaires ? Nous le croyons, et leur devoir doit même être d'avertir la société de la vente qu'ils ont faite, afin qu'il soit pourvu à leur remplacement : le but de la loi qui a voulu qu'on nomme un actionnaire, c'est-à-dire une personne intéressée à la bonne gestion du gérant, ne serait plus atteint si l'actionnaire nommé cesse de l'être. N'ayant plus d'intérêt il surveillerait mal, aussi doit-il prévenir qu'il sort de la société.

On préviendra du reste toute fraude à cet égard en insérant dans les statuts une clause en vertu de laquelle les actions des membres du conseil de surveillance devront rester déposées pendant la durée de leurs fonctions, on évitera ainsi toute ambiguité et on sera sûr des membres surveillants.

II. *Fonctions du conseil de surveillance.* — L'article 6 nous indique la première fonction du conseil de surveillance : il doit, immédiatement après sa nomination, vérifier si toutes les dispositions, contenues dans les cinq premiers articles de la loi, ont été observées.

Remarquons toutefois que le premier conseil seul a cette attribution, cette charge. Il était en effet inutile d'imposer à chaque conseil se succédant l'obligation de réviser à nouveau tous les actes depuis le jour de la rédaction des statuts.

La sincérité de tout ce qui a été fait jusqu'à la

constitution doit être contrôlée par le premier conseil, gardien de l'ordre public. Et il serait responsable s'il laissait subsister une approbation d'apport en nature illusoire, ou bien un apport en nature qui aurait échappé à l'approbation.

Doit-il faire les publications légales? La loi ne le lui impose pas, c'est le gérant qui fait publier puisque lui seul a qualité pour signer les extraits (art. 60), mais il est du devoir du conseil de surveillance de veiller à ce que ces publications soient faites, puisque c'est pour la société une question de vie ou de mort.

Mais qu'arrive-t-il si la vérification du conseil de surveillance aboutit à la constatation d'irrégularités? Devra-t-il les réparer? Cela ne peut être douteux, en présence du texte de la loi qui lui impose une vérification immédiate. Il serait du reste ridicule de faire faire une vérification, si elle ne devait aboutir qu'à la constatation d'un fait irrégulier qu'on ne pourrait redresser, c'est du reste bien ce qu'indique le rapporteur de la loi sur l'article 6 : « Ce qui vaut mieux que de prononcer des nullités, c'est de les prévenir. Le projet s'efforce d'atteindre ce but, et après avoir imposé aux gérants des sociétés des devoirs qui trouveront leurs sanctions dans les dispositions que nous examinerons bientôt, il place ces devoirs sous le contrôle du premier conseil de surveillance qu'il associe aux obligations et aux responsabilités du gérant. »

Il est bien évident que cela ne peut s'appliquer qu'aux irrégularités réparables, et non à celles qui entraînent la nullité.

Les articles 10 et 11 nous montrent les fonctions du conseil au cours de la société : — Les membres du conseil de surveillance vérifient les livres, le portefeuille et les valeurs de la société ; ils font, chaque année, à l'assemblée générale, un rapport dans lequel ils doivent signaler les irrégularités et inexactitudes qu'ils ont reconnues dans les inventaires, et constater, s'il y a lieu, les motifs qui s'opposent aux distributions des dividendes proposés par le gérant.

Le conseil de surveillance peut convoquer l'assemblée générale, et conformément à son avis, provoquer la dissolution de la société.

Les fonctions du conseil de surveillance sont donc purement un contrôle des actes du gérant, il surveille ce qu'il a fait, mais ne peut avoir d'influence sur ce qu'il compte faire, sauf leur droit de dissolution, s'ils craignent que le gérant soit imprudent ou téméraire, aussi n'est-il et ne peut-il être responsable de cette témérité (art. 9).

Cette surveillance est obligatoire lors de l'inventaire ; ils sont bien obligés alors de vérifier pour leur rapport. Dans l'intervalle, elle demeure facultative, sauf la responsabilité que nous étudierons plus loin.

Ce droit ou plutôt ce devoir de vérification doit pouvoir s'opérer d'une manière large et sans dégénérer en obsession tracassière pour le gérant qui, nous l'avons dit, est l'âme de la société, le pouvoir absolu qui fait marcher les affaires sociales ; il faut donc que les membres du conseil de surveillance contrôlent sans gêner et surtout sans s'immiscer dans les affaires à peine de responsabilité (loi du 6 mars 1863).

Ils ont le droit de se faire communiquer tous les documents de nature à les éclairer sur les opérations sociales : mais, ainsi qu'il a été reconnu dans la discussion de la loi de 1867, cette communication a lieu sur place et elle n'implique pas le droit d'avoir copie des pièces dont ils peuvent avoir besoin : tout au plus s'ils peuvent prendre les notes dont ils ont besoin pour leur rapport. « Les notes plus ou moins complètes ne se distinguent en effet de la copie que par des différences qui tiennent plutôt à la forme qu'au fond (1). »

Le conseil de surveillance doit, nous dit l'article, faire chaque année un rapport et constater les motifs qui s'opposent à la distribution des dividendes : nous nous occuperons maintenant de ce rapport pour parler des dividendes après avoir étudié les droits et devoirs des actionnaires.

Tous les ans ou à l'époque fixée par les statuts le conseil de surveillance dresse, sur le rapport du gérant, un autre rapport destiné à contrôler l'exactitude des énonciations contenues dans celui du gérant.

Et c'est là pour eux une obligation à laquelle ils ne peuvent pas se soustraire sans encourir une responsabilité. L'article 11 est formel à cet égard.

Mais il faut bien s'entendre sur la portée de cette obligation que nous ne saurions mieux faire comprendre qu'en citant MM. Matthieu et Bourguignat (n° 86) : « Il n'en résulte pas, disent-ils, que les membres du conseil de surveillance soient tenus de préparer et de dresser les états de situation de la société. C'est au gérant

(1) Arrêt de la cour de Paris du 9 juillet 1866, Sirey, 67, 2, 262.

seul que ce soin incombe : il y a là, en effet, un acte d'administration et, pas plus que de simples commanditaires, ceux-là ne sauraient s'immiscer en quoi que ce soit dans la gestion des intérêts sociaux, à peine de responsabilité solidaire avec le gérant.

« La loi ne leur demande pas non plus de proposer la distribution des dividendes, ni de s'y opposer : là encore il y aurait un acte d'ingérance.

« Ce qu'elle exige d'eux, c'est le contrôle et l'appréciation motivée des bases et des éléments de l'inventaire, c'est leur avis en cas de besoin, sur l'opportunité du dividende proposé par le gérant. Quand l'inventaire ne leur paraît pas exact, quand la distribution du dividende ne leur semble pas justifiée, ils en appellent par leur rapport à l'assemblée générale qui juge. »

Ainsi la fonction du conseil de surveillance est de signaler les irrégularités et inexactitudes de l'inventaire. Quant aux irrégularités qui empêchent la distribution des dividendes, la loi s'en explique et nous en parlerons plus loin.

Mais que faut-il entendre par inexactitudes dans l'inventaire ? C'est là pour les membres du conseil de surveillance un point délicat à chercher, aussi comprend-on que, s'ils en ont laissé échapper, on soit pour eux moins rigoureux que dans le cas qui précède. Elles impliquent du reste le plus souvent un dol du gérant et consistent dans une augmentation de valeur donnée aux éléments de l'actif, soit dans une exagération des pertes subies par la société, soit dans une diminution du passif par une dissimulation de dépenses faites.

Un autre point, qui constitue une irrégularité d'inventaire et de bilan, et sur lequel doit se porter aussi l'attention du conseil, est celui-ci. Le gérant de bonne foi ou non peut faire figurer à l'inventaire comme acquis des bénéfices qui seront le résultat d'opérations actuellement en cours. C'est là une façon de procéder qui peut être très funeste et contre laquelle proteste l'exposé des motifs de la loi de 1863 : « Il ne suffit pas que des opérations engagées fassent concevoir des espérances qui paraissent presque des certitudes, ni même que des conventions faites, des marchés conclus constituent des droits véritables, des créances positives. Les résultats probables des entreprises, les effets des conventions et des traités ne sont pas encore des bénéfices qu'on puisse distribuer. »

Le rapport ainsi dressé doit émaner du conseil entier, et s'il y avait divergence entre ses membres, les membres dissidents devraient faire constater leur opinion; car cette constatation seule leur permettrait d'échapper à la responsabilité.

Le conseil de surveillance doit de plus, chaque année, convoquer l'assemblée générale des actionnaires pour lui soumettre son rapport, et lui faire connaître la situation.

Enfin l'article 11 donne au conseil le droit de convoquer extraordinairement l'assemblée et, sur son avis, de provoquer la dissolution de la société. Cette convocation n'a donc pour effet que de prendre l'avis de l'assemblée générale, et sur un vote conforme de porter la question devant les tribunaux; mais le conseil de surveillance ne peut-il pas faire prononcer *de plano* la dissolution par l'assemblée générale ?

La question se résout par une distinction : si les statuts ont prévu le cas de dissolution dont argue le conseil de surveillance, la décision de l'assemblée aura le caractère d'un contrat et emportera dissolution. Si au contraire le cas n'est pas prévu dans les statuts, les tribunaux seuls auront le droit de prononcer cette dissolution. Cela ne peut faire doute en face des termes de la loi.

Mais cette proposition de dissolution peut ne pas réunir les voix de tous les membres du conseil, c'est en ce cas la majorité qui décide et la minorité ne pourra prononcer la réunion de l'assemblée : ce droit n'appartient qu'au conseil et non à chaque membre en particulier.

Si donc la majorité est d'avis de réunir l'assemblée générale, et de lui proposer la dissolution, il peut se présenter deux hypothèses. L'assemblée émet un vote conforme à l'avis du conseil qui porte la demande de dissolution devant les tribunaux contre le gérant.

L'assemblée décide qu'il n'y a pas lieu de demander la dissolution, y a-t-il là alors un vote absolu, opposable à tous les associés ?

Nous répondons non, sans hésiter : l'article 11 a statué sur le cas qui se présentera le plus souvent, on aura en effet toujours intérêt à intenter la demande au nom de la masse ; c'est en effet, en cas d'insuccès du procès, diminuer sa part de responsabilité ; mais si on ne réussit pas à entraîner avec soi la masse des associés, on restera toujours armé de l'article 1871 du Code civil qui permet à chaque associé individuellement, quand il a de justes motifs, de demander une dissolution anticipée (1). Les membres du conseil de surveillance, rebutés par l'assemblée, restent donc munis individuellement de cette arme de droit commun (2).

Mais la convocation de l'assemblée générale pour avoir son avis sur la dissolution est-elle une obligation ou bien une faculté? Le conseil ne peut-il pas se passer de l'assemblée et saisir immédiatement les tribunaux au nom de la masse qu'il représente?

Sous l'empire de la loi de 1856, qui disait simplement que le conseil de surveillance pourrait provoquer la dissolution de la société, la négative était généralement enseignée. Aujourd'hui que le texte est plus clair, que la loi impose un avis préalable de l'assemblée générale. l'affirmative réunit d'assez nombreux partisans (2). On prétend arguer de différentes phrases du rapport de la commission et desquelles il semble résulter que deux droits distincts sont donnés au conseil de surveillance : convoquer l'assemblée générale et provoquer la dissolution. C'est donc, dit-on, que l'un est indépendant de l'autre.

Étrange discussion! bizarre commission qui trouve un état de choses constant, c'est-à-dire un conseil de surveillance ne pouvant agir seul en dissolution, qui explique que les droits de convocation et de dissolu-

(1) *Contra* Rivière, n° 113.
(2) Bédarride, loi de 1867, n° 283. — Rousseau, t. I, n° 1256.

tion sont indépendants et aboutit à ce texte de loi : Le conseil de surveillance peut convoquer l'assemblée générale et, *conformément à son avis*, provoquer la dissolution de la société.

Ajoutez que la commission a dit aussi sur l'article 11 : « Ces dispositions ne constituent, à aucun degré, une innovation. » C'est donc alors qu'on n'a pas élargi le pouvoir du conseil dont le seul rôle est toujours d'avertir et de contrôler. Il faut alors lui refuser le droit de provoquer seul, sans prendre conseil de l'assemblée, la dissolution de la société.

III. *Responsabilité des membres du conseil de surveillance.* — Le principe de la responsabilité des membres du conseil de surveillance était, sous l'empire de la loi de 1856, l'objet d'une vive controverse, celle-ci se prononçait seulement sur deux cas, d'où il résultait un doute pour les autres. La loi de 1867 a élucidé la question qu'a du reste merveilleusement posée le rapporteur de la loi. Qu'on nous permette donc de citer ici ce passage, quoique un peu long, du rapport :

« Cette responsabilité du conseil de surveillance a surtout éveillé la critique contre la loi de 1856, et c'est sur elle que portent les modifications les plus sérieuses proposées par le projet du gouvernement et par votre commission.

« Cette loi a été une réaction contre les excès d'une liberté que le Code de commerce avait faite, pour ainsi dire, sans limites autres que les principes du droit commun. Ces excès nous n'en retracerons pas le tableau ; personne n'en a perdu le souvenir. Le législateur, comme il arrive parfois, n'avait-il pas dépassé la mesure et, par une sévérité exagérée, découragé l'esprit d'entreprise plus encore qu'il ne remédiait à ses abus? Tel est le reproche persistant adressé à la loi de 1856. Les formalités qu'elle imposait à la constitution des sociétés la rendaient, sinon impossible, du moins très difficile, disait-on, et l'acceptation des fonctions de membre du conseil de surveillance avait une situation si pleine de périls, la police correctionnelle se montrait si fréquemment à l'horizon, que les honnêtes gens, ceux-là précisément dont le concours doit former la plus sûre garantie des sociétés en commandite, se détournaient avec une terreur instinctive d'une fonction que la loi poursuivait ainsi de ses soupçons et de ses menaces.

« Tout n'était pas erreur et exagération dans ces critiques, mais ce qui les motivait, c'était moins peut-être la sévérité que l'obscurité et l'incertitude de ses dispositions. On l'a quelquefois définie *une loi qui menace sans frapper*, et qui par suite éloigne les concours efficaces sans atteindre sérieusement les fautes qu'elle veut prévenir : et la pratique a souvent justifié cette définition épigrammatique.

« On se demandait d'abord quels principes étaient applicables à la responsabilité des conseils de surveillance. Ceux qui, mêlés aux débats judiciaires, ont pu voir le texte de la loi de 1856 débattu entre les actionnaires et ces conseils, peuvent rendre témoignage des difficultés de leur application. Nous ne sommes pas des mandataires, disaient les membres du conseil de surveillance, et les règles du mandat ne sauraient être invoquées contre nous. La loi nous donne un titre spécial, elle nous impose des devoirs particuliers et nous sommes, en conséquence, soumis à une responsabilité dont les éléments sont déterminés par elle, éléments qui diffèrent de ce qui constitue en droit commun la faute du mandataire; c'est en raison des caractères spéciaux des fautes dont nous répondons que des pénalités plus sévères y sont attachées par le législateur, et il est impossible que nous soyons soumis à la fois à ces règles spéciales et à celles du droit commun en matière de mandat.

« Si l'on examine avec attention les arrêts, en assez grand nombre, rendus sous l'empire de la loi de 1856, par les Cours impériales et la Cour de cassation, il sera facile de saisir la trace et l'influence de cet antagonisme entre le droit commun auquel les conseils entendaient se soustraire et la loi spéciale, dont les principes étaient, pour ainsi dire, inapplicables, tant ils étaient mal ou vaguement formulés. Ce n'était plus, en effet, d'une faute légère, lourde ou très lourde qu'avait à répondre le membre du conseil de surveillance, comme le mandataire ordinaire; c'était uniquement de l'infraction aux devoirs spéciaux écrits dans la loi de 1856; et retranché derrière les mots *sciemment et en connaissance de cause,* de l'article 10, il prétendait imposer à l'actionnaire la preuve, en quelque sorte impossible, que le membre du conseil avait connu, c'est-à-dire vu et touché les inexactitudes graves commises dans les inventaires et su de la même manière que la distribution des dividendes n'était pas justifiée par des inventaires sincères et réguliers.

« Vainement les actionnaires démontraient que les inexactitudes étaient grossières et visibles, et qu'il suffisait d'ouvrir les yeux pour en être frappé ; qu'une négligence coupable, c'est-à-dire une véritable faute lourde, avait pu seule empêcher le conseil de surveillance de les voir et de les signaler. On leur répondait par le sens précis et déterminé des mots *sciemment* et *en connaissance de cause*, et là où ils n'établissaient pas cette *science*, cette *connaissance* du fait reproché, on écartait leur demande.....

« Pour prévenir ces dangereuses équivoques, il fallait dire nettement dans la loi que les devoirs spéciaux et les responsabilités nouvelles imposées aux conseils de surveillance, loin d'exclure l'application des règles du mandat, les prenaient, au contraire, comme point de départ, et que la faute lourde, la négligence impardonnable commise dans l'accomplissement des devoirs qu'ils avaient acceptés, impliquerait responsabilité pour eux comme pour le mandataire ordinaire. C'est ce que fait le projet de lo. en disant (§ 3 de l'art. 7, modifié par la commission) : « Chaque membre du conseil n'est « responsable que de ses fautes personnelles dans « l'exécution de son mandat, conformément aux règles « du droit commun. » Mais en même temps et par les considérations qui viennent d'être développées, votre commission proposait de retrancher des derniers paragraphes du projet du gouvernement les mots *sciemment* et *en connaissance de cause* et de dire : « Chaque mem-

« bre du conseil de surveillance est tenu solidairement
« avec le gérant des dommages causés à la société et
« aux tiers : 1° lorsqu'il a laissé commettre dans les
« inventaires des inexactitudes graves ; 2° lorsqu'il a
« consenti à la distribution de dividendes fictifs. »

« La commission, en introduisant cette modification,
ne se proposait pas d'aggraver la responsabilité des
membres des conseils de surveillance, mais de la rendre efficace. Les actionnaires ne seraient pas dispensés
de la preuve, mais ils ne seraient pas astreints à une
preuve impossible, celle de la *science* et de la *connaissance* directe et matérielle en quelque sorte des inexactitudes graves et des fictions que la loi punit, et qu'elle
veut éviter. Il faudrait démontrer contre les membres
du conseil qu'ils ont commis une faute lourde ou très
lourde sans laquelle une condamnation ne saurait intervenir contre eux ; mais ceux-ci n'auraient pas le droit
de dire, comme ils le faisaient sous l'empire de la loi
de 1856 : « Oui, nous avons été ignorants et aveugles ;
« avec un peu de vigilance, en ouvrant les yeux, nous
« aurions vu les inexactitudes graves dont les inven-
« taires étaient entachés ; mais en fait, nous ne les
« avons pas vues ; vous n'établissez pas que nous les
« ayons vues et connues, que nous les ayons laissé
« commettre sciemment ; donc nous ne sommes pas
« coupables. » L'appréciation des magistrats serait libre
et dégagée de toute entrave et l'on sait par expérience que ce n'est pas l'excès de leur sévérité qu'il
faut redouter.

« En quoi les membres du conseil de surveillance

seraient-ils à plaindre de cette modification ? S'il importe de ne pas les effrayer par des responsabilités
excessives, il faut les mettre en face de devoirs sérieux
ou les supprimer ; car sans cela ils sont un leurre et
un mensonge, ils n'offrent qu'une garantie trompeuse,
indigne de la loi qui la consacre. Est-ce trop de sévérité que de les assujettir, dans le cercle restreint des
droits et des devoirs inhérents à leur fonction, à l'application du droit commun ?

« Le conseil d'État a rejeté ce double amendement
de la commission. Le retranchement des mots *sciemment* et *en connaissance de cause* lui a paru contraire
au but de la loi. Replacer la responsabilité des membres
des conseils de surveillance sur le terrain du droit commun, c'était l'aggraver ; tant il est vrai que ces mots, par
les obligations qu'ils imposent à la preuve de la faute,
l'affaiblissent et l'énervent.

« Sans méconnaître en principe la nécessité de dé-
sarmer la loi de rigueurs extrêmes et inutiles, faites
seulement pour effrayer les honnêtes gens, votre commission a persisté à penser que le droit impliquait
un devoir, et qu'au devoir méconnu, à la faute, il fallait
une sanction. Elle a pensé que si les mots dont elle
réclamait la suppression faisaient en réalité de la loi une
menace vaine, ils devaient disparaître. Elle n'a pas méconnu cependant que là où il s'agissait de solidarité
avec le gérant, c'est-à-dire d'une sorte de complicité
civile, ils pouvaient se justifier. Que fallait-il donc faire ?
Effacer la solidarité, supprimer les trois paragraphes
qui s'y rattachent, et laisser les membres du conseil de

surveillance sous l'empire du principe posé par le projet lui-même : « Chaque membre du conseil de sur-
« veillance n'est responsable que de ses fautes person-
« nelles, dans l'exécution de son mandat, conformément
« aux règles du droit commun... » Les actionnaires et
les tiers y perdront la solidarité, mais ils y gagneront
une garantie réelle.

« La commission a présenté un nouvel amendement
en ce sens et le conseil d'État l'a adopté. »

Et la loi de 1867 contient sur notre question les articles suivants :

Article 9. — Les membres du conseil de surveillance
n'encourent aucune responsabilité en raison des actes
de la gestion et de leurs résultats.

Chaque membre du conseil de surveillance est responsable de ses fautes personnelles, dans l'exécution de
son mandat, conformément aux règles du droit commun.

Article 15 (*in fine*). — Les membres du conseil de
surveillance ne sont pas civilement responsables des délits commis par le gérant.

Ainsi notre loi a simplifié l'état de choses dont son
rapporteur déplorait l'équivoque. Aujourd'hui la situation est nette : d'une part les membres du conseil de
surveillance ne sont pas responsables des actes du gérant, et cela ne pouvait être, puisqu'ils ne peuvent s'y
opposer ; ni de ses délits, car on ne répond des délits
que de ceux qu'on peut ou doit diriger.

Exceptons cependant le cas où ils se sont immiscés,
mais c'est là une exception qui s'applique, nous le verrons, à tout commanditaire.

Les membres du conseil de surveillance sont seulement responsables de leurs fautes personnelles, dans l'exécution du mandat dont nous avons examiné plus haut la portée.

Et ce, sans solidarité entre eux, à moins que la faute n'ait été le résultat d'une délibération prise en commun : il y aura là une question de faits à examiner.

Ils répondent, dit la loi, de leurs fautes personnelles, *d'après les règles du droit commun*. Où est ce droit commun ?

Il faut pour répondre à cette question distinguer la responsabilité qu'ils peuvent encourir envers les associés et celle qu'ils encourent à l'égard des tiers.

Envers les associés, ils sont des mandataires et il faut appliquer les règles du mandat contenues dans les articles 1137, 1850 et 1992 du Code civil. Ils doivent donc apporter dans leurs fonctions les soins de bons pères de famille et même leur responsabilité sera plus rigoureusement appréciée s'ils reçoivent un salaire.

Une question se pose ici, à propos de ce salaire que reçoivent quelquefois les membres du conseil de surveillance. Dans la plupart des sociétés, il est alloué, à tout membre qui se rend aux réunions du conseil, ce qu'on appelle un jeton de présence dont la valeur est très variable. Le jeton de présence constitue-t-il un salaire, et son allocation a-t-elle pour effet de rendre plus rigoureuse l'appréciation de la responsabilité des membres du conseil de surveillance ?

Nous le pensons, quoique on ne puisse dire que l'allocation d'un jeton de présence soit à proprement parler un salaire : mais si ce n'est pas une rémunération, qu'est-ce alors ? Avouons que si cela n'est pas un salaire, cette allocation y ressemble beaucoup. Dans les grandes industries surtout, ces jetons ont quelquefois une valeur considérable et peuvent monter annuellement à plusieurs milliers de francs. On ne peut dire dans ces conditions que le membre du conseil de surveillance qui accepte l'allocation de jetons de présence soit un mandataire gratuit, il devient par là mandataire salarié et on doit lui appliquer les règles du mandat salarié : il répondra donc non seulement de sa faute lourde, mais encore de sa faute légère (1).

Envers les tiers ou créanciers sociaux, les membres du conseil de surveillance sont responsables d'après les règles posées par les articles 1382 et 1383 du Code civil.

On objecte que ces articles ne font que poser des principes de morale universelle, punissent des délits *erga omnes*, et qu'il n'y a pas besoin d'être membre du conseil de surveillance pour tomber sous leur application, tout citoyen d'un État constitué étant régi par eux dans les délits qu'il commet au préjudice de ses concitoyens.

Partant de là, certains auteurs ont dit que les membres du conseil de surveillance n'étaient pas responsables à l'égard des tiers, plus que les autres commanditaires, sauf dans les cas où la loi le dit, comme dans celui de non accomplissement des formalités initiales (art. 8); mais que, quant aux négligences ou omissions qu'on

(1) Mathieu et Bourguignat, n° 105. — M. Boistel, n° 288.

peut avoir à leur reprocher, ce ne sont là que des fautes dans l'accomplissement de leur mandat, qui ne tombent pas sous le coup de l'article 1382, les membres du conseil de surveillance n'étant pas mandataires des tiers (1).

Nous pensons toutefois qu'il en est autrement. Avant la loi de 1867, ils étaient solidairement responsables avec le gérant, et notre loi, écartant la solidarité, n'a pas exclu la responsabilité.

Il est incontestable que les articles 1382 et 1383 ne s'appliquent qu'à des faits de morale universelle, et ne visent pas les fautes contractuelles, mais n'est-il pas de morale universelle que ceux qui ont accepté une fonction doivent la remplir conformément à l'intérêt de tous ceux à qui profite cette fonction? Or ne profite-t-elle pas également aux tiers et aux actionnaires ? La faute des membres du conseil de surveillance ne peut-elle nuire aussi bien aux créanciers sociaux qu'aux actionnaires eux-mêmes, et ceux-ci comme ceux-là ne peuvent-ils pas s'en prendre à l'auteur de la faute ?

C'est du reste bien là l'opinion du rapporteur de la loi. « Les membres du conseil, dit-il, peuvent bien être « tenus solidairement même avec le gérant, envers les « associés *et les tiers*, là où, par leur négligence à rem- « plir leur propre devoir, ils ont rendu le délit du gé- « rant possible ; ils subissent alors légitimement les « conséquences d'une faute personnelle, ils ne répon- « dent pas de la faute d'autrui (2). »

(1) Beslay, n° 659. — *Sic* Poitiers, 20 août 1859. Dalloz, 59, 2, 212.
(2) M. Boistel, n° 289. — *Sic* Req. 27 juillet 1869. Dalloz, 71, 1, 229. — Req. 23 février 1870. Dalloz, 71, 1, 229. — Angers, 10 mars 1875. Dalloz, 76, 2, 14.

C'est donc aux tribunaux qu'il appartient d'apprécier la responsabilité du conseil de surveillance et de rechercher dans les faits, si les pertes dont on veut rendre responsables les membres du conseil sont imputables à leur faute ou à leur négligence ; et le juge pourra exonérer de toute responsabilité les membres du conseil par ces considérations générales que la bonne foi desdits membres n'est pas soupçonnée, que leur vigilance a été trompée par les omissions, les erreurs et les dissimulations dans les écritures que faisait tenir le gérant, et qu'en définitive la ruine de la société ne doit pas être attribuée à des vices dans sa constitution, mais aux fraudes et aux dilapidations du gérant (1).

Et cette responsabilité serait la même dans le cas où une clause des statuts les déclarerait irresponsables. Cette clause en effet ne peut les exonérer complètement de la responsabilité attachée aux devoirs qui leur sont imposés par les lois générales ou le droit commun ; toutefois les tribunaux devront tenir compte de la clause en question, lorsqu'il s'agit de fixer l'étendue de la réparation.

« Considérant que la loi de 1856 (il en est de même de la loi de 1867), reconnaissant l'impossibilité d'un contrôle utile et efficace de la part des actionnaires, a rendu obligatoire l'établissement des conseils de surveillance, devenus ainsi des mandataires légaux constitués dans un intérêt d'ordre public ; — Que la responsabilité qui découle nécessairement des devoirs imposés aux membres

(1) Cass. 11 mai 1870. Dalloz, 70, 1, 401. — Comp. Req. 26 mai 1869. Dalloz, 79, 1, 401. — 14 décembre 1869. Dalloz, 70, 1, 179.

qui les composent est à la fois réglée par des dispositions spéciales, et par le droit commun ; — Que l'article
32 des statuts ne peut avoir eu pour effet de les exonérer complètement ni de l'une ni de l'autre (1). »

Est-ce à dire cependant que les membres du conseil
de surveillance n'ont aucun moyen d'échapper à la
responsabilité ? Nous avons vu qu'ils n'étaient tenus
que de leur faute personnelle et sans solidarité, à
moins que la faute ne résulte d'une délibération prise
en commun.

Dans cette dernière hypothèse même, il peut se faire
que la résolution du conseil, qui a été l'origine de
la faute, n'ait pas été prise à l'unanimité, qu'il y ait eu
des membres dissidents et qui ont voté contre la résolution dont ils prévoyaient le résultat. Ceux-là ne sont
pas en faute et n'encourent pas la responsabilité, mais
comme ils doivent prouver leur dissidence, ils feront
bien de faire inscrire au procès-verbal que la résolution
a été prise contre leur avis et leur voix non comprise.

L'abstention ou l'absence ne suffirait pas pour être
dégagé de la responsabilité : tous les membres du conseil sont tenus au même titre, sans qu'il y ait lieu de
distinguer entre ceux qui auraient habituellement assisté
aux séances du conseil et ceux qui s'en seraient habituellement abstenus (2). Toutefois il faut bien admettre

(1) Bourges, 21 août 1817, Sirey, 71, 2, 257. *Sic* — Douai 29 juin
1861, Sirey, 61, 2, 547 et Bourges, 10 mars 1869, Sirey, 69, 2, 255.
(2) Bédarride (loi de 1867), n° 200 et 201. — Cass. 15 mars 1876,
Sirey, 76, 1, 409.

qu'une absence légitime ferait échapper à toute responsabilité, mais si cette absence devait se prolonger, le membre du conseil devrait se démettre et faire pourvoir à son remplacement.

La démission, lorsqu'elle a des causes légitimes, ne peut, alors même qu'elle n'a pas été suivie d'un remplacement immédiat, être imputée à faute au démissionnaire, et entraîner sa responsabilité. La démission régulièrement donnée entraîne pour l'avenir exonération de toute responsabilité, et le membre démissionnaire n'est plus tenu que du temps antérieur.

Mais la démission, donnée pour échapper aux responsabilités causées par le mauvais état des affaires sociales, ne serait pas une cause d'exonération et, en dehors des causes légitimes de démission, celui-là seul peut échapper à la responsabilité, qui s'est retiré du conseil à une époque où, si la situation n'était pas très satisfaisante, elle n'était pas encore compromise : il n'a pas en effet pu causer encore de préjudice irréparable.

Il en serait de même pour le membre qui est entré au conseil de surveillance à une époque où la situation était déjà perdue : il n'a pu en effet empêcher la ruine de la société (1).

L'action en responsabilité est soumise à la prescription de cinq ans édictée par l'article 64 du Code de commerce qui est le droit commun en cette matière : le point de départ de la prescription sera la fin ou la dissolution de la société légalement publiée.

(1) Lyon, 11 juillet 1873 ; Sirey, 74, 2, 73.

Les mêmes règles s'appliqueront du reste à l'action contre les associés qui n'auraient pas fait vérifier leurs apports, ou avantages particuliers, conformément aux articles 4 et 8 de notre loi : l'article 8 les met en effet sur la même ligne que les membres du conseil de surveillance.

Toutefois posons quelques exceptions : il est évident que la prescription de cinq ans cèdera le pas à la prescription trentenaire, s'il s'agit de sociétés civiles ayant pris la forme de commandite par actions.

Il en sera de même si les membres du conseil, ou associés responsables, sont restés liquidateurs de la société.

D'autre part, l'action se prescrirait par trois ans seulement, si la responsabilité avait pour base un fait délictueux : l'action civile ne survit pas en effet à l'action publique, or celle-ci est prescrite au bout de trois ans, qnand il s'agit de délits (art. 637 et 638, Code d'instr. crim.). Le point de départ de la prescription sera ici non plus la dissolution de la société, mais le jour du délit, ou celui du dernier acte de poursuite.

Mais quel sera le *quantum* de la réparation due par le membre responsable ? Il y a là une question d'appréciation qu'il est réservé aux juges de résoudre, on ne peut donc donner sur ce point de règle uniforme :
« Les tribunaux, dit M. Vavasseur (n° 701), prenant en
« considération les circonstances, pesant dans leur
« sagesse la gravité des fautes réciproques, auront le
« droit de modérer le chiffre de la condamnation, et
« même de la répartir inégalement entre les membres

« du conseil de surveillance. Si les tiers ou les action-
« naires lésés avaient, de leur côté, manqué de pru-
« dence, et pouvaient s'imputer, dans une certaine me-
« sure, le préjudice éprouvé, une partie de ce préjudice,
« équitablement arbitrée par les tribunaux, devrait être
« laissée à leur charge (1). »

Il serait intéressant de passer en revue les différentes espèces qui se sont déjà présentées devant les tribunaux, mais nous ne pouvons nous permettre ici une aussi longue digression dans le domaine de la jurisprudence. Qu'il nous suffise de renvoyer à l'ouvrage si complet de M. Rousseau que nous avons eu déjà l'occasion de citer (2).

Telle est la responsabilité générale des membres du conseil de surveillance ; il nous reste à examiner une responsabilité spéciale au premier conseil :

Article 8 : Lorsque la société est annulée, aux termes de l'article précédent, les membres du premier conseil de surveillance peuvent être déclarés responsables, avec le gérant, du dommage résultant, pour la société ou pour les tiers, de l'annulation de la société.

Cette responsabilité, fondée sur la même idée et les mêmes principes que la responsabilité générale dont nous venons de parler, a été rendue spéciale au premier conseil par la loi de 1867. Celle de 1856, qui n'admettait pas la simple responsabilité pour la faute personnelle,

---

(1) Voir également : Arrêt de la cour de Caen du 16 août 1864. — Sirey 65, 2, 33.

(2) Rousseau, *Sociétés commerciales*, t. 1, nᵒˢ 1285 et suiv. Voir aussi Vavasseur, t. 1, 696 et suivants.

avait trouvé inique de faire peser sur le premier conseil, qui peut-être ne sera jamais réélu, une responsabilité qui devait s'étendre jusqu'à la fin de la société. Mais ramenée dans ses justes limites, elle n'est plus aujourd'hui d'un poids si lourd qu'il faille la partager. Les membres des conseils subséquents y gagnent de n'avoir pas à reviser, lors de leur entrée en fonction, la régularité des formalités initiales.

En cas d'augmentation du capital, les mêmes obligations étant imposées que lors de la constitution de la société, le conseil de surveillance alors en fonctions serait responsable de l'accomplissement des formalités, comme le premier conseil des formalités initiales.

Du reste cette responsabilité est régie par les mêmes règles que celle que nous avons examinée plus haut: la même liberté d'appréciation est laissée aux tribunaux : il y a cependant sur ce point une différence sensible ; les membres du conseil, dit l'article 8, peuvent être déclarés responsables. C'est donc, pour les tribunaux qui trouvent le conseil en faute, une faculté, et non une obligation, de prononcer la responsabilité dans le cas qui nous occupe. Au cours de la société au contraire, chaque fois qu'il y aura une faute reconnue, il faudra nécessairement condamner.

Du reste, dans l'un comme dans l'autre cas, les membres condamnés ont un recours contre les gérants, en qui se résument, nous l'avons vu, toutes les responsabilités de la société.

CHAPITRE VII

ACTIONNAIRES. — COMMANDITAIRES.

Nous avons examiné les deux premiers rouages de la commandite au moyen desquels la société est administrée : les gérants, personnages actifs et indéfiniment responsables, le conseil de surveillance, personnage mixte chargé du contrôle, il nous reste à parler des actionnaires, personnages inactifs et muets. Ces derniers, tandis que le gérant brasse les affaires, donne du mouvement aux capitaux, les fait fructifier par son activité et son industrie, ces derniers, dis-je, se reposant sur le conseil de surveillance pour empêcher la fraude du gérant ou les en avertir à temps, forment entre eux une association de capitaux et, cachés sous le voile de l'anonyme, engagent une partie de leurs fonds, rien de leur personne. Simple bailleur de fonds, le commanditaire n'est passible des pertes que jusqu'à concurrence des sommes qu'il a mises ou dû mettre dans la société, s'il n'a rien fait qui engage sa responsabilité.

Verser le montant de son action, tel est donc le seul devoir du commanditaire : mais comme il n'est pas un simple prêteur, comme il est membre d'un même tout avec les gérants, en un mot comme il est associé, il a droit de se faire rendre des comptes par la gérance et le conseil de surveillance. Nous avons vu que ces comptes faisaient l'objet d'un rapport annuel du conseil de surveillance, rapport dressé sur les livres communiqués par le gérant.

Pris individuellement, les actionnaires ont aussi droit en certains cas d'exiger la communication, voire même la copie de certains documents. C'est une garantie pour eux de l'exécution du mandat donné au gérant et au con·seil de surveillance.

Pour ne citer qu'un exemple tiré d'un arrêt de cassa-tion du 3 décembre 1872 (1), les tribunaux peuvent dans des circonstances exceptionnelles, laissées à leur appré-ciation, permettre à un ou plusieurs commanditaires, as-sistés d'un comptable, de prendre, au siège de la société, communication des livres pour vérifier l'importance des pertes subies, et ce, même après la dissolution de la société.

Outre le rapport qui doit leur être fait, les comman-ditaires ont encore un droit qui leur permet de faire des vérifications sérieuses, et leur donne une protection plus efficace. Ils peuvent consulter eux-mêmes le rapport du conseil, et les documents à l'appui des propositions du gérant :

Article 12. — Quinze jours au moins avant la réunion de l'assemblée générale, tout actionnaire peut prendre, par lui ou un fondé de pouvoirs, au siège social, com·munication du bilan, des inventaires, et du rapport du conseil de surveillance.

La loi n'impose pas la communication du rapport du gérant, qui pourtant serait intéressant à étudier : un amendement proposé sur ce point a été rejeté. Les sta-

(1) Sirey, 1873, I, 33.

tuts peuvent toutefois imposer cette communication.

En cas de refus du gérant de faire la communication prescrite par l'article 12, les actionnaires auraient le droit de faire constater ce refus par huissier et de demander ensuite aux tribunaux la nullité de la délibération de l'assemblée qui approuverait le rapport du gérant, sans que les prescriptions de l'article 12 aient été suivies.

Comme associés, les commanditaires ont droit également à une part dans les bénéfices et jouissent de la faculté contenue dans l'article 1871 du Code civil.

Mais les commanditaires, à qui ces droits de contrôle sont laissés par la loi, doivent prendre garde : il leur est défendu de s'immiscer dans les affaires sociales à peine d'encourir des responsabilités grandes. Nous avons donc à distinguer entre les actionnaires qui ne se sont pas immiscés et ceux qui se sont immiscés pour examiner le degré de responsabilité des actionnaires, ou plutôt quel est contre eux le droit de poursuite des créanciers.

1er *Cas.* — *Ils ne se sont pas immiscés.* Les actionnaires, dans ce cas, ne sont tenus que jusqu'à concurrence de leurs mises; s'ils ont payé, ils ne doivent plus rien et les créanciers n'ont rien à exiger d'eux.

Toutefois une certaine responsabilité peut atteindre, dans un cas particulier, certains des associés : en cas d'annulation de la société pour non exécution des formalités initiales, nous avons vu que les membres du conseil de surveillance pouvaient être déclarés responsables avec le gérant du dommage résultant, pour la société ou pour les tiers, de l'annulation de la société ; l'article 8 ajoute :

« La même responsabilité peut être prononcée contre
ceux des associés dont les apports ou les avantages n'auraient pas été vérifiés ou approuvés, conformément à l'article 4. » Ainsi, quoique ayant versé en nature le montant de leur mise, ces associés ne sont pas libérés, et les
tiers peuvent exiger d'eux un complément de versement,
en cas d'insuffisance des valeurs réellement apportées, ils
peuvent être condamnés à compléter le capital indiqué
dans les statuts. Les associés n'avaient promis qu'une mise
en nature, elle n'a pas été approuvée par l'assemblée conformément à la loi, ils sont coupables, et restent tenus à
la réparation du préjudice causé par leur faute.

C'est du reste là une application de l'article 1382 du
Code civil, et, en vertu des mêmes principes, il faudrait
dire que les associés fondateurs, qui ont concouru à la
formation d'une société irrégulière, peuvent être déclarés
responsables non seulement envers les tiers à qui cette
nullité n'est pas opposable, mais même envers les autres
actionnaires qui ont souffert de cette nullité, et ce, sans
recours contre le conseil de surveillance. Il y a fraude,
ils sont personnellement responsables du préjudice causé
par leur dol (1).

Mais en dehors de ces cas exceptionnels, les créanciers ne peuvent poursuivre les actionnaires que pour la
somme qui leur reste à verser sur leur mise.

Une question se pose sur la nature de cette action :
Est-ce l'action oblique de l'article 1166 du Code civil, ou
bien est-ce une action directe de créancier à débiteur?

L'intérêt de la question avant 1856 était d'abord ce-

(1) Cass., 24 juin 1861 ; Sirey, 1862, 1, 185.

lui-ci : si l'action est oblique, elle reste commerciale et doit être portée devant les arbitres ; si elle est directe les tribunaux civils doivent en connaître. Aujourd'hui reste l'intérêt suivant : l'action directe s'exerce sans justification, sans condition préalable, l'action oblique ne s'exerce au contraire que dans les conditions de l'article 1166.

On ajoute encore qu'en exerçant l'action oblique, on peut avoir à craindre les exceptions que le commanditaire pourrait opposer à la société : l'action directe met à l'abri de cet inconvénient. Cette proposition est fort restreinte et on se demande quel serait le cas où une exception, opposable en cas d'action oblique, ne le serait pas également en cas d'action directe : il faut supposer pour cela un dol de la part du gérant. Trompé par ces manœuvres dolosives, je suis entré dans la société, et j'opposerai l'exception de dol à celle-ci, quand elle me réclamera l'accomplissement de mon obligation de versement. Je ne pourrai, au contraire, repousser par cette exception l'action directe d'un créancier social contre moi.

Ceci posé, examinons la question en elle-même : il s'est formé jusqu'à trois systèmes sur ce point : les uns accordent l'action directe dans tous les cas, les autres ne la donnent qu'après la dissolution de la société, enfin les derniers la refusent.

Cette dernière opinion nous paraît la meilleure : les tiers n'ont traité qu'avec la société, et non avec les commanditaires, dont ils ignorent même les noms et qu'ils ne connaissent que par un chiffre, celui du capital social qu'ils savent souscrit par eux. Ils ne sont donc en réalité, et vis-à-vis des tiers, que de simples bailleurs de fonds, engagés seulement envers la société jusqu'à concurrence de leur mise. Ce n'est donc que comme exerçant les droits de cette société, leur débitrice, que les créanciers peuvent atteindre les commanditaires.

Les partisans du premier système nous répondent que les commanditaires sont membres de la société, que les gérants sont leurs mandataires, qu'ils sont obligés par eux. C'est là une erreur, ou plutôt une confusion, qu'il importe de prévenir : en appliquant ici les règles du mandat, la loi n'a pas voulu assimiler le gérant au mandataire : cette idée est tout à fait en dehors de son esprit. Le gérant, nous l'avons vu, est l'âme de la société, il y fait ce qu'il veut et c'est à peine si les commanditaires, prévenus par le conseil de surveillance, ont le droit de l'arrêter : encore ce droit de veto ne s'exerce qu'en faisant cesser la société. Est-ce là un mandataire?

Comment, du reste, les commanditaires, qui ne peuvent s'immiscer dans la gestion, donneraient-ils mandat de faire des choses qu'ils n'ont pas pouvoir de faire eux-mêmes? On a dit qu'ils le pouvaient, mais que, vu le danger, ils devaient s'abstenir; que cette situation n'empêchait pas le pouvoir de donner mandat à celui qui peut faire ces actes.

Il faut vraiment bien contourner la pensée pour arriver à cette réfutation : ainsi voilà des personnes qui ne peuvent, sans encourir une responsabilité, si grande qu'ils sont assimilés au gérant, faire des actes de gestion, qui sont incapables en restant commanditaires de s'immiscer dans les affaires de la société, puisqu'en le faisant ils deviennent gérants, qui vont avoir le pouvoir de donner mandat de faire ces mêmes actes au gérant de la société. Triste pouvoir que celui de donner mandat à une personne qu'on ne choisit pas, qui vous est imposée par les statuts et qui vous entraîne avec elle, si on se permet de tenter de faire les mêmes actes qu'elle.

Nous pensons donc que les créanciers n'atteindront les commanditaires que par l'action oblique.

Le deuxième système professe la même doctrine jusqu'au jour de la dissolution, mais après ce jour se rallie au premier : après la dissolution, en effet, dit-il, les créanciers n'ont plus en face d'eux personne pour leur répondre. Mais que fait-on alors des liquidateurs ? Ils sont là tout exprès pour accueillir ces réclamations. Du reste, après la liquidation nous verrons que, pendant cinq ans au moins du jour de la publication de la dissolution, les créanciers ont action contre les mêmes personnes qu'au cours de la société. Ce système ne peut donc être accepté et il faut dire que les créanciers ne pourront jamais atteindre les commanditaires que par l'action de l'article 1166 du Code civil.

Du reste tous les systèmes sont bien obligés d'admettre que les commanditaires ne seront dans aucun cas soumis à la solidarité : aucun texte ne l'établit, et elle ne se présume pas.

L'action des créanciers sociaux contre les commanditaires est commerciale : il serait. en effet curieux que les contestations entre associés soient jugées par les tribunaux de commerce et que celles des créanciers sociaux contre les commanditaires, à raison de leur engagement de verser leur mise à la société, soient de la compétence des tribunaux civils. Cet engagement de verser une somme pour faire le commerce ne peut être en effet qu'un engagement commercial.

Mais il ne faut pas en déduire que les commanditaires soient commerçants : ce ne sont que des particuliers qui ont fait un acte isolé de commerce. L'essence même, le but de la création de la commandite est en effet de permettre à des non commerçants de faire valoir leurs capitaux dans des entreprises commerciales : ce serait donc défigurer notre société que de faire des commerçants des commanditaires.

On l'a prétendu pourtant par le raisonnement suivant : ils font partie, a-t-on dit, d'une société qui fait habituellement des actes de commerce, donc ils sont commerçants, mais on n'a pas remarqué que c'était non les commanditaires, mais la personne morale société qui faisait le commerce, aussi cette opinion a-t-elle peu de défenseurs.

2ᵉ *Cas.* — *Le commanditaire s'est immiscé.* Nous avons déjà vu, en faisant l'historique de cette matière, la responsabilité encourue avant 1863 par les commanditaires coupables d'immixtion, la raison de cette sanction et les réformes introduites par la loi de 1863 ; nous ne reviendrons pas sur ce point. Il nous reste à étudier deux points : Quels sont les actes qui constituent immixtion, et quelles sont les conséquences de cette immixtion.

§ 1. — Quels sont les actes qui constituent immixtion de la part des commanditaires ?

Tous actes qui mettraient les commanditaires en rapport direct avec les tiers et qu'ils feraient, en représentant comme gérants la maison commanditée, sont interdits au commanditaire : l'immixtion, pour entraîner la responsabilité, doit être directe et personnelle (1); il faut que l'acte de gestion soit fait de telle sorte qu'il soit constant que le commanditaire s'est engagé personnellement et a entendu par là renoncer à sa qualité de commanditaire ; ainsi un acte, par lequel il n'aurait fait qu'engager la société, qu'il n'aurait accompli qu'à titre officieux, n'aurait pas le caractère d'immixtion et ne l'engagerait pas solidairement avec le gérant envers les tiers (2).

Ainsi il n'y a pas immixtion, si le commanditaire s'est contenté de prendre part à des mesures intérieures de surveillance ou de précaution restant étrangères aux tiers qui traitent avec le gérant, s'il n'a fait que donner au gérant des conseils et imprimé ainsi, en dehors des tiers, une certaine direction à la société. Les avis et conseils, les actes de contrôle et de surveillance, dit l'article 28 du code de commerce *in fine*, n'engagent pas l'associé commanditaire.

Le commanditaire peut bien aussi, sans immixtion, être l'agent de la société, son correspondant, s'il n'a jamais usurpé les fonctions du gérant, et n'a joué vis-à-vis des

(1) Rouen, 9 juin 1875 ; Dalloz, 75, 2, 205.
(2) Cass., 17 janvier 1855 ; Sirey, 55, I, 90.

tiers que le rôle d'intermédiaire : il pourra de même, sans immixtion, remplir à l'intérieur de la société des fonctions subalternes, comme celles de caissier, comptable, ou employé aux écritures.

Le contact direct avec les tiers, tel est le criterium de l'immixtion : aussi le commanditaire peut-il bien, s'il est banquier, ouvrir un crédit à la société en imposant comme condition une réserve dans les bénéfices de la gérance (1).

Dans le même ordre d'idées il faut reconnaître aux commanditaires le droit de prendre des décisions relatives aux translations du siège de la société, à un nouveau versement de fonds ou au remplacement du gérant, de confier à ce dernier la négociation de leurs actions à un certain taux, de garantir un prêt fait à la société ou, par ses renseignements ou bons offices, de favoriser une ouverture de crédit, de se faire adjoindre à la gérance comme donneur d'avis.

Souvent les statuts défendent au gérant de conclure une affaire dépassant un certain chiffre sans l'autorisation de l'assemblée générale : il ne faut voir encore là qu'une mesure de surveillance et non un acte de gestion.

Les commanditaires chargés après la dissolution, et en qualité de liquidateurs, de terminer les affaires de la société ne s'immiscent pas non plus dans le gérance ; la société est terminée, ils ne font qu'acte de liquidation.

Mais toutes les fois qu'un commanditaire aura agi directement et personnellement avec les tiers, il y aura immixtion. Il en sera de même si, usant de son influence sur le gérant, il a fait des actes de nature à tromper les

(1) Paris, 15 juillet 1862 ; Sirey, 64, 1, 229.

tiers sur sa qualité, ou s'il s'est fait donner mandat par le gérant pour conclure certaines affaires : il ne peut en effet, dit l'article 27 du Code de commerce, faire aucun acte de gestion, *même en vertu de procuration.*

Cette immixtion peut du reste être prouvée par témoins, car elle résulte toujours des faits ; les juges du fond en seront toujours souverains appréciateurs.

§ 2. — Conséquences de l'immixtion.

L'article 28 du Code de commerce, modifié par la loi du 6 mai 1863, s'exprime ainsi : « En cas de contravention à la prohibition mentionnée dans l'article précédent, l'associé commanditaire est obligé, solidairement avec les associés en nom collectif, pour les dettes et engagements de la société qui dérivent des actes de gestion qu'il a faits, et il peut, suivant le nombre et la gravité de ces actes, être déclaré solidairement obligé pour les engagements de la société, ou pour quelques-uns seulement. »

Ainsi l'associé, qui s'est immiscé, est toujours solidairement responsable avec le gérant des dettes qu'a entraînées son acte d'immixtion.

S'est-il immiscé souvent ou dans des cas très graves, les tribunaux apprécient s'il doit être déclaré responsable de tout ou partie des engagements de la société.

Le commanditaire ne deviendra donc commerçant que dans les cas seulement où il a été déclaré responsable de tous les engagements de la société.

La loi suppose qu'il a reçu mandat de ses co-associés et qu'il a comme tel obligé la société ; il est responsable mais s'il a payé il a recours, sauf responsabilité à cause de ses fautes personnelles, contre le fonds social pour ce qui excède sa mise.

Mais s'il a agi sans mandat, il est seul responsable et sans recours, car il s'est obligé seul, sans avoir pu entraîner la société dans son obligation : il n'avait pas qualité à cet égard. Il peut même être tenu de lui payer des dommages-intérêts.

Tels sont les principes qui nous paraissent devoir régir la responsabilité du commanditaire qui s'est immiscé : cependant ils ont été contestés dans leur application sur deux points qu'il importe d'examiner :

Par son immixtion, le commanditaire perd sa qualité à l'égard des tiers vis-à-vis desquels il est tenu comme le gérant. Cela est incontestable, et il est tenu vis-à-vis d'eux aussi bien du passif antérieur à l'immixtion que du passif postérieur : « Cela a été universellement admis, dit M. Bédarride (n° 258). Il était difficile qu'il en fût autrement. Devenu associé en nom collectif, le commanditaire était par cela même tenu de payer toutes les dettes sociales constituant la perte. »

Mais conserve-t-il sa qualité vis-à-vis du gérant, peut-il répéter contre lui ce qu'il a payé au delà de sa mise?

Nous avons répondu à cette question en disant que si dans son acte d'immixtion le commanditaire a pu engager la société, s'il a agi comme une sorte de mandataire, et si comme tel il est tenu avec le gérant, il peut ensuite se retourner contre le gérant, et lui réclamer ce qu'il a payé au delà de sa mise. Cela ne peut avoir lieu évidemment s'il n'a pas engagé la société, il n'a contracté alors qu'une obligation personnelle dont il est seul tenu : ce dernier point ne paraît nié par personne.

Mais, sur le premier cas, beaucoup d'auteurs ne sont pas de notre avis : que le commanditaire, a-t-on dit, demeure étranger à la gestion, ne perde rien au delà de sa mise, c'est une chose parfaitement juste, il n'a pas fait le mal, il n'est pas tenu de le réparer, mais que lorsqu'il a dirigé la société, exploité, dissipé ses ressources, il ne supporte pas les conséquences de ses œuvres, et qu'après avoir ruiné la société et le gérant, sa condition soit la même que s'il était resté dans l'inaction, il y a certainement là une grande iniquité.

Du reste le droit n'autorise nullement cela; l'absence de tout concours à l'administration est la condition des avantages attachés à la commandite : si la condition manque, l'avantage disparaît. La loi le déclare expressément vis-à-vis des tiers. On veut que du gérant au commanditaire il en soit autrement, où est la raison de cette différence? Quand l'héritier bénéficiaire est déchu de sa qualité, ne devient-il pas héritier pur et simple même vis-à-vis de ses co-héritiers (1) ?

Nous répondrons facilement à ces objections : et d'abord le résultat n'est pas aussi inique qu'on veut le faire entendre : le commanditaire en effet, qui a ruiné le gérant et la société, n'aura qu'un recours illusoire le plus souvent contre ce gérant, et, après avoir payé, il aura supporté les conséquences de la faute qu'il a pu faire. Du reste, s'il a dissipé les ressources de la société; s'il a pu l'engager, ce

(1) Delangle, n° 412 et suivants. — Bédarride, 259 et suiv. — Demangeat sur Bravard, tome I, p. 249.

11

n'est que du consentement du gérant, il ne peut, par des actes personnels, engager la société, et le gérant s'opposera facilement aux actes qu'il a faits, qu'il n'avait pas qualité de faire. Toute la question est là, et c'est en confondant les deux choses que l'on arrive à refuser son recours au commanditaire. Le gérant a tout pouvoir, lui seul engage la société, et si le commanditaire a pu l'engager, il n'a pu le faire que d'accord avec le gérant : tel est le cas où il a de lui un mandat exprès, et dans ce cas, nos adversaires sont bien obligés de lui donner son recours : comment admettre que la peine encourue par le commanditaire profite au gérant qui a été l'instigateur de l'immixtion.

Mais alors pourquoi distinguer entre le mandat exprès et le mandat tacite résultant de la non opposition du gérant à l'acte du commanditaire ? On nous parle de traités faits en l'absence et sans le consentement du gérant : qu'on nous cite un cas où la société pourra être engagée de cette façon. Elle serait dans une triste situation si chaque commanditaire agissait ainsi à sa guise, chacun de son côté ; il est évident que si le gérant n'a pas accepté les actes du commanditaire, la société n'est pas engagée et le commanditaire reste seul responsable, mais si le gérant a exécuté ou laissé faire, son approbation, même tacite, emporte ledit mandat et l'expose au recours du commanditaire qui s'est par là même immiscé. Cela va de soi et n'a rien de si inique.

C'est du reste dans ce sens que s'est fixée la jurisprudence (1), et nous persistons à dire que les tiers ont seuls

(1) Lyon, 27 mai 1859 ; Sirey, 60, 2, 16. — Bordeaux, 4 décembre

qualité, à l'exclusion des associés, pour faire déclarer le commanditaire, qui s'est immiscé, solidairement responsable avec le gérant.

Le second point qui a fait difficulté est celui-ci. Les créanciers peuvent-ils faire déclarer en faillite le commanditaire qui s'est immiscé?

Le commanditaire n'est pas commerçant, tant qu'il reste dans son rôle passif, nous l'avons vu. Mais, comme tout particulier, il peut le devenir en faisant des actes habituels de commerce. C'est ainsi qu'il le devient en s'immisçant habituellement dans la gestion, et en devenant ainsi responsable de tous les engagements de la société.

Toutefois beaucoup d'auteurs (1), se fondant sur ce que ce serait ajouter à la loi que de déclarer commerçant un commanditaire pour un acte d'immixtion, refusent le droit de le faire déclarer en faillite.

Sans doute un commanditaire, qu'un excès de zèle a entraîné dans un acte d'immixtion, ne devient pas, par ce seul fait, commerçant : s'il fait un acte isolé de commerce, il ne sera pas pour cela susceptible de devenir failli : mais gardons-nous des extrêmes. Responsable de tous les actes de commerce solidairement avec le gérant, devenant à l'égard des créanciers associé en nom, il devient aussi à leur égard commerçant, et s'il a encouru ainsi toute la responsabilité, il faut qu'il en subisse jus-

1860 ; Sirey, 61, 2, 190. — Caen, 16 août 1864; Sirey, 65, 2, 33. — Paris, 6 juillet 1865 ; Sirey, 66, 2, 219.

(1) Pardessus, n° 1037. — Troplong, 438. — Persil, sur l'art. 28, n° 3. — Dalloz, n° 1382.

qu'au bout les conséquences. Rien n'est plus juste, rien
ne nous semble plus conforme à l'esprit de l'article 28.

CHAPITRE VIII

DES RÉPARTITIONS DE DIVIDENDES.

Nous avons, en étudiant les fonctions du conseil de surveillance, laissé de côté tout ce qui touche à la répartition
des dividendes, matière trop importante pour n'être pas
l'objet d'un examen spécial.

Le but de toute société n'est-il pas en effet de distribuer
des dividendes, de faire des bénéfices, en un mot. C'est
maintenant que nous connaissons le fonctionnement des
différents rouages de la société, qu'il nous semble utile
d'aborder l'étude de notre législation sur ce point.

§ 1. — Qu'est-ce qu'un dividende ?

Les dividendes ne sont autre chose que les bénéfices
qu'a réalisés la société et qui peuvent être partagés entre
ses membres, mais quelle est la nature juridique de ces
bénéfices? Sont-ce des fruits industriels, ou des fruits
civils ?

Les dividendes, on ne peut hésiter sur ce point, sont
des fruits civils. L'article 582 du Code civil distingue
deux espèces de fruits : les fruits naturels ou industriels
et les fruits civils.

L'article 583 définit en ces termes la première espèce

de fruits : « Les fruits naturels sont ceux qui sont le produit spontané de la terre : le produit et le croît des animaux sont aussi des fruits naturels. »

Les fruits industriels d'un fonds sont ceux qu'on obtient par la culture.

Ces fruits qui proviennent directement de la chose, cultivée ou non, sont de la même espèce, à eux seuls convient proprement la qualification de fruits, et il est certain que les bénéfices réalisés par une société ne peuvent rentrer dans ces définitions.

A côté des fruits naturels ou industriels, la loi nous donne les fruits civils qui ne proviennent pas directement de la chose, mais qui sont perçus à son occasion ; tels sont les loyers des maisons, l'intérêt des capitaux, ajoutons par analogie les dividendes dont nous parlons. Cette conséquence s'impose, et tout le monde est d'accord sur ce point.

Remarquons toutefois que ces fruits deviennent fonds et accroissent au capital, lorsqu'ils servent à former un fonds de réserve, et ne redeviennent fruits que lorsqu'ils sont distribués aux actionnaires dans les années malheureuses.

Les dividendes, étant des fruits civils, ne peuvent par conséquent être pris sur le fonds, sur le capital, ils sont non une partie du fonds, mais un produit de celui-ci. D'où la prohibition de distribuer les dividendes fictifs ou dividendes pris sur le capital.

Cette expression de dividendes fictifs n'est pas reproduite par la loi de 1867, nous nous en servirons cependant, car elle exprime très nettement que ces dividendes

sont ceux qui ne représentent point de véritables bénéfices, ceux que le distributeur sait lui-même n'être que
des bénéfices supposés.

C'est donc en établissant avec soin et équité la composition de l'actif et du passif qu'on arrivera à déterminer
les bénéfices qui sont l'excédant du premier sur le second. L'inventaire n'est autre chose que cette opération,
c'est de lui qu'il va résulter une répartition, il importe
donc qu'il soit bon et fidèle, qu'il donne à chaque élément de l'actif une valeur réelle, et qu'il n'y fasse figurer
que des valeurs acquises.

On voit combien la fraude peut s'introduire facilement dans cette opération délicate : le gérant, dans le but
de s'attirer les actionnaires, de donner à la société un
renom de prospérité, et souvent aussi poussé par l'instinct
qu'a chaque homme d'augmenter la valeur de sa chose,
sera souvent entraîné à donner aux éléments de l'actif une
valeur trop grande, plus forte que la réalité, il en résultera un excédant d'actif à distribuer, et cet excédant ne
sera cependant qu'un dividende fictif pris sur le capital,
résultat d'autant plus déplorable que souvent cette
distribution fera monter les actions qui seront achetées
par le public alléché par de gros dividendes, et les acheteurs seront bernés.

Il importe donc que l'examen du conseil de surveillance se fasse d'une façon sérieuse. La loi en donne une
garantie au public en rendant responsables les membres
de ce conseil. C'est là une lourde responsabilité, car il
n'est pas toujours facile d'apprécier la valeur exacte des
éléments de l'actif.

Ceux-ci sont incertains, variables et souvent arbitraires, ils se composent du matériel qui se détériore, des marchandises dont les cours varient, des effets de portefeuille qui peuvent ne pas être payés et enfin des espèces en caisse qui sont la partie la plus facilement appréciable.

Il faut donc tenir compte de ces variations pour composer l'actif, et encore, lorsqu'on aura fait des évaluations rigoureusement exactes, une crise passagère ou des faillites renverseront cet édifice loyalement et exactement équilibré et feront que les dividendes distribués seront pris sur le capital.

Aussi s'est-on évertué à donner du bénéfice réel une définition qui puisse servir de criterium certain aux confectionneurs d'inventaire.

La plupart des auteurs disent que ce sont les bénéfices certains et réalisés, mais qu'est-ce que ces bénéfices certains et réalisés ?

Les uns pensent que ce sont les bénéfices encaissés : « Si l'actif n'est pas encaissé, s'il y a des recouvrements à faire, il ne peut y avoir lieu à une répartition de dividendes ; car des événements ultérieurs, une faillite par exemple, peuvent rendre l'actif inférieur au passif, l'espérance d'un bénéfice n'est pas encore un bénéfice (1). »

C'est aller trop loin et arriver à la négation de la possibilité d'une distribution de dividendes avant la liquidation : ce n'est en effet qu'à cette époque que seront encaissées toutes les valeurs de la société. Mais il est évident qu'on ne peut se refuser à comprendre, dans l'actif

(1) Dalloz, *Société*, n° 1390.

réalisé, les bonnes créances, pour leur valeur nominale, le matériel, les marchandises pour leur estimation ; il ne peut y avoir de doute à cet égard.

La question devient plus embarrassante, quand on se trouve en face d'une convention, d'un marché passé par la société, et duquel on attend de bons résultats. Est-ce là dès à présent une valeur acquise à l'actif, ou ne doit-on pas attendre la fin de l'opération ?

Il est évident qu'il y a là une valeur qu'on pourrait liquider en passant le marché à un tiers, mais si on ne liquide pas, il faut attendre, il faut que le bénéfice soit assuré et il ne l'est qu'autant qu'il est le résultat d'une opération accomplie (1).

Observons toutefois d'une part que si l'opération avait occasionné des dépenses, on serait au moins fondé, si ces dépenses sont évidemment inférieures au profit à recueillir, à les considérer comme représentant la valeur actuelle de l'espérance et à les porter comme telles à l'actif. Et d'autre part, si l'opération était finie, le bénéfice certain mais non encore encaissé, on pourrait le porter à l'actif comme bonne créance à recouvrer. Toutefois il sera bon de se montrer en tous ces cas très prudent, et de ne laisser au hasard que la moindre part possible.

Le bénéfice réalisé n'est donc pas seulement le bénéfice encaissé : « On a voulu exprimer ainsi, dit la commission législative de la loi de 1863, les bénéfices qui ne peuvent plus échapper à la société, qui ne sont plus à

____

(1) Cass., 28 juin 1862 ; Dalloz, 62, 1, 307 ; Sirey, 62, 1, 625. — Caen, 16 août 1864 ; Dalloz, 65, 2, 192 et Sirey, 65, 2, 33.

l'état de simple éventualité, dont aucun coup du sort, excepté une insolvabilité imprévue ou une destruction fortuite, ne peut plus priver la société. Sans doute il ne sera pas toujours nécessaire que le bénéfice ait été encaissé ; il pourra résulter d'une valeur, d'une traite, même d'une simple créance, pourvu qu'elle soit réputée bonne, non susceptible de discussion et de nature, suivant les usages du commerce, à figurer à l'actif (1). » C'est du reste à cette définition que paraît s'arrêter la Cour de cassation, dans son arrêt précité du 28 juin 1862, où elle dit que le bénéfice réalisé est celui qui résulte d'une opération accomplie (2).

Le bénéfice réalisé est donc celui qui est dès à présent fixé, peu importe comment, et la définition que nous avons rapportée plus haut nous paraît devoir être acceptée comme très bonne.

Au fond, la difficulté de l'inventaire ne consiste du reste pas tant dans l'appréciation exacte de l'actif, que dans la nécessité d'une extrême prudence, et surtout d'une extrême bonne foi. Malheureusement l'on est toujours porté, par une raison ou par une autre, à arriver quand même à une répartition, et c'est ainsi qu'on enfle l'actif par des évaluations exagérées, et qu'on tombe sous le coup des pénalités des lois nouvelles. Un gérant prudent et honnête, à la tête d'une société sérieuse, ne tombe pas dans ces errements, et apprécie sainement ce qui est

---

(1) Voir dans le même sens le rapport de M. du Miral sur la même loi.

(2) Voir aussi sur ce point un arrêt de cassation du 7 mai 1872 ; Dalloz, 72, 1, 233 et Sirey, 72, 1, 123.

un actif et ce qui n'est qu'une espérance. Et de plus, par un soigneux entretien des fonds de réserve, il se met, et avec lui met la société à l'abri des crises qui sont la mort des sociétés douteuses dont la ruine n'entraîne pas toujours celle du gérant.

§ 2. — Sont-ils toujours définitivement acquis ?

Ceci posé, examinons si les dividendes touchés par les actionnaires sont par eux définitivement acquis.

L'article 10 de la loi de 1867 pose sur ce point trois règles ; la première est ainsi conçue :

Aucune répétition de dividendes ne peut être exercée contre les actionnaires si ce n'est dans le cas où la distribution en aura été faite en l'absence de tout inventaire, ou en dehors des résultats constatés par l'inventaire.

Ces cas, qui se présenteront fort rarement et qui sont même presque irréalisables, sont des présomptions *juris et de jure,* contre lesquels la preuve contraire n'est pas admise. Et cependant M. Vavasseur (t. I, p. 303) admet que, s'il était démontré que les dividendes distribués en l'absence de tout inventaire sont des dividendes réels, la répétition n'en serait pas admise.

Nous ne pouvons nous rallier à cette opinion, qui est la négation du principe que la présomption, posée en l'article 10, n'admet pas la preuve contraire et que, dans le cas où il n'y a pas eu d'inventaire, le dividende est réputé fictif : la loi est formelle, et on ne peut s'en écarter. L'inventaire fixe le dividende ; s'il n'est pas fait, il ne peut y avoir de dividendes et ceux qui auraient été payés en son absence doivent être restitués comme fictifs d'après la présomption de la loi, présomption contre laquelle aucune démonstration ne peut prévaloir.

En principe, il n'y a pas de répétition possible contre les dividendes régulièrement distribués, sauf bien entendu le cas de fraude ou mauvaise foi, exception qui devra être prouvée contre chacun des actionnaires pour que la répétition soit possible.

Les créanciers ne peuvent donc, sauf les exceptions posées par la loi et celle de fraude, réclamer la restitution des dividendes touchés par les actionnaires, telle est notre première règle.

La seconde est la suivante : l'action en répétition, dans le cas où elle est ouverte, se prescrit par cinq ans, à partir du jour fixé pour la distribution des dividendes.

La rédaction première de notre disposition de loi avait admis, comme point de départ, le jour où les dividendes avaient été touchés, mais, considérant que ce jour varierait pour chacun des actionnaires, on simplifia en admettant comme point de départ non le jour réel du paiement, mais le jour où il aurait dû être fait.

Cette prescription sera-t-elle réduite à trois ans, comme l'action publique, si le gérant est en même temps poursuivi pour distribution de dividendes fictifs ?

Pour soutenir l'affirmative on fait le raisonnement suivant : l'action des créanciers est fondée sur une distribution de dividendes fictifs pour laquelle le gérant a été poursuivi correctionnellement ; cette action fondée sur

un délit est la même contre les actionnaires que contre
le gérant, elle se prescrit donc par trois ans.

Ce raisonnement nous paraît faux : la distribution de
dividendes n'est pas un délit par elle-même, le délit consiste dans les manœuvres auxquelles a dû se livrer le
gérant pour y arriver, or ces manœuvres ont échappé
aux actionnaires qui n'y ont pas pris part et l'action
dirigée contre eux est fondée sur autre chose que les
faits incriminés, sur un payement fait sans cause : c'est
la *condictio indebiti* qu'on exerce contre eux, et non une
action civile adjacente à une action correctionnelle. Du
reste, en supposant que les faits eussent un lien quelconque, l'action correctionnelle contre le gérant inter-
rompra souvent la prescription (1).

L'article 10 termine par la troisième règle : Les prescriptions commencées à l'époque de la promulgation de
la présente loi, et pour lesquelles il faudrait encore, suivant les lois anciennes, plus de cinq ans à partir de la
même époque, seront accomplies par ce laps de temps.

Les lois anciennes admettaient la prescription, par
trente ans seulement, de l'action en répétition des créanciers : pendant trente ans l'associé commanditaire était
tenu, en cas de faillite par exemple, de rapporter les
dividendes fictifs distribués par la société, même s'il les
avait reçus de bonne foi et sur un inventaire présenté
par le gérant et approuvé par le conseil de surveillance
et l'assemblée générale. A cet égard l'article 10 de la loi
de 1867, quelle que soit la portée qu'on lui attribue, ne
statue que pour l'avenir et laisse sous l'empire du Code

(1) Alger, 24 mars 1867 ; Dalloz, 67, 2, 329.

de commerce les faits antérieurs à la promulgation de notre loi. Il ne s'applique que pour la durée de la prescription aux actions en répétition résultant de distributions de dividendes antérieures à la loi de 1867 (1).

Donc pour les distributions de dividendes antérieures à la promulgation de la loi de 1867, les associés peuvent être condamnés à les restituer même s'ils les ont reçus de bonne foi. Et notre article ne fait que limiter à cinq ans l'action en répétition contre les actionnaires.

Pour les dividendes fictifs postérieurs à la promulgation de notre loi seuls, s'appliquent les principes que nous avons exposés plus haut.

Telle est actuellement la législation sur la répétition des dividendes par les créanciers. Ces dispositions dérogatoires au droit commun sont toutes conçues dans l'intérêt des actionnaires contre les obligataires, des débiteurs contre les créanciers, et il est permis de le déplorer.

Nous avons vu plus haut que la position des obligataires était déjà peu favorable, à cause de la liberté laissée à l'émission des obligations. On l'aggrave encore ici : ne pouvant surveiller les inventaires, ils n'auront contre la distribution des dividendes fictifs que la garantie résultant de la responsabilité tant du gérant que du conseil de surveillance ; mais cette responsabilité ne sera-t-elle pas souvent illusoire.

Non content de les priver de recours, on abrège encore le temps pendant lequel leur action, au cas où ils l'ont, peut être exercée, et on crée une prescription de cinq ans qu'on a flétrie en disant que son but direct

(1) Cass., 3 août 1875 ; Sirey, 75, 1, 425.

et unique est d'absoudre la mauvaise foi : peut-on soutenir le contraire?

On a donné pour raison, à cette dureté de la loi pour les créanciers, que l'erreur des actionnaires était invincible, et qu'on ne pouvait les punir d'y être tombés. Mais les créanciers sont-ils donc en faute, sont-ils moins intéressants que les actionnaires.

On a encore dit que si les actions sont au porteur, leur recours serait inefficace, ils ne sauraient qui atteindre : cette raison est mauvaise, car chaque porteur en touchant signe son nom et donne son adresse : il est vrai que l'on peut faire toucher par un autre et que, dans ce cas, on n'aurait qu'un recours illusoire, mais c'est là une exception qui en tous cas ne devait pas faire exclure ce recours.

La vraie raison est qu'on a voulu rassurer les capitaux effarouchés par des déboires récents. Nous pensons qu'on est allé trop loin, les obligataires apportent aussi leurs capitaux, il fallait tenir compte aussi de leurs droits.

Toutefois la loi est telle et il faut bien l'appliquer, mais disons cependant que ces dispositions n'ont pas été admises sans de grandes protestations et qu'elles ne l'ont été que par une espèce de surprise législative. Le projet de loi ne s'en occupait pas; la commission en fit l'objet d'un amendement qui, repoussé au conseil d'État, fut cependant porté au Corps législatif.

M. Duvergier le combattit et la Chambre paraissait se rallier à l'idée de M. Pouyer-Quertier qui proposait de consacrer le principe de la répétition des dividendes fictifs, en limitant l'action à cinq ans : mais l'amendement fut renvoyé à la commission qui, au lieu de modifier sa rédaction en ce sens, proposa l'article 10 tel que nous venons de le voir. M. Duvergier ayant déserté le débat, M. le garde des sceaux enleva le vote du Corps législatif.

Voilà l'histoire de l'article 10 qui nous régit ; il nous reste seulement l'espoir de sa réformation, il ne se peut que des dispositions aussi peu équitables restent dans notre loi.

Examinons maintenant les deux sortes de dividendes que peuvent distribuer les sociétés : dividendes réels et dividendes fictifs.

§ 3. — Des dividendes réels.

Les dividendes réels, c'est-à-dire l'excédant des bénéfices sur les dépenses, constaté par un bon et fidèle inventaire, sont acquis dès qu'ils sont touchés.

Cela est logique si on admet que les dividendes sont des fruits : la consommation des fruits est la règle générale et on ne peut exiger que, vingt ans après, les fruits ainsi perçus soient restitués, ce serait la ruine, ce serait la destruction de l'esprit d'association.

Et pourtant on l'a prétendu. L'inventaire, a-t-on dit, n'est qu'un état de situation destiné seulement à éclairer le commerçant sur sa situation ; mais il ne peut y avoir de bénéfice qu'à la fin de la société, lorsque la liquidation sera faite, lorsqu'on pourra constater d'une manière définitive et certaine l'augmentation du fonds social (1).

C'est faire de l'inventaire une opération utile sans doute mais bien restreinte : c'est du reste méconnaître

(1) Duvergier, n° 13. — Delangle, n°ˢ 345 et suiv. — Dalloz, n° 386.

absolument les traditions de la pratique : l'inventaire arrête l'année commerciale, liquide, chaque fois qu'il est fait, la situation de la société qui reprend ensuite, sur les bases fixées par l'inventaire, le cours de ses opérations. Les bénéfices constitués par l'inventaire ne sont donc pas des allocations provisoires perçues sous la condition résolutoire que la liquidation donnera des bénéfices, ce sont des fruits mûrissant chaque année et définitivement acquis par la perception. Sans doute, après chaque inventaire, il pourra arriver des pertes qui atteindront le capital et qui pourraient être comblées si les bénéfices n'avaient pas été distribués, mais c'est l'aléa de la vie sociale, et le capital des commerçants varie incessamment sans pour cela qu'il soit tenu de capitaliser les bénéfices par lui faits : les hommes prudents se garantiront des pertes par le fonds de réserve.

Qui, du reste, pourrait se plaindre de ces distributions? Les créanciers antérieurs ? Ces aliénations ne sont pas faites en fraude de leurs droits, elles sont régulières et ne leur nuisent en rien quand elles sont faites.

Les créanciers postérieurs? Ils n'ont jamais pu compter sur ces bénéfices distribués avant qu'ils aient pris qualité de créanciers.

Admettons donc que l'actionnaire acquiert définitivement les bénéfices réels à lui distribués après chaque inventaire, et d'après les résultats y constatés.

Une question s'est pourtant posée sur ce point : les actionnaires qui ont omis de toucher, qui ont laissé leurs dividendes dans la caisse de la société, peuvent-ils les en retirer après une perte subie?

Il est évident qu'il faut en décider ainsi, dans le cas où il y a eu convention expresse de laisser les dividendes en compte, les actionnaires sont devenus par là créanciers de la société du montant du dividende.

Mais si on n'a rien dit, faut-il admettre la présomption d'une telle convention, faut-il dire au contraire qu'il y aura accroissement de mise et que l'actionnaire ne pourra y toucher, en cas de perte subie par la société?

Nous déciderons que l'actionnaire, qui avait le droit de retenir chaque année une partie des bénéfices réalisés et qui les a laissés dans la caisse sociale, doit être considéré comme ayant renoncé à son prélèvement et comme ayant laissé confondre avec sa mise les bénéfices non prélevés, et en conséquence, si la société a subi postérieurement des pertes, qu'il ne peut réclamer les bénéfices ainsi accumulés, non seulement à l'égard des créanciers sociaux, mais même à l'encontre du gérant : si en effet sa part du dividende accroît à sa mise, il y a une augmentation du capital, et par là même dérogation aux statuts : violant la convention sociale, il doit être puni ; sa peine sera la perte de ses dividendes. Du reste il suffit de porter les dividendes non touchés à un compte spécial pour opérer une novation qui rendra l'actionnaire créancier, même à l'égard des tiers.

C'est dans ce sens que s'est, à bon droit, prononcé le tribunal de Roubaix dont le jugement, confirmé par la cour de Douai le 27 janvier 1873, a été maintenu par la Cour de cassation le 5 août 1873 (1) :

« Attendu, dit ce jugement, qu'il n'y a pas eu de comptes

(1) Dalloz, 1874, 1, 127.

12

spéciaux et distincts de bénéfices ; qu'ils ont toujours été confondus avec l'apport de chacun ; que l'accessoire est ainsi resté uni et incorporé au principal. Attendu que, sans contester que le commanditaire ne saurait être actionné en restitution de dividendes périodiquement touchés et réalisés de bonne foi, il n'en est pas moins vrai que si, consentant à réunir l'accessoire au principal, il s'abstient de toucher les bénéfices, s'il ne les a pas consommés, il a volontairement renoncé au droit qu'il a perdu par sa faute ;

« Que les pertes succédant aux bénéfices, le commanditaire ne peut plus prétendre qu'à recueillir les débris de son apport social. Que conséquemment sa prétention à cet égard tendrait à retirer, sous forme de bénéfices, et avant toute liquidation, sa commandite dans sa presque totalité. »

Ajoutons pourtant que l'assemblée générale aurait le droit d'employer une partie des bénéfices à l'établissement d'un fonds de prévoyance, destiné, même en dehors du fonds de réserve, à parer aux éventualités de pertes et à reconstituer le capital entamé.

§ 4. — Des dividendes fictifs.

Avant la loi de 1867, les dividendes fictifs perçus en l'absence de bénéfices devaient être rapportés, même s'ils avaient été perçus de bonne foi.

Quant aux intérêts, ils étaient également rapportables à moins que les statuts n'en eussent prescrit le paiement même en l'absence de bénéfices.

Aujourd'hui la loi, assimilant l'actionnaire au possesseur de bonne foi, déclare que les dividendes fictifs, perçus en l'absence de dol de la part des actionnaires, ne pourront être répétés ; nous avons dit ce que nous pensions de cette disposition.

Dans les cas où la restitution doit avoir lieu, elle doit être faite immédiatement, et l'on ne pourrait demander qu'il y fût sursis jusqu'à la liquidation. Ce que nous avons dit plus haut sur l'inventaire amène forcément cette solution.

Si les dividendes ont été perçus de bonne foi, l'actionnaire, qui doit cependant restituer, n'en devra l'intérêt que du jour de la demande, mais s'ils l'ont été de mauvaise foi, c'est du jour de la perception que l'intérêt sera dû :

« Considérant, dit la cour de Bourges (1), que l'article 1846 du Code civil oblige de plein droit l'associé qui a négligé de verser dans la caisse et l'associé qui en a retiré pour son profit personnel des sommes sociales, à payer les intérêts : le premier, à partir du jour où il devait faire son versement ; le second, à partir du retrait qu'il a opéré, parce que l'un a pu ignorer son obligation, l'autre son infraction et que tous deux sont ainsi réputés légalement de mauvaise foi. Mais que l'actionnaire qui a reçu, non comme restitution de sa mise, mais à titre de dividendes, des sommes qu'il est ensuite tenu de rapporter comme prélevées sur le capital social, sans pouvoir se couvrir de sa bonne foi, est au contraire, au point de vue des intérêts des sommes reçues, protégé par cette présomption jusqu'à preuve contraire. »

Pour terminer sur ce point, il nous reste à examiner

(1) Arrêt du 21 août 1871 ; Dalloz, 73, 2, 34.

une question importante : il peut se faire en effet que l'inventaire constate une perte, une diminution par conséquent du capital social : dans l'année qui la suit, des bénéfices sont réalisés avec le capital amoindri : ces bénéfices devront-ils servir à reconstituer le capital ou bien pourra-t-on en exiger la distribution?

Ce que nous avons dit plus haut sur le rôle de l'inventaire fait préjuger notre opinion sur ce point : la situation est réglée définitivement pour l'avenir par l'inventaire, le capital a été amoindri, c'est possible, mais les bénéfices postérieurs à son amoindrissement ne sont que les produits du capital tel qu'il est resté, ce sont des fruits qui en principe n'accroissent pas au fonds.

Toutefois on ne peut nier le droit de la société d'employer une partie des dits bénéfices au rétablissement de son capital attaqué, mais cela ne sera fait que peu à peu et les dividendes devront être, au moins en partie, distribués.

Et il y a à cela plusieurs raisons, toutes dans l'intérêt de la société : celle-ci a le plus grand intérêt à garder sa bonne renommée de société florissante pour garder la confiance de ses actionnaires, pour conserver son crédit et ne pas mettre ses actions en baisse, elle agira donc contre son intérêt en ne distribuant pas de dividendes.

Les grandes sociétés comptent toujours parmi leurs actionnaires de petits capitalistes, possesseurs d'un petit nombre d'actions, et comptant pour vivre sur les dividendes distribués chaque année : il y a donc un intérêt économique à ne pas les priver, si on le peut, de ce revenu périodique.

De plus, et nous revenons toujours sur ce point qui est capital, les bénéfices sont des fruits civils, destinés par leur nature à être perçus chaque année et à être consommés, ils doivent donc être distribués quand il y en a, lorsque l'un des exercices de la société, définitivement clos et arrêté par l'inventaire annuel, en constate : les différents exercices ne sont nullement solidaires les uns des autres, et, à chaque inventaire, on doit prendre la situation telle qu'elle est, toujours sauf l'établissement du fonds de prévoyance.

On nous a fait plusieurs objections : la première est qu'il ne peut y avoir de bénéfices qu'une fois le capital rétabli : c'est la question et cela ne démontre rien : si chaque exercice est réputé indépendant des autres, la perte faite dans l'un est liquidée et payée sur le capital et la société continue avec ce capital réduit : s'il arrive des bénéfices dans l'exercice suivant, ce sont des produits de ce capital restreint qui peuvent bien être capitalisés, mais qui de droit sont susceptibles d'être distribués au même titre que ceux qu'on a pu faire avec un capital plus fort.

Il importe du reste de préciser le sens du mot perte. Que faut-il entendre par là ?

Il y a perte lorsque les opérations sociales au lieu d'aboutir, lors de l'inventaire, à une augmentation de l'actif, aboutissent au contraire à une diminution. On doit donc considérer comme perte toute diminution de l'actif social, formé par les mises sociales, même lorsqu'il résulte de l'acte de société que ces mises doivent être reprises par les associés avant le partage de l'actif : les parts contributives dans ces pertes sont établies sur les mêmes bases et d'après les mêmes proportions que les parts dans les bénéfices. Donc, en cas de diminution de capital social, chacun des associés perd une partie de sa mise qui est ainsi réduite et le nouveau capital ne donne plus droit qu'au prélèvement de la mise, telle que le fait la réduction : le reste en effet est un bénéfice (1).

Une seconde objection est tirée de l'intérêt des tiers : ceux-ci, dit-on, seront lésés, car ils n'auront plus la garantie du capital annoncé aux statuts.

Ce raisonnement est spécieux, car il n'a pas d'objet. De quels tiers en effet veut-on parler ? Des créanciers? Ils savent bien que le capital social est sujet à variations, qu'il peut s'entamer.

Des acquéreurs d'actions postérieurs ? Ils ne sont pas lésés, car le cours est basé sur le revenu que produit l'action : si donc le revenu répond à leur attente, ils ne peuvent se plaindre.

Du reste c'est l'illégalité du procédé et non la lésion postérieure de ceux qu'on désigne du nom de tiers qu'il faut démontrer.

La troisième objection n'est pas plus sérieuse que les autres : on nous dit, et nous sommes absolument de cet avis, que la société qui agirait ainsi marcherait vite à sa ruine. Sans doute elle serait peu prévoyante, mais quelle loi défend l'imprévoyance ?

Du reste, nous l'avons dit, la société peut très bien employer une partie des bénéfices de chaque année à la reconstitution de son capital ou du fonds de prévoyance

(1) Cass., 11 janvier 1865 ; Sirey, 65, 1, 12.

qui a pu suffire à combler la perte faite dans une année malheureuse.

Si cependant les statuts stipulaient que les actions seront successivement amorties pendant le cours de la société, il faudrait bien que le capital fût rétabli, car ce serait violer les statuts en faisant cesser, avant le temps, le jeu de l'amortissement, et les derniers actionnaires se trouveraient lésés par la réduction du capital : c'est une exception au principe : *Regulam firmat exceptio.*

§ 5. — Des intérêts.

Avant de terminer sur cette matière, nous avons à parler des intérêts. Déjà, au cours de cette étude, nous avons eu l'occasion de dire qu'en principe les intérêts des sommes par eux mises dans la société n'étaient pas dus aux actionnaires, en l'absence de bénéfices. Ces intérêts seraient en effet pris sur le capital et constitueraient un dividende fictif. Les intérêts ne sont dus qu'aux créanciers et aux obligataires qui sont de véritables créanciers. Le paiement de ces intérêts est une charge qui fait partie du passif.

Tel est le principe qui s'applique en cas de silence des statuts sur ce point.

Trois clauses principales et différentes peuvent être insérées aux statuts sur les intérêts que la plupart des sociétés distinguent des dividendes proprement dits.

Première clause. — Les intérêts seront payés aux actionnaires sur les bénéfices.

C'est la clause de séparation des intérêts et des divi-

dendes proprement dits : elle est incontestablement valable, rien n'empêche de faire des distinctions dans les
dividendes à distribuer, ce sera là une portion du dividende payable par provision.

Toutefois il faut en déduire comme conséquence que
l'intérêt ne devrait pas être payé s'il est certain qu'il n'y
aura pas de bénéfices, et que, s'il a été payé, il serait rapportable au cas où plus tard l'inventaire ne constaterait
pas de bénéfices réalisés (1).

Deuxième clause. — Souvent les statuts ne s'expliquent pas, et disent simplement que l'intérêt à 5 ou
6 pour 100 sera payé à l'actionnaire à une époque désignée.

Cette clause est valable en principe et la valeur du
paiement résultera des faits : s'il y a des bénéfices, l'intérêt est bien payé ; s'il n'y en a pas, le paiement a été
mal fait et la somme payée est rapportable. C'est l'application du principe que nous venons de poser.

Troisième clause. — Les statuts peuvent stipuler que
le paiement des intérêts sera fait même en l'absence de
bénéfices.

Cette clause intervient très souvent dans les statuts
des sociétés fondées pour de grandes exploitations, sociétés qui doivent souvent faire exécuter de longs et im-
portants travaux avant de pouvoir fonctionner : elles
attireraient difficilement les capitaux si elles ne don-
naient que l'espoir d'un paiement de dividendes dans un
avenir fort éloigné, aussi le plus souvent sacrifie-t-on

(1) Orléans, 20 décembre 1860; Sirey, 1861, 2e partie, p. 289. —
Cass., 15 janv. 1862 ; Sirey, 1862, 1, p. 133.

une partie du capital au paiement des intérêts des sommes versées, et ce, pour faire couvrir le nombre des actions émises.

Quel est le degré de validité de cette clause? N'y a-t-il
pas là une distribution de dividendes fictifs qui la rend
complètement nulle.

Il est évident qu'au premier abord, et en vertu des
principes que nous venons de poser, on est porté à dire :
pas de bénéfices, pas de dividendes, l'actionnaire n'a
droit à quelque chose que si des bénéfices ont été constatés par l'inventaire, sinon il n'a droit à rien, et s'il a
été payé quelque chose, c'est en dehors des résultats
constatés par l'inventaire et on doit le rapporter. C'est
ce que prétendent de très bons esprits (1).

Toutefois nous croyons qu'il faut chercher plus haut
le principe qui permet de reconnaître la validité de cette
clause, dont les sociétés feront bien cependant de ne pas
abuser, car elle pourrait être funeste à leurs affaires.

Il est permis d'arguer du principe de la liberté des
conventions pour reconnaître la validité de notre clause :
les statuts ont été publiés, ils préviennent que les intérêts seront payables même en l'absence de bénéfices,
tout le monde est prévenu, personne n'est surpris par
une manœuvre dolosive : il n'y a plus de raison pour
réputer mauvaise la distribution qui a été faite. La convention s'est formée entre toutes les personnes qui auraient intérêt à se prévaloir du contraire, elle subsiste
donc au-dessus du principe précédemment exposé et

(1) Delangle, tome I, n° 363 et suiv. — Bédarride, *Sociétés*, n° 224.
— Demangeat sur Bravard, tome I, n° 160 et suiv.

qui lui fait exception dans le cas seulement où les dividendes ont été distribués au moyen de fraude ou de dol.

La distribution des intérêts de la mise est du reste si ancienne qu'on peut la considérer comme consacrée par l'usage ; une circulaire ministérielle du 11 janvier 1819, qui nous dit que l'obligation d'établir un fonds de réserve ne doit préjudicier en rien au paiement des intérêts ordinaires, est du reste une quasi-sanction de notre doctrine.

La jurisprudence est du reste fixée dans ce sens et sanctionne, même à l'égard des tiers, la validité de la clause qui stipule le paiement des intérêts comme charge sociale et indépendamment de toute réalisation de bénéfices. Mais, dans ce cas seulement, les intérêts sont valablement payés, et il ne faudrait pas y assimiler celui où, d'après les conventions sociales, les intérêts sont à prendre sur les bénéfices et ne sont par conséquent autre chose que des dividendes (1).

Toutefois, remarquons que, pour être valable à l'égard des tiers, la clause doit avoir été publiée et être comprise dans l'extrait qui paraît dans les journaux ; ce n'est que par ce moyen qu'on peut arriver à concilier, avec les exigences pratiques dont il est nécessaire de tenir compte pour attirer les capitaux dans les sociétés de commerce et d'industrie, les principes essentiels de la commandite, suivant lesquels elle doit être constituée de manière à

---

(1) Caen, 16 août 1864; Sirey, 65, 2, 33. — Lyon, 8 juin 1864; Sirey, 65, 2, 38. — Cass., 4 janvier 1865 ; Sirey, 1865, 1, 193. — Angers, 11 janvier 1867 sous Cass., du 17 février 1868; Sirey, 1868, 1, 261. — Cass., 14 déc. 1869; Sirey, 70, 1, 165 et Paris, 9 août 1877.

donner à la confiance publique les garanties qui lui man-
queraient, si le capital promis était exposé à décroître
chaque année par des prélèvements opérés par les commanditaires, sans que les tiers fussent avertis de cette
diminution successive possible du fonds social (1).

CHAPITRE IX

DE L'ASSEMBLÉE GÉNÉRALE.

La loi de 1867 organise (art. 27 et suiv.) les assemblées générales des sociétés anonymes et ne s'occupe
nullement de celles des sociétés en commandite par actions : la disposition des textes et le silence de la loi
nous autorisent donc à dire que les statuts ont sur ce
point carte blanche et qu'ils peuvent donner aux assemblées générales tels pouvoirs qu'ils jugent convenables,
organiser la composition et le vote comme ils l'entendent.

Toutefois il est bon de donner ici certaines règles qui
nous paraissent être le droit commun en cette matière et
de distinguer d'abord entre les différentes assemblées
générales.

§ 1. — Différentes espèces d'assemblées générales.

Elles sont de trois sortes :

1° *Assemblées générales initiales.* — C'est la seule dont
la loi ait dit quelques mots et nous avons déjà eu l'oc-

(1) Rennes, 25 août 1863 ; Sirey, 64, 2, 63.

casion de dire que cette assemblée doit vérifier les apports, constituer la société et nommer le conseil de surveillance.

Il peut y avoir jusqu'à quatre réunions de cette assemblée : deux pour la vérification et l'approbation des apports, une autre pour la nomination du conseil de surveillance, et une dernière pour la conversion des actions nominatives en actions au porteur.

A l'inverse, s'il n'y a pas d'apports en nature, une seule suffira pour nommer le conseil de surveillance, qui du reste, nous l'avons dit, peut être nommé par l'assemblée qui vote l'approbation des apports en nature et la constitution de la société.

2° *Assemblées générales ordinaires.* — Dans le silence des statuts, l'assemblée générale des actionnaires se réunit au moins une fois par an pour entendre le rapport du gérant et les observations du conseil de surveillance sur l'inventaire et la répartition des dividendes. C'est l'assemblée générale ordinaire.

Les actionnaires sont ordinairement prévenus du jour et de l'heure de cette réunion par voie d'insertion dans les journaux.

Du reste, les statuts peuvent ordonner des réunions plus fréquentes de cette assemblée.

3° *Assemblée générale extraordinaire.* — En dehors de ces réunions annuelles qui ont à délibérer sur l'inventaire et ses résultats, le gérant peut avoir besoin de l'avis des actionnaires pour prendre des mesures importantes et, en dehors des droits que lui attribuent les statuts, le conseil de surveillance peut de son côté être dans la nécessité de dénoncer aux actionnaires des fautes du gérant qui nécessitent de graves résolutions, ou même de demander la dissolution de la société (art. 11).

C'est pour cela qu'on leur donne le droit de convoquer extraordinairement l'assemblée générale des actionnaires, sans attendre l'époque de l'assemblée ordinaire.

Du reste cette dernière peut bien être à la fois ordinaire et extraordinaire si elle a à prendre des délibérations en dehors des fonctions de l'assemblée ordinaire.

Mais le plus souvent il faudra pour cela qu'elle soit en nombre : car les statuts exigent souvent pour une assemblée extraordinaire la représentation d'une plus grande partie du capital : il est du reste fort juste que des décisions du genre de celles que sont appelées à prendre les assemblées générales extraordinaires ne soient pas prises à la légère, et l'on ne saurait trop recommander cette clause empruntée du reste aux sociétés anonymes.

§ 2. — Composition des assemblées, formation de la majorité, décisions qu'elle peut prendre.

Les statuts ont sur ce point carte blanche; toutefois, quant à l'assemblée initiale, certaines règles sont à observer : ses décisions sont prises à la majorité des actionnaires présents, et cette majorité doit se composer du quart des actionnaires et représenter le quart au moins du capital social en numéraire, les associés qui ont fait l'apport en nature ou stipulé des avantages particuliers n'ayant pas voix délibérative. Chaque porteur d'actions n'a dans cette assemblée qu'une seule voix, et si on peut stipuler qu'il en aura davantage, ce qui après tout est fort équitable, il faut, en présence de l'article 4, 4°, qui dit que la majorité doit comprendre le quart des actionnaires, que la clause soit formelle et sans ambiguité. Telles sont les seules règles posées par la loi, quant à la composition des assemblées générales ; nous nous sommes déjà étendu sur ce point, nous n'y reviendrons pas ; mais les règles ont trait seulement aux assemblées constituantes, et rien ne nous autorise à les étendre aux assemblées ordinaires et extraordinaires.

Il est donc très important que les statuts s'expliquent sur ce point, mais quelles règles suivrait-on dans le cas où ils n'auraient rien dit, ou bien si une lacune se trouvait dans leur rédaction? Quel est, en un mot, le droit commun en cette matière?

En l'absence de toute convention contraire formellement exprimée, le vote a lieu par tête, à la majorité des membres présents :

« Le vote a lieu par tête, dit M. Vavasseur (1), et tout
« souscripteur, n'eût-il qu'une action, a le droit de
« voter. C'est le suffrage universel introduit dans le ré-
« gime des assemblées d'actionnaires ; mais il n'y a pas
« à s'en plaindre : c'était le seul moyen d'empêcher le
« retour des abus qu'on voulait détruire ; car on sait
« parfaitement qu'à l'origine les fondateurs, leurs
« clients et amis, souvent se partagent une grande
« partie des actions, et forment ainsi un noyau qui au-
« rait emporté la majorité s'il était permis d'exclure
« ceux qui n'auraient souscrit qu'une seule action. »

(1) Tome I, n° 420.

L'esprit de la loi est donc bien d'admettre comme droit commun le vote par tête dans une assemblée composée de tous les porteurs même d'une action seulement, et si les statuts veulent un autre mode, prendre pour base le nombre d'actions par exemple, ils doivent s'en expliquer formellement.

Du reste, dans le silence des statuts, nous pensons qu'il sera bon d'appliquer par analogie les dispositions de notre loi sur les sociétés anonymes quoiqu'elles ne soient nullement obligatoires pour la commandite.

Nous les passerons donc brièvement en revue :

Dans toutes les assemblées le vote a lieu à la majorité des voix : il est tenu une feuille de présence contenant les noms et adresses des actionnaires, et le nombre de leurs actions : cette feuille visée et certifiée par le bureau est communiquée à tout requérant.

Les assemblées constituantes doivent se composer d'un nombre d'actionnaires représentant au moins la moitié du capital social, mais tout actionnaire peut prendre part à ces assemblées avec le nombre de voix déterminé par les statuts, sans que ce nombre de voix puisse être supérieur à dix.

Les assemblées générales ordinaires peuvent prendre des délibérations valables, lorsque le nombre des actionnaires présents représente le quart au moins du capital social : dans le silence des statuts, le vote a lieu par tête, mais ce droit individuel comporte deux restrictions : on peut refuser le droit d'entrer à l'assemblée et d'y voter à tout actionnaire ne possédant pas un certain nombre d'actions à titre de propriété ou à titre de mandataire, ou bien donner une voix par tant d'actions à chacun des porteurs. Le nombre de voix ne serait du reste pas limité à dix, dans le silence des statuts, comme dans les assemblées constituantes. Les actionnaires qui n'ont pas assez d'actions pour voter ont toujours cependant le droit de prendre communication du rapport dans la quinzaine qui précède le jour de l'assemblée. Remarquons même qu'ils ont ici le droit de se faire délivrer des copies (art. 35).

Les assemblées extraordinaires ne sont valablement constituées que si elles sont composées d'un nombre d'actionnaires représentant la moitié au moins du capital social, mais du capital social entier, c'est-à-dire non compris les apports en nature, et à l'exclusion de ceux qui ont stipulé des avantages particuliers.

Il est loisible aux statuts de modifier le mode de votation comme pour les assemblées ordinaires.

Telles sont les règles posées par la loi pour les sociétés anonymes; ajoutons-y quelques observations :

Le vote a lieu, avons-nous dit, à la majorité des voix. Cette majorité doit-elle être absolue ou simplement relative? Nous pensons qu'il faut distinguer suivant la décision qu'on doit prendre. S'agit-il de nommer un membre du conseil de surveillance, a-t-on plusieurs candidats en personne? la majorité relative suffit (1).

S'agit-il au contraire d'une autre décision pour laquelle l'abstention de plusieurs membres empêche d'obtenir la majorité absolue, on ne peut se contenter d'une

(1) Tribunal de commerce de la Seine du 29 juin 1870.

majorité relative, et les abstenants doivent être considérés comme désapprouvant la proposition.

Les gérants, ou toutes autres personnes intéressées
dans la délibération, ne peuvent évidemment pas prendre
part au vote. La défense faite en l'article 4 est une règle de droit commun qui s'impose dans tous les cas où
l'intérêt particulier de quelques associés est en contradiction avec l'intérêt de tous.

§ 3. — Pouvoirs des assemblées générales.

Il nous reste à parler des pouvoirs de l'assemblée
générale : nous avons examiné ailleurs cette question en
ce qui touche les assemblées initiales, nous n'y reviendrons pas.

La fonction de l'assemblée ordinaire ou annuelle est
de vérifier les comptes en entendant les rapports du gérant et du conseil de surveillance, d'approuver l'inventaire et les répartitions de dividendes ou de les infirmer.
Nous avons vu que sur ces deux points elle avait tout
pouvoir. Mais là ne se bornent pas ses fonctions : l'assemblée ordinaire est souveraine pour l'administration
des biens de la société et la gestion des affaires, si le gérant juge à propos de lui demander conseil ou si les statuts stipulent qu'elle devra être consultée, elle délibère
valablement sur tout ce qui n'est qu'une application ou
une interprétation des statuts, mais elle ne doit pas s'en
écarter à peine d'y être ramenée par la minorité ou même
par un seul des actionnaires : l'assemblée ordinaire
apure les comptes de chaque année, et est souveraine dans

la limite des statuts, voilà en deux mots comment on peut résumer ses pouvoirs.

Reste l'assemblée extraordinaire, elle peut avoir à délibérer sur une chose qui rentre dans les pouvoirs de l'assemblée ordinaire, elle a donc d'abord les mêmes pouvoirs que l'assemblée ordinaire.

Mais elle en a de plus étendus : elle peut être convoquée extraordinairement vu l'urgence, et avoir à se prononcer sur la dissolution de la société.

C'est du reste le seul droit que, dans le silence des statuts, l'assemblée générale extraordinaire a de plus que l'assemblée ordinaire. En principe, en effet, pour modifier le contrat, il faut le consentement des contractants, il faudrait ici l'unanimité des actionnaires.

Cependant les statuts peuvent sur ce point apporter des dérogations sans nombre, c'est eux qui feront la loi. Il faut, pour que l'assemblée touche aux clauses essentielles du contrat, qu'une permission spéciale lui soit conférée par les statuts.

On a prétendu cependant soutenir que toute société anonyme a le droit de modifier ses statuts, et on se fondait pour cela sur l'article 31 de notre loi, qu'on prétendait avoir innové sur ce point. Mais cet article suppose le cas prévu par les statuts, et ne serait, en tous cas, pas applicable aux sociétés en commandite par actions.

Ainsi l'assemblée générale extraordinaire n'a pas droit de modifier les statuts, en l'absence d'une clause spéciale y insérée. Mais quand cette clause existe, comment doit-elle être interprétée ?

D'après les principes que nous avons posés, il est

clair que la clause doit être interprétée d'une façon restrictive. Le contrat ne peut être modifié dans ses clauses
essentielles qu'avec l'assentiment, non de la majorité, mais
de l'unanimité des contractants : « Tous les associés
doivent se rencontrer dans une volonté unanime. La
majorité est sans puissance ici pour contraindre la minorité. Ce serait une société toute différente que celle
qui n'aurait pas, pour se modifier, le suffrage de tous les
associés (1). »

Il faut donc, pour que la majorité ait le droit de modification, que la permission lui en ait été donnée, par
une clause expresse et spéciale à chaque cas, par les
statuts. Une autorisation générale ne suffirait pas et
n'autoriserait que les modifications sur les parties non
essentielles du contrat. Le pouvoir de modifier peut en
effet s'exercer sur toute partie des statuts qui ne touche
pas essentiellement au contrat ; les parties essentielles de
l'acte social doivent être respectées.

C'est du reste dans ce sens qu'est fixée la jurisprudence, nous citons, entre autres, un arrêt de la cour de
Paris du 19 avril 1875 qui résume ainsi la question :

« Considérant que le pouvoir de modifier les statuts,
étant une exception aux dispositions du contrat de société dans lequel se sont engagées les parties, doit toujours être entendu d'une façon restrictive ; qu'en dehors des objets spéciaux sur lesquels le contrat aurait expressément permis aux assemblées générales de modifier
les statuts, le pouvoir de modification ne peut s'appliquer qu'à des changements qui se feraient dans les li-

____

(1) Troplong, art. 1836 du Code civil.

mites des règles d'administration ou d'organisation, sans altérer les bases constitutives de la société, de manière à blesser l'essence du pacte social ;

« Que dans cette mesure seulement les associés sont censés s'être donné les uns aux autres le mandat de statuer souverainement en assemblée générale, sur les modifications statutaires qu'il serait de l'intérêt de la société d'adopter. »

Donc l'assemblée générale ne peut prendre que des mesures d'administration, des délibérations tendant à assurer l'exécution du contrat et non à le modifier. Elle pourra, par exemple, proroger la durée de la société, cela est autorisé par l'article 1866 du Code civil, mais en conservant toutefois les statuts anciens (1). Elle pourra dans les limites de l'administration autoriser un emprunt, en un mot administrer et non modifier.

CHAPITRE X

FORMES ET PUBLICATION DES SOCIÉTÉS EN COMMANDITE PAR ACTIONS.

§ 1. — Forme de la société.

En droit commercial, les contrats sont en principe dispensés de l'écriture, la rapidité des transactions le veut

---

(1) Angers, 5 juillet 1876.

ainsi ; l'équité et la bonne foi étant la loi du commerce, on peut se passer de preuve par écrit.

Toutefois, en notre matière, on ne pouvait s'en rapporter à la mémoire des parties, à cause des rapports, compliqués à régler, que supposent les sociétés, et aussi à cause de la nécessité de la publication. D'où la règle contenue dans l'article 39 du Code de commerce :

« Les sociétés en nom collectif ou en commandite doivent être constatées par des actes publics, ou sous signatures privées, en se conformant dans ce dernier cas à l'article 1325 du Code civil. »

La loi de 1867, désireuse d'éviter toute ambiguité dans ce dernier cas, n'exige que deux doubles, car il n'y a en réalité que deux parties intéressées : les gérants d'une part, et les actionnaires de l'autre. Et il faut admettre par conséquent que, quel que soit le nombre des gérants ou des actionnaires, deux doubles suffiront.

En réalité nous verrons qu'il y en a quatre, car deux autres doubles seront nécessaires pour la publication.

De ces deux doubles l'un est annexé, comme nous l'avons dit plus haut, à la déclaration du gérant chez le notaire, l'autre reste au siège social à la disposition de tous.

A l'égard des associés, rien ne peut suppléer à l'écrit, puisqu'ils doivent publier à peine de nullité : mais, pour le passé, lorsqu'il s'agit de liquider des faits accomplis, nous pensons que l'écrit n'est pas nécessaire pour la preuve, car, s'il n'existe pas, c'est une société de fait qu'il faut liquider.

Pour les tiers, ils n'ont pu se procurer de preuve écrite ;

ils seront donc autorisés à prouver par tous les moyens. La rédaction par écrit des actes de société n'est en effet imposée à peine de nullité, comme la publication, qu'à l'égard des associés, et le défaut d'accomplissement des formalités ne peut être opposable aux tiers dans les conflits qui s'élèvent entre eux. et les associés. En vertu de quel principe les tiers pâtiraient-ils de ce que, par négligence ou à dessein, les associés n'auraient pas dressé d'acte, ou s'ils en avaient dressé un, de ce qu'ils ne voudraient pas le produire ? Il faut donc, dans ce cas, admettre les tiers à prouver l'existence de la société soit à l'aide d'une preuve testimoniale, soit par des présomptions résultant d'un ensemble de faits publics, soit enfin par tout autre mode de preuve autorisé par la loi commerciale (1).

Dans le même ordre d'idées, et bien que la société ne puisse être prouvée entre associés que par un acte écrit, il faut dire que l'héritier d'un associé qui prétend qu'une société a existé entre son auteur et ses cohéritiers, et soutient que la société est débitrice de la succession à raison d'opérations commerciales, est admis à prouver l'existence de la société par tous les moyens. La dénégation faite par les cohéritiers de l'existence de la société n'est en effet qu'une tentative de détournement à leur profit d'une partie de l'avoir du défunt qui est le patri-

(1) Merlin, *Quest.*, v° *Société*, § 1 et *Répert.* p. 700. — Pardessus, n° 1007. — Malapeyre et Jourdain, p. 16. — Troplong, n°s 229 et 230. Cass., 22. messidor an IX; Sirey, 2e vol., 1, 2. — Id., 23 nov. 1812; Sirey, 16, 1, 171. Toulouse, 5 mai 1821; S. 22, 2, 57. — Bordeaux, 14 décembre 1840; Sirey, 42, 2, 13. — Nancy, 25 avril 1853; Sirey, 1855, 2, 535.

moine commun de tous ses héritiers, une atteinte grave portée au principe d'égalité qui est la loi suprême en matière de succession. Comment nier qu'un fait de nature à engendrer de pareilles conséquences puisse être établi par toute espèce de preuves (1).

Ainsi donc l'écrit n'est pas exigé des tiers pour faire la preuve d'un contrat de société, et entre associés le défaut d'écrit est une nullité de la société pour l'avenir, mais rien n'empêche de prouver par toute espèce de preuves la société de fait, qui a existé dans le passé. Sans écrit la société est nulle en tant que commandite par actions, mais il ne s'en est pas moins établi une société de fait qui veut et doit être liquidée comme telle : la preuve de cet état de choses sera faite par les associés comme ils le pourront : tous les modes de preuve seront admis.

L'article 41 du Code de commerce ajoute : « Aucune « preuve par témoins ne peut être admise contre et ou- « tre le contenu dans les actes de société, ni sur ce qui « serait allégué avoir été dit avant l'acte, lors de l'acte ou « depuis, encore qu'il s'agisse d'une somme au-dessous « de 150 francs. »

Cette disposition ne s'applique évidemment que sauf les mêmes restrictions que nous avons apportées à l'article 39. Du reste, elle ne s'oppose en rien à ce que l'on se serve d'une preuve éminemment commerciale, la preuve par les livres de commerce.

(1) Colmar, 23 juin 1857; Sirey, 1855, 2, 198.

§ 2. — **Publication de la société.**

Outre la rédaction d'un écrit, la loi exige la publication de cet écrit, de la société. Cette formalité a pour but de prévenir les tiers, de donner naissance à la nouvelle personne morale. On évite ainsi l'obligation de fournir, à chaque opération faite ou à faire, la preuve de l'existence de la société.

Le Code de commerce, qui déjà exigeait la publication, se contentait du dépôt d'un extrait au greffe du tribunal de commerce, avec publication dans les journaux désignés au mois de janvier de chaque année par les tribunaux de commerce, et l'affichage pendant trois mois dans la salle des audiences de ces tribunaux.

L'article 65 de la loi de 1867 abroge ces dispositions, et notre loi organise un nouveau système de publicité qu'il nous faut étudier.

Dès l'origine même des sociétés en France, la nécessité d'une publicité s'était fait sentir : l'édit de Blois de 1579 exigeait l'enregistrement et le dépôt des sociétés qui existaient alors et se formeraient par la suite. Ces précautions n'étaient prises à cette époque que contre les étrangers, qui étaient alors les seuls maîtres du commerce, et en faveur des nationaux lésés par la clandestinité des sociétés formées à l'étranger. Peu à peu le commerce se répandit chez nous, et on usa du moyen de fraude qu'avait réprimé l'édit de Blois chez les étrangers. Aussi l'ordonnance de 1623 étendit-elle aux Français l'édit de Blois.

Cette ordonnance qu'on cessa vite d'appliquer fut remplacée par celle de 1673, qui prescrivit aussi l'enregistrement et le dépôt des sociétés en nom collectif, mais en dispensa les sociétés en commandite qui restaient occultes. C'était une concession faite aux préjugés nobiliaires sur le commerce.

Le Code de 1807 organisait, pour toutes les sociétés commerciales, la publicité que nous indiquons plus haut.

Enfin notre loi ne pouvait renier tous ces précédents d'une chose si utile ; elle complète encore cette publicité qu'elle unifie pour toutes les sociétés commerciales.

Ce mode de publicité est double : c'est d'abord une publicité originaire se composant de formalités accomplies une fois pour toutes, et ensuite une publicité permanente se composant de formalités à remplir dans le cours des sociétés : cette dernière publicité n'est exigée que pour les sociétés par actions.

1° Publicité originaire.

Cette publicité comprend trois actes distincts : 1° Dépôt d'un double au greffe du tribunal de commerce de l'arrondissement dans lequel la société a son siège social ; 2° Dépôt d'un autre double au greffe de la justice de paix du même lieu ; et 3° Insertion d'un extrait dans un journal.

Nous ne saurions mieux faire du reste que de citer le texte même de la loi :

« Article 55. — Dans le mois de la constitution de toute

société commerciale, un double de l'acte constitutif, s'il est sous seing privé, ou une expédition, s'il est notarié, est déposé aux greffes de la justice de paix et du tribunal de commerce du lieu dans lequel est établie la société.

« A l'acte constitutif des sociétés en commandite par actions et des sociétés anonymes sont annexées : 1° Une expédition de l'acte notarié constatant la souscription du capital social et le versement du quart ; 2° Une copie certifiée des délibérations prises par l'assemblée générale dans les cas prévus par les articles 4 et 24. »

Une difficulté s'élève sur ce mot : annexer. L'annexe ne peut être faite à la minute des statuts : on n'annexe en effet que des actes antérieurs. Il en sera de même si l'acte est sous seing privé, on ne peut pas davantage annexer à l'acte déposé des actes postérieurs.

En pratique le cas d'une société par actions dont les statuts sont dressés par acte authentique est rare, et la responsabilité notariale est mieux sauvegardée par des statuts dressés par acte sous seing privé.

Cet acte est d'abord déposé et l'on dresse un acte de dépôt : un nouvel acte de dépôt est fait pour la délibération de l'assemblée générale et la déclaration du gérant. Une expédition du tout est faite, et on la dépose aux greffes pour la publication. Le plus souvent même tout se passe en même temps, et l'on dépose en même temps le double et ses annexes.

Toutefois il faut convenir que le mot dont se sert la loi est impropre, et que dans notre article annexer veut dire joindre.

L'article 55 ajoute : « En outre, lorsque la société est anonyme, on doit annexer à l'acte constitutif la liste nominative, dûment certifiée, des souscripteurs, contenant les noms, prénoms, qualités, demeure et nombre d'actions de chacun d'eux. »

Cette disposition est spéciale aux sociétés anonymes : la loi n'exige donc pas que le nom des souscripteurs de la commandite par actions soit publié. Elle a pensé que la responsabilité du gérant et des membres du conseil de surveillance couvrait assez les tiers qui n'avaient pas besoin de connaître le nom de ceux qui fournissent le capital. Un chiffre leur suffit. En droit donc le nom des souscripteurs, la liste de ceux qui ont couvert le capital social échappent à la publication. En fait il n'y échappe pas : on publie en effet la déclaration du gérant constatant le versement du quart : or cette déclaration contient forcément le nom de ceux qui ont versé, or ceux-ci ne sont autres que les souscripteurs : il est vrai qu'il peut arriver qu'on fasse verser par un autre, et cette liste de versement ne sera pas toujours exactement semblable à celle des vrais souscripteurs. Mais, je le répète, elle sera le plus souvent la reproduction de celle-ci. — Le dépôt se fait au greffe du tribunal civil dans les arrondissements qui n'ont pas de tribunal de commerce. Cela va de soi : la loi ne peut exiger l'impossible.

Du reste dans les arrondissements qui n'ont pas de tribunaux de commerce, le tribunal civil juge commercialement, il est donc tribunal de commerce, en même temps que tribunal civil.

L'article 56 parle de notre troisième formalité : Dans

le même délai d'un mois, un extrait de l'acte constitutif, et des pièces annexées, est publié dans l'un des journaux désignés pour recevoir les annonces légales.

Il sera justifié de l'insertion par un exemplaire du journal certifié par l'imprimeur, légalisé par le maire, et enregistré dans les trois mois de sa date.

La loi n'exige plus ici la publication d'un double *in extenso* et des pièces annexées, un extrait suffit. Que doit-il contenir? Elle répond elle-même à cette question :

« Article 57. — L'extrait doit contenir les noms des associés autres que les actionnaires ou commanditaires; la raison de commerce ou la dénomination adoptée par la société, et l'indication du siège social; la désignation des associés autorisés à gérer, administrer et signer pour la société; le montant du capital social et le montant des valeurs fournies ou à fournir par les actionnaires ou commanditaires ; l'époque où la société commence, celle où elle doit finir et la date du dépôt fait aux greffes de la justice de paix et du tribunal de commerce. »

Remarquons que la loi exige de faire connaître aux tiers le montant du capital social tant en numéraire qu'en apports en nature. Cette expression est peu claire, d'autant moins que l'article suivant n'exige pour la société anonyme qu'un chiffre brut.

Il faut en conclure qu'en matière de commandite par actions il faut indiquer le montant en bloc du capital social et aussi le montant de la commandite. Les tiers ont en effet grand intérêt à connaître l'avoir du gérant.

« Article 58. — L'extrait doit énoncer que la société est

en nom collectif, ou en commandite simple, ou en commandite par actions ou anonyme, ou à capital variable.

« Article 60. — L'extrait des actes ou pièces déposés est signé, pour les actes publics, par le notaire, et pour les actes sous seing privé, par les associés en nom collectif, par les gérants des sociétés en commandite, ou par les administrateurs des sociétés anonymes. »

Cet extrait est publié dans l'un des journaux désignés pour les publications légales, dit l'article 56. Cela tranche une difficulté qui existait avant notre loi : on se demandait en effet si l'article 42 du Code de commerce exigeait l'insertion dans un seul, ou dans tous, et la pratique publiait dans tous.

Notre loi lève toute ambiguité, mais quels sont ces journaux?

Un décret du 27 février 1852, dans son article 23, disait que les annonces judiciaires, exigées par les lois pour la validité des procédures et contrats, seraient insérées, à peine de nullité, dans le journal ou les journaux de l'arrondissement qui seront désignés chaque année par le préfet. Celui-ci réglait en même temps le tarif de l'impression de ces annonces.

Cet article, bien que suivi encore aujourd'hui, au moins à Paris, est abrogé par un décret du 28 décembre 1870 ainsi conçu : « Provisoirement et jusqu'à ce qu'il en ait été autrement décidé, les annonces judiciaires et légales pourront être insérées au choix des parties dans un des journaux publiés en langue française dans le département. »

Les parties sont donc aujourd'hui libres de choisir

elles-mêmes le journal qui doit contenir l'insertion.

La loi indique les énonciations de l'extrait lorsque les statuts restent dans le droit commun. Il est évident que cet extrait devrait contenir en outre toutes les clauses dérogatoires qui peuvent être insérées aux statuts. S'il ne les contenait pas, ces clauses ne seraient pas opposables aux tiers. La loi en effet, en prescrivant la publication des sociétés, a eu pour objet d'éclaircir les tiers, et c'est pour que cette prescription ne soit pas illusoire, que l'extrait doit contenir la substance des statuts.

Si une omission a été faite, l'insertion est non avenue, et l'effet de cette nullité serait d'enlever aux commanditaires les prérogatives qui s'attachent à cette qualité à l'égard des tiers.

On a objecté qu'il est bien rigoureux de déclarer ainsi le commanditaire associé responsable, pour cause d'omission dans un extrait qu'il ne signe même pas. Cela est très possible, mais il faut bien aussi protéger les tiers : toutes les énonciations prescrites le sont avec la même force, l'extrait fait partie de la publicité, il en est même la partie la plus consultée, il équivaut pour les tiers à la convention, il faut donc qu'il contienne d'abord tout ce qu'exige la loi à peine de nullité, ensuite les dérogations au droit commun (1) à peine d'être pour les tiers lettre morte. C'est ainsi que l'extrait devrait contenir la clause en vertu de laquelle la société ne serait tenue que des engagements souscrits par tous les gé-

(1) Delangle, II, p. 215. — Angers, 18 janvier 1865, Sirey, 65, 2, 211. — Cassat., 16 août 1875 ; Dalloz, 76, 1, 422.

rants ensemble (1), celle qui mettrait à la charge d'un tiers des travaux à faire pour la société (2), celle qui ne rendrait exigible une partie du montant des actions qu'après la réalisation d'un certain bénéfice (3), celle qui obligerait les gérants à faire les affaires au comptant (4).

S'il y a des différences entre l'extrait publié et l'acte de société, l'extrait fait loi vis-à-vis des tiers (5).

L'article 59 ajoute : « Si la société a plusieurs maisons de commerce, situées dans divers arrondissements, le dépôt prescrit par l'article 55 et la publication prescrite par l'article 56 ont lieu dans chacun des arrondissements où existent les maisons de commerce.

Dans les villes divisées en plusieurs arrondissements, le dépôt sera fait seulement au greffe de la justice de paix du principal établissement. »

Mais que faut-il entendre par maisons de commerce ? Dans une société d'entreprise de travaux, doit-on considérer comme maison de commerce tous les lieux où s'exécutent les travaux, où la société a des ouvriers, des agents, où elle perçoit les produits de son travail ? Dans une société industrielle, les lieux où sont placées les usines ?

Il est évident qu'on ne peut aller jusque là, et ce serait pousser les choses à l'extrême que d'exiger des publications partout où la société a des rapports avec les tiers,

---

(1) Douai, 21 nov. 1840 ; — Cass., 22 décembre 1874, Sirey, 75, 1, 104.

(2) Paris, 4 avril 1837.

(3) Cass., 12 août 1863 ; Sirey, 63, 1, 459.

(4) Vavasseur, II, p. 619.

(5) Tribunal de commerce de la Seine du 18 mai 1870. *Ann.*, *Lehir*.

et se livre aux travaux qui doivent la conduire à son but.
Le but de la loi est d'avertir de l'existence des sociétés
les tiers qui sont présumés devoir entrer en rapport
d'affaires avec elles et qui sont présumés se trouver
réunis principalement au lieu de l'exploitation du commerce qui fait l'objet de la société : c'est donc le fait
matériel et invariable du commerce qui doit désigner le
lieu de la publication, c'est le lieu où on achète et où
l'on vend, où s'adressent les tiers pour entrer en re-
lation avec la société, pour lui faire exécuter les travaux qui la concernent, et non l'endroit même où s'exécutent ces travaux, qui désigne l'endroit où se fait la
publicité. Il faut donc entendre par maisons de commerce des établissements permanents, des magasins,
des bureaux, des succursales organisées (1).

Les dépôts aux greffes du tribunal de commerce et de
la justice de paix, ainsi du reste que l'insertion dans le
journal, doivent être faits dans le délai d'un mois à partir
du jour de la constitution de la société.

Ce mois commence à courir du jour où la société est
définitivement constituée, c'est-à-dire pour la société en
commandite par actions, s'il n'y a aucun rapport à vérifier, du jour de la souscription du capital social et du
versement du quart dûment constaté, et s'il y a des apports ou avantages à vérifier ou approuver, du jour de
cette approbation.

(1) Delangle, tome II, p. 158. — Bédarride, n° 257 *ter*. — Rivière,
n° 377. — Rousseau, n° 187. — Paris, 24 décembre 1842, *Gazette des
trib.*, 27 déc. 1842. — Cass., 4 mars 1845, Sirey, 45, 1, 273. — Rouen,
19 juin 1846, Sirey, 46, 2, 629. — Cass., 4 mai 1857, Sirey, 57,
1, 461.

L'article 42 du Code de commerce faisait courir le délai du jour de l'acte de société, mais cela ne pouvait pas s'appliquer aux sociétés dont la constitution est subordonnée à l'accomplissement de certaines formalités.

Un autre délai est prescrit en cette matière : le numéro du journal qui contient l'insertion doit être enregistré dans les trois mois de sa date : il a été jugé, sous l'empire de l'article 52 du Code de commerce, qui contenait une disposition identique, que la société doit être déclarée nulle, si cette formalité n'a pas été remplie dans le délai. Cette proposition serait encore vraie aujourd'hui (1).

Mais ces délais sont-ils fatals, et ne doivent-ils pas être augmentés à raison des distances d'un jour par cinq myriamètres, par analogie de ce que prescrit le Code de procédure en matière d'ajournement? Une société a deux maisons de commerce, l'une à Paris, l'autre à l'île Bourbon, n'aura-t-on qu'un mois du jour de la constitution pour publier, tant à Paris qu'à l'île Bourbon?

Il est incontestable que les mêmes raisons, qui ont fait admettre une augmentation de délai pour comparaître en matière d'assignation, militaient ici pour faire accorder une augmentation analogue, mais la loi n'a rien dit et, dans son silence, rien ne nous autorise à la compléter. C'est dans le mois de la constitution que les formalités doivent être remplies aux termes de l'article 55, et l'article 59, qui prévoit le cas où il y a des maisons de com-

---

(1) Cass., 30 janvier 1839; Sirey, 39, 1, 393; — Bordeaux, 5 février 1841; Sirey, 41, 2, 219; — Agen, 10 mars 1858; Sirey, 58, 2, 335; — Bédarride, n° 359; — Alauzet, n° 376; — Rousseau, n° 191.

14

merce en dehors de la maison-mère, n'accorde aucun
délai nouveau, tout en supposant pourtant une certaine
distance entre le principal établissement et ses succursales. Le délai d'un mois est du reste suffisant et on ne
peut, en se fondant sur une analogie, suppléer à la loi en
remplaçant une disposition précise par une décision ar-
bitraire (1).

Le dernier alinéa de l'article 56 contient la sanction
du non-accomplissement des formalités que nous venons
d'étudier. Il est ainsi conçu : « Les formalités, prescrites
par l'article précédent et par le présent article, seront
observées, à peine de nullité, à l'égard des intéressés,
mais le défaut d'aucune d'elles ne pourra être opposé
aux tiers par les associés. »

Nous réservons un chapitre pour la théorie générale
des nullités en matière de société, disons cependant un
mot de celle qu'édicte notre article en cas de non-accomplissement des formalités dans le mois de la constitution.

Ce délai, nous l'avons vu, ne peut être augmenté à
raison des distances : le mois se calcule de quantième à
quantième, sans tenir compte de l'inégalité des jours qui
composent chaque mois de l'année. Cela résulte de
l'expression même de la loi : *dans le mois ;* si elle l'avait
entendu autrement, elle eût dit dans les trente ou trente
et un jours.

Le *dies a quo* ne compte pas dans la computation du dé-
lait : l'assemblée générale, en effet, peut ne terminer sa
délibération, et déclarer la société constituée, qu'à une

(1) Rivière, n° 358 ; — Rousseau, n° 196.

heure fort avancée et le mois ne serait pas alors complet. « Cependant, dit M. Vavasseur (n° 1022), si le procès-verbal de constitution énonçait l'heure de sa clôture, on pourrait soutenir que le mois est expiré à l'heure correspondante du dernier jour du mois, et il y aurait imprudence à courir, pour quelques heures, le péril d'une action en nullité. »

Le défaut de publication de la société dans le mois n'entraîne pas *ipso facto* la nullité de la société, et cette irrégularité peut se couvrir par une publication même tardive, si celle-ci est faite avant toute demande en nullité. Cela rend la société valable au moins pour l'avenir. Cette distinction, fondée sur une interprétation très sage de la loi, est du reste universellement admise par la doctrine et la jurisprudence (1).

On objecterait en vain que la nullité dont s'agit est absolue et d'ordre public, et que les intéressés peuvent l'invoquer entre eux (article 56 *in fine*). Cela est incontestable, et reconnu par nous avec tout le monde. Nous en déduisons même comme conséquence que cette nullité n'est pas susceptible d'être couverte par une exécution volontaire, ni une ratification, et qu'il n'est pas permis d'y renoncer. Aussi, une fois l'instance engagée, la nullité est acquise, et une publication postérieure ne vaudrait plus rien. Mais il n'en est pas moins vrai de dire que, avant toute demande en nullité, la publication peut être faite. Ce n'est en effet ni une ratification,

____

(1) Pardessus, n° 1008 ; — Bédarride, n° 358 ; — Rivière, n° 367 ; — Paris, 27 janvier 1855 ; — Dalloz, 55, 2, 195 ; — Cass., 16 mai 1859 ; Sirey, 60, 1, 889.

ni une exécution volontaire : la publication est le complément de l'acte de société, et elle lui donne sa valeur légale, même faite après le délai.

La seule différence c'est que si la publication est faite dans le mois, son effet rétroagit au jour de l'acte de société ; si elle n'est faite que postérieurement, elle n'a d'effet que pour l'avenir.

Donc, à l'égard des associés, si la nullité est par eux demandée avant la publication, ils ont un droit acquis, et la nullité doit être prononcée ; si elle est demandée après les formalités remplies, leur demande n'a pas de base et doit être rejetée.

A l'égard des tiers, s'ils ont traité avec la société après l'accomplissement des formalités, ils ne peuvent opposer la nullité : ils ne peuvent en effet se plaindre.

S'ils ont traité avant, ils ont droit de se prévaloir de cette nullité.

Publicité des modifications à l'acte. — Outre la publication de l'acte lui-même, la loi exige autre chose. En édictant les formalités que nous venons d'examiner, pour sauvegarder l'intérêt des tiers, tout danger n'était pas écarté. La société pouvait, au cours de son existence, se modifier considérablement ; l'article 61 y pourvoit en ces termes :

« Sont soumis aux formalités et aux pénalités prescrites par les articles 55 et 56 : tous actes et délibérations ayant pour objet la modification des statuts, la continuation de la société au delà du terme fixé pour sa durée, la dissolution avant ce terme et le mode de liquidation, tout changement ou retraite d'associés et tous changements à la raison sociale.

Sont également soumises aux dispositions des articles 55 et 56 les délibérations prises dans les cas prévus
par les articles 19, etc. »

Les deux premiers cas vont de soi : les tiers ont le
plus grand intérêt à connaître les statuts des sociétés,
c'est pour cela que la loi exige qu'on les leur fasse connaître ; si on les modifie, il est évident qu'on doit le leur
faire savoir ; de même ils doivent connaître la durée de
l'existence de l'être moral qui naît ; si sa durée change il
leur importe d'être avertis, car la société prend fin de
plein droit à l'expiration du terme fixé, et si la prolonga-
tion n'est pas publiée, les tiers pourront à leur gré considérer la société comme existante ou non.

*Dissolution avant le terme fixé pour la durée de la société
et mode de liquidation.* — Les publications, exigées par
les articles que nous savons, avertissent les tiers de la
durée de la société ; ils savent qu'après telle époque
l'être moral est mort. Si donc, avant ce terme, la société
finit, on doit avertir les tiers afin qu'ils ne soient pas exposés à des fraudes. D'anciens associés pourraient bien
par exemple abuser de la signature sociale pour sur-
prendre leur bonne foi.

Une grave question posée déjà sous l'empire de l'article 46 du Code de commerce s'élève ici : la nécessité
de la publication est-elle restreinte aux cas où la dissolution est la conséquence d'un acte volontaire ou
doit-elle s'étendre à ceux même où elle est le résultat
d'un fait involontaire comme le décès, la faillite, l'interdiction, ou même un jugement.

A ne consulter que le texte de la loi qui ne parle que

des actes et délibérations portant dissolution de la société, il semble qu'il faille dire que la règle est celle-ci :
Si la cause de la dissolution a été d'avance énoncée
dans l'extrait qui a été publié, ou si elle résulte du droit
commun qui est aussi connu de tous, nul besoin de
publication nouvelle spéciale, car les tiers sont présumés connaître cette cause de dissolution, du reste assez
notoire lorsqu'il s'agit de décès, interdiction ou faillite,
pour être affranchie de toute formalité : on n'a pas à
rechercher si les tiers ont connu ou non l'événement
qui amène la dissolution.

Mais si la cause qui met fin à la société n'a pas été
d'avance publiée, et si elle résulte de conventions in-
tervenues entre les parties, elle doit, lorsqu'elle produit
son effet, être rendue publique, sous peine de voir les
tiers réputer la société encore existante.

Comment en effet, dans ce cas, ne pas admettre les
tiers à exciper de leur bonne foi, et à la prouver par
tous les moyens : ils sont dans la même position que
s'ils traitaient avec des mandataires dont ils ignoraient
l'expiration du mandat (art. 2005 du Code civil).
Cela résulte, dit-on, du texte de la loi qui n'a parlé que
des actes et des délibérations portant dissolution et
même de son esprit. Car les conventions sont des actes
qui, par nature, sont secrets, et destinés à le demeurer :
les porter à la connaissance des tiers était donc d'une
absolue nécessité. Les faits au contraire qui, comme la
faillite, l'interdiction, le décès, amènent la dissolution
de l'association, sont des faits notoires, entourés d'une
grande publicité ; le législateur a pu les juger suffisam-

ment connus, et dès lors il n'a demandé aucune publicité spéciale. Sans doute il arrivera que des personnes ignoreront ces faits, mais est-ce qu'elles ne les auraient pas également ignorés, alors même qu'ils auraient été publiés dans les journaux ; car si ces personnes ne les ont pas connus, c'est qu'elles sont très éloignées de la localité (1).

Toutefois ces considérations ne nous semblent pas suffisantes pour dispenser de la publication les causes de dissolution de la société dont il s'agit. On nous parle de l'esprit de la loi, et on établit une antithèse entre les conventions, choses éminemment secrètes, et les faits que nous avons cités, qui sont entourés d'une publicité déjà grande. Où voit-on que la loi ait pensé à cela? Peut-on supposer que le législateur ait entendu établir la présomption de notoriété pour des événements que rien en somme ne doit nécessairement révéler aux tiers. Sans doute les listes des décès et des faillites paraissent dans les journaux ; le tableau des interdictions est affiché ; mention en est publiée dans les journaux, mais outre que des omissions peuvent avoir lieu, il peut se faire que le nom de l'associé mort, failli ou interdit ne frappe pas l'attention des tiers : son nom peut ne pas figurer dans la raison sociale, et la notoriété dont on nous parle sera bien restreinte. Aussitôt n'hésitons-nous pas à conseiller la publication de tout événement qui amène

---

(1) Cass., 10 juillet 1844, S. 44, 1, 703 ; — Aix, 9 mai 1845, S. 48, 1, 9 ; — Pardessus, n° 1088, 2° ; — Delangle, n° 580 ; — Bedarride, n° 403 ; — Bravard-Veyrières, p. 91 ; — Dalloz, n° 981 ; — Rivière, n° 387 ; — Vavasseur, n° 1038.

la dissolution de la société avant le terme fixé (1).

La loi veut aussi qu'on fasse connaître aux tiers le mode de liquidation : la liquidation est en effet le complément de l'acte de société, elle en a la nature : liquider c'est établir et solder le passif, et dégager l'actif net. Les tiers ont le plus grand intérêt à connaître le mode adopté par les parties pour cette réunion des éléments épars du passif, le nom et la demeure de ceux à qui sont confiés les pouvoirs nécessaires pour conduire à bonne fin cette opération, et l'on comprend l'exigence de la loi.

Tout changement ou retraite d'associés. — Cette exigence, que la loi présente d'une manière générale, n'est vraie, quant à la société en commandite par actions, que si le changement a lieu dans le nombre des associés en nom, des gérants : les commanditaires sont en effet inconnus du public, qui n'a intérêt à connaître que le nom des associés indéfiniment responsables.

Si on ne s'est pas sur ce point conformé aux exigences de la loi, les créanciers sociaux pourront, selon leur intérêt, considérer ces anciens membres comme faisant encore partie de la société. Mais ceux-ci ne pourraient réciproquement arguer du fait, que leur retraite n'a pas été rendue publique, pour se faire de nouveau déclarer membres de la société (2).

Mais si la constitution d'une société en commandite

____

(1) Cass., 26 juillet 1843, S. 43, 1, 881. Troplong, n° 903 ; — Pont. *Revue de législation*, tome 21, p. 518 ; — Alauzet, 246 et 247 ; — Rousseau, n° 247.

(2) Cass., 27 mai 1861 ; Sirey, 62, I, 47

n'avait jamais été rendue publique, serait-il nécessaire de publier l'acte portant changement ou retraite d'associés, soit dissolution anticipée?

On a soutenu la négative : garder les tiers contre toute fraude, tel a été le but du législateur. Or si la société n'a pas été publique, elle n'a pas d'existence légale, donc tous peuvent en méconnaître l'existence. D'ailleurs, ajoute-t-on, si une personne traite avec un de ses membres, ce n'est pas en considération des autres associés, mais parce qu'elle a confiance en celui avec lequel elle traite; dès lors que lui importe la retraite de l'un ou de l'autre, à elle qui n'a jamais entendu avoir pour obligés les co-associés de fait.

Nous pensons que c'est avec juste raison que la jurisprudence a repoussé ce système. Sans doute les tiers peuvent ne pas reconnaître une société non publiée, mais rien ne les empêche aussi de la considérer comme valable. Si dès lors les associés pouvaient, aux tiers invoquant l'existence de la société, opposer un acte de dissolution occulte, ou une retraite de l'associé avec lequel ils ont contracté, ceux-ci seraient outrageusement dupés. D'ailleurs l'article 61 est explicite, il ne fait aucune distinction entre le cas où la société a été publiée, et celui où elle ne l'a pas été (1).

La loi ajoute encore qu'il faut publier les changements à la raison sociale : le public a en effet intérêt à savoir les innovations survenues dans le nom de la

(1) Cass., 9 juillet 1833; Sirey, 33, 1, 538; — Cass., 29 janvier 1838; Sirey, 1838, 1, 672.

personne morale, dont on lui a révélé la naissance, afin de ne pas être trompé par un ex-associé signant des engagements peut-être considérables avec l'ancienne raison de la société.

Elle termine en exigeant aussi la publication des dé-libérations prises dans le cas de l'article 19, c'est-à-dire des délibérations prises en vertu d'une autorisation des statuts, et transformant une société en commandite par actions en société anonyme; cela se comprend faci-lement et nous ajouterons d'une façon générale que toute transformation de société, soit par voie de fusion ou de substitution, soit par tout autre mode, doit être également publiée à peine de nullité de la transforma-tion. Ce sont en effet, pour ainsi dire, de nouvelles so-ciétés qui se forment.

Cette nomenclature de l'article 61 est du reste sim-plement énonciative et nullement limitative : tout chan-gement survenu à l'acte social lui-même ou à son cours régulier, toute clause dérogeant à l'une de celles révé-lées par l'extrait public, toute modification aux élé-ments essentiels de la société dans sa forme ou dans ses rapports avec le public, tout ce qui en un mot tou-che à l'intérêt des tiers doit être publié (1). Mais les changements, survenus sur des points que les tiers n'ont pas d'intérêt à connaître, sont dispensés de la publi-cation. Ainsi on n'aurait pas à publier un changement survenu à une clause non soumise elle-même à la pu-blication (2) ni des mesures provisoires prises après la

(1) Lyon, 26 novembre 1863 ; Sirey, 64, 2, 202.
(2) Cass., 21 février 1832; Sirey, 32, 1, 544.

révocation du gérant (1), ni une convention modifiant le mode de versement de l'apport (2) ou la répartition des bénéfices (3).

La sanction du défaut de publication est ici encore la nullité. Celle-ci, quoique paraisse dire le texte de l'article 61, n'a cependant pas la même portée que celle qui est prononcée pour le défaut de publication des actes constitutifs de la société. Dans ce dernier cas, en effet, le défaut de publication entraîne la nullité de la société, l'absence de publicité des modifications n'a ici d'autre effet que de les faire réputer non avenues ; la société conserve toujours son existence légale, seulement elle continue à être régie par ses anciens statuts.

Les créanciers sociaux ont toutefois un privilège analogue à celui qui leur appartient, en cas de non publication des actes constitutifs, ils peuvent selon leur intérêt, considérer comme nulles ou valables les modifications qui n'ont pas été rendues publiques, sous la seule condition d'en établir l'existence.

Nous appliquerons également ici tout ce que nous avons dit sur la publication faite après l'expiration du délai d'un mois, les règles en sont les mêmes. Toutefois la publication, même faite dans le délai légal, n'a pas ici d'effet rétroactif, et elle n'est opposable aux tiers que du jour où elle a eu lieu (4).

(1) Douai, 5 mai 1840.
(2) Angers, 26 février 1846 et Cass., 20 juillet 1870 ; Dalloz, 71, 1, 339.
(3) Chambéry, 25 avril 1876. *Le Droit*, 11 et 12 septembre 1876.
(3) Paris, 28 décembre 1869. *Bulletin de la Cour d'appel*, n° 2069 ; — Paris, 21 mars 1863. *Ann. Lehir*.

2º Publicité permanente.

S'inspirant de la loi anglaise du 7 août 1862 sur les sociétés, la loi de 1867, et c'est à peu près la seule chose heureuse qu'elle ait faite, a ajouté une autre sorte de publicité à cette publicité originaire, assez défectueuse en ce qu'elle ne fait connaître que fort peu la nouvelle société, et qu'elle crée une présomption de connaissance contre laquelle aucune preuve contraire n'est admise. Ces mesures nouvelles sont contenues dans les articles 63 et 64.

« Article 63. — Lorsqu'il s'agit d'une société en commandite par actions ou d'une société anonyme, toute personne a le droit de prendre communication des pièces déposées aux greffes de la justice de paix et du tribunal de commerce, ou même de s'en faire délivrer, à ses frais, expédition ou extrait par le greffier, ou par le notaire détenteur de la minute.

Toute personne peut également exiger qu'il lui soit délivré, au siège de la société, une copie certifiée des statuts, moyennant paiement d'une somme qui ne pourra excéder un franc.

Enfin les pièces déposées doivent être affichés d'une manière apparente dans les bureaux de la société. »

Ainsi droit pour tout le monde, tiers et actionnaires, d'avoir une expédition des pièces déposées ou une copie certifiée. Cela est bien différent de ce que nous avons vu plus haut quand il s'agit des comptes de la société : les actionnaires seuls ont droit à la communication et jamais à une copie, sauf quelques cas exceptionnels.

C'est ensuite l'affichage d'une manière apparente dans les bureaux de la société d'une copie des pièces déposées aux greffes. Cela remplace fort avantageusement l'affichage dans l'auditoire du tribunal de commerce, exigé par l'article 42 du Code de commerce. Au tribunal de commerce cela passait inaperçu, dans les bureaux de la société il n'en sera pas de même, ceux qui y sont introduits auront toujours trop intérêt à se renseigner pour ne pas se servir de ce moyen.

L'article 64 ajoute encore : Dans tous les actes, factures, annonces, publications et autres documents imprimés ou autographiés, émanés des sociétés anonymes ou des sociétés en commandite par actions, la dénomination sociale doit toujours être précédée ou suivie immédiatement de ces mots écrits lisiblement en toutes lettres : *Société anonyme* ou *société en commandite par actions*, et de l'énonciation du montant du capital social.

Si la société a usé de la faculté accordée par l'article 48, cette circonstance doit être mentionnée par l'addition de ces mots : *à capital variable*. Ajoutons que, dans ce dernier cas, on n'a pas besoin d'ajouter l'énonciation du capital, si.elles ne sont ni anonymes, ni en commandite par actions, car c'est seulement pour ces deux formes de société que la loi a exigé cette énonciation. Dans le cas contraire, on énoncerait la fraction du capital irréductible.

Cette sorte de publicité très bonne en soi est, nous

l'avons dit, une innovation très heureuse ; mais il était dit que la loi de 1867 n'aurait que des dispositions mal rédigées : pourquoi avoir parlé de pièces imprimées ou autographiées ? Il suffirait donc à une société, quand elle ne voudrait pas se faire connaître, d'écrire à la main tous ses actes, billets et factures. La loi suppose que l'on fait toujours imprimer ou autographier, mais on peut trouver des sociétcs qui n'ont pas ou plus de ressources suffisantes pour faire ces dépenses. Elles échapperont donc aux exigences de l'article 64 ?

Le texte de la loi est précis et nous sommes obligés d'admettre l'affirmative, mais les sociétés feront bien de se conformer aux exigences de l'article 64, même pour leurs pièces manuscrites, et ne serait-ce que pour éviter toutes difficultés, et prouver leur bonne foi.

L'article 64 édicte comme sanction de ses dispositions une amende de 50 fr. à 1000 francs, contre les contrevenants. Cela s'applique non seulement à l'omission de toutes les formalités, mais même à l'oubli d'une seule : toutes sont également utiles aux tiers, et il ne peut être permis d'en oublier une seule.

Mais cette amende doit-elle être prononcée contre chacun des actes contenant l'omission, ou au contraire ne s'applique-t-elle pas simplement à l'omission constatée dans une série d'actes de même nature ?

C'est encore là un défaut de rédaction. La loi anglaise qu'on imitait prononce une amende contre tout agent de la société qui émettra ou autorisera l'émission desdits actes. C'est là l'auteur direct puni une seule fois pour une série d'actes semblables. En face du texte de la loi, chaque acte devrait entraîner l'amende, mais il faut voir seulement l'esprit de l'article 64 et s'arrêter devant les sommes énormes qu'auraient à payer les sociétés dont les actes contiendraient des omissions. Les tribunaux reculeront certainement devant ce résultat.

Nous avons encore à reprocher au texte un défaut : l'article 63 contient lui aussi, dans son dernier alinéa, une disposition qui appelle une sanction analogue, mais, vu les dispositions qui précèdent, il est impossible de lui appliquer dans son ensemble les pénalités de l'article 64. On ne peut donc y étendre la sanction que nous venons d'indiquer, les pénalités ne se suppléant pas.

Est-ce à dire que les contempteurs de l'article 63 resteront impunis ? Assurément non, mais on n'aura aucun moyen correctionnel pour les contraindre. Le seul moyen sera de s'adresser au tribunal de commerce qui les condamnera à l'affichage ou à la communication des pièces, à peine de dommages-intérêts de tant par jour de retard. En cas d'urgence, on pourra même s'adresser pour cela au juge des référés et dans tous les cas, si un préjudice a été causé, obtenir des dommages-intérêts.

Tel est le système adopté par la loi de 1867, système beaucoup supérieur à celui des lois précédentes et qui arrive presque à avertir les tiers de l'existence de la société. Il est du reste impossible d'arriver à une publicité absolue, et le rapport ne se faisait pas illusion

sur ce point : « Si les formalités exigées pour la publi-
« cation des actes de société les faisaient connaître de
« tous ceux qui sont intéressés à savoir ce qu'ils con-
« tiennent, ou même s'il était possible à chacun, au
« moment où il contracte avec une société de s'en-
« quérir des stipulations insérées dans ses statuts, on
« devrait moins se préoccuper de protéger des intérêts
« qui seraient en mesure de se protéger eux-mêmes.
« Mais, d'une part, il y aura toujours, quoiqu'on puisse
« faire, entre la publicité de droit et la publicité de fait
« une différence qu'il ne faut ni méconnaître, ni ou-
« blier ; d'un autre côté, au milieu des transactions si
« rapides et si nombreuses du commerce, personne ne
« peut parvenir à connaître les combinaisons si variées
« des actes de société, et à se prémunir contre leurs
« effets. »

<hr>

CHAPITRE XI

DE LA NULLITÉ DES SOCIÉTÉS.

Nous distinguerons trois catégories de nullités, ce
sont :

1° La nullité ordinaire des contrats (art. 1108 et suiv.
du Code civil).

2° La nullité pour défaut des formalités constitutives
(art. 4 et 7 de la loi de 1867).

3° La nullité pour défaut de publicité art. 56, 3°, de
la même loi).

L'effet général de la nullité une fois prononcée est d'a-
mener la dissolution immédiate de la société pour l'a-
venir. Une fois déclarée nulle, la société cesse d'exister,
et doit être liquidée. Pour le passé, nous verrons que
certains effets de la société subsistent. Ceci dit, repre-
nons une à une les différentes catégories de nullités
que nous avons indiquées.

§ 1. — Nullité générale des contrats.

D'après l'article 1108 du Code civil, quatre conditions
sont essentielles pour la validité des conventions : le
consentement de la partie qui s'oblige, la capacité de
contracter, un objet certain qui forme la nature de
l'engagement, et une cause licite de l'obligation. Le
législateur, en exprimant, dans l'article 1833 du même
Code, que toute société doit avoir un objet licite, n'a pas
voulu assurément exclure les autres conditions, ce n'est
là qu'un rappel et non une exclusion, aussi peut-on
dire que l'article 1833 n'est que la reproduction et l'application de l'article 1108. L'article 1833, à la différence
de l'article 1108, parle d'un objet licite au lieu de dire
cause licite ; il ne faut pas induire de cette différence
d'expression une différence de règles : la cause de
l'engagement que contracte l'une des parties est ce que
l'autre partie lui donne, ou s'engage à lui donner. En
d'autres termes, la cause de l'obligation de l'un est
l'objet de l'engagement de l'autre. Dans les contrats
intéressés, la question de savoir si la cause de l'obligation de l'un est licite est donc la même que celle de

savoir si l'objet de l'obligation de l'autre est licite.
Donc l'article 1833 n'est que la reproduction de l'article 1108, et ce dernier article s'applique tout entier aux sociétés, tant civiles que commerciales.

La première condition exigée est le consentement de la partie qui s'oblige : chaque associé s'obligeant, il faut donc ici le consentement de tous les associés. A défaut de consentement de toutes les parties, ou même seulement de l'une d'elles, il n'y a pas de société.

Ce consentement peut du reste être donné ou par la partie elle-même, ou par un mandataire; mais il faut que ce mandataire soit porteur d'une procuration spéciales et exprès. Le pouvoir général de traiter, composer, transiger, aliéner etc. ne suffirait pas, il faut que le mandataire soit expressément autorisé à contracter une société, et le mandat conçu même dans les termes les plus généraux ne pourrait suffire (1).

Mais à défaut de mandat, le consentement peut être donné par une personne qui se porterait fort pour le futur associé non présent. Dans ce cas, la société ne serait constituée que du jour de la ratification de la personne pour laquelle on s'est porté fort. Une conséquence de ce principe est que la société ne serait régulièrement publiée qu'après la ratification intervenue, car la publication d'une société, dont l'existence est subordonnée à une ratification promise, mais non encore donnée, n'apprend pas aux tiers qu'il y a une société actuellement constituée, mais seulement qu'il y a un projet de société qui se réalisera définitivement,

(1) Voir cependant Req. 4 janvier 1843 ; — Sirey, 1843, I, 144.

lorsque la ratification interviendra, et qui peut ne pas se réaliser, parce que la ratification peut ne pas intervenir. La ratification qui suit cette publication ne peut donc leur être opposée quand cette ratification n'a pas été publiée, puisque c'est la publication de cette ratification qui peut seule leur donner une connaissance légale et leur apprendre que la société projetée s'est réalisée (1).

Le consentement, de quelque façon qu'il ait été donné, doit du reste être exempt des vices signalées par le Code civil : erreur, violence ou dol. Ces vices, en effet, s'ils ne rendent pas la société nulle de plein droit, la rendent au moins annulable, si l'action n'est prescrite dans les termes de l'article 1304 du Code civil. Les mêmes principes sont du reste ici applicables qu'aux autres contrats.

L'erreur doit porter sur la substance même du contrat et celle qui porterait sur la forme seule de la société n'annulerait pas le consentement (2).

Quant à l'erreur sur la personne, elle sera ici un vice du consentement plus susceptible que partout ailleurs d'amener l'annulation du contrat quand elle portera sur la personne du gérant. L'expérience, la solvabilité, la probité commerciale d'une personne sont, en effet, le plus souvent les raisons qui m'ont fait contracter, et si, par un concours de circonstances propres à égarer la prudence, j'ai traité avec une autre personne portant

______

(1) Cass., 6 août 1847 ; — Sirey, 47, I, 649.

(2) Bédarride, n° 122 ; — Delangle, nᵒˢ 38 et 39 ; — Rouen, 19 février 1840 et Cass., 9 juin 1841 ; — Dalloz, 41, 1, 260.

le même nom, mais n'ayant pas les mêmes qualités, mon consentement est le fait de l'erreur, et je puis, en le démontrant, me délier de mon obligation.

La violence exercée contre un associé, soit par un associé, soit par des tiers, annulera le consentement si elle a été telle que, eu égard à l'âge au sexe et à la condition du violenté, elle a pu lui inspirer, au moment où il a consenti, la crainte d'exposer sa personne ou sa fortune ou la personne et la fortune de son conjoint, ses descendants ou ses ascendants à un mal considérable. Les articles 1111 à 1115 du Code civil, s'appliquent du reste ici sans difficultés.

Le dol sera aussi un vice du consentement, et c'est surtout en notre matière que l'on aura l'occasion d'annuler le contrat pour cette cause. Il est impossible de passer en revue les différentes manœuvres dolosives qui peuvent-être pratiquées. Qu'il nous suffise de rappeler que le dol ne sera un vice du consentement que s'il émane de l'une des parties et non s'il est le fait d'un tiers : c'est là une différence avec la violence.

Il faut de plus qu'il y ait eu manœuvres de la partie, c'est-à-dire des actes ou des faits empreints d'une véritable fraude. C'est du reste encore ici l'application du droit commun.

La seconde condition exigée par l'article 1108 est la capacité de s'obliger et de contracter.

La capacité est le droit commun, l'incapacité, l'exception (art. 1123 du Code civil). Toute personne peut contracter, si elle n'est déclarée incapable. Les mineurs, interdits et femmes mariées dans les cas exprimés par la loi sont les seuls incapables ; la loi ajoute : et généralement ceux à qui la loi a interdit certains contrats. Elle a trait à la défense faite à certaines personnes vu leur qualité de faire certains contrats, et n'est pas dans notre matière.

Donc seuls les mineurs et interdits ne peuvent seuls faire une société : ajoutons les fous non interdits placés dans un établissement d'aliénés, et les interdits légaux.

Mais le mineur peut être émancipé ; pourrait-il alors former un société ?

La capacité nécessaire pour contracter une société est celle de droit commun : il suffit d'être capable de faire le commerce.

L'autorisation donnée au mineur de faire le commerce suffirait donc pour lui permettre de faire une société. On a cependant soutenu le contraire.

Cette autorisation, a-t-on dit, ne doit pas être étendue au delà de sa portée naturelle. La société a ses dangers : il faut choisir un associé, rédiger des statuts, etc., etc., et l'inexpérience du mineur a besoin, pour des choses aussi difficiles, des conseils et des lumières de sa famille (1).

Cette argumentation pêche par la base : sans doute le contrat de société présente ses dangers, mais le commerce en est-il exempt ? Si la famille a autorisé le mineur à faire le commerce, c'est qu'elle le reconnaissait capable de se diriger au milieu des écueils, et pourquoi le priver du moyen très puissant qu'il trouve dans l'as-

(1) Delangle, n° 58 ; — Malapeyre et Jourdain, p. 12 — Demolombe tome II, n° 343 ; — Bravard, t. 1, p. 148.

sociation? Si on veut le préserver de tout danger, il faut lui refuser l'autorisation de faire le commerce (1).

La même question se pose pour la femme mariée : celle-ci peut former une société avec l'autorisation, même tacite, de son mari, et dans ce cas elle engage ses biens propres seulement, si elle est mariée sous le régime dotal (car les biens dotaux sont inaliénables, même avec l'autorisation du mari), tous ses biens si elle est mariée sous tout autre régime. Nous parlons ici du cas où elle se trouverait parmi les associés indéfiniment responsables.

Dans le cas contraire, il est évident qu'elle peut, même sans autorisation, dans le cas où elle est séparée de biens, souscrire des actions d'une société ; c'est là en effet un acte d'administration.

Mais la femme simplement autorisée à faire le commerce peut-elle contracter une société ? Doit-elle ou non avoir une autorisation spéciale du mari ou de justice ?

Nous nous trouvons ici en face d'une autorité que la loi a toujours considérée comme devant être respectée avant tout, c'est l'autorité maritale. Aussi croyons-nous que les motifs, qui nous ont déterminé à admettre l'affirmative pour le mineur, ne sont pas ici suffisants pour se contenter à l'égard de la femme mariée d'une simple autorisation de faire le commerce : étendre cette autorisation jusqu'à la faculté pour la femme de contracter avec des tiers une société qui l'obligerait indéfiniment,

(1) Massé, *droit com.*, n° 1046 ; — Alauzet, n° 149 ; — Molinier, n° 145 ; — Caen, 11 août 1828 ; — Dalloz, 31, 2, 19.

ce serait en effet conférer à des tiers le pouvoir d'obliger la femme et fournir à celle-ci le moyen de paralyser, pendant toute la durée de la société, l'exercice du droit réservé au mari ou au tribunal de retirer en tout temps l'autorisation accordée, ce serait porter une grave atteinte à la puissance maritale et à l'action de la justice.

Les auteurs et la jurisprudence sont du reste à peu près unanimes sur ce point (1).

Une autre question non moins grave se pose naturellement ici : la femme autorisée à faire le commerce peut elle contracter une société avec son mari ?

Cette question, qui rentre dans celle plus générale de savoir si les contrats sont permis ou défendus entre époux, divise aujourd'hui encore les auteurs. Les uns font autant de distinctions que de régimes différents, les autres permettent sous tous les régimes le contrat de société ; certains la refusent dans tous les cas.

Nous pensons qu'il faut accorder aux époux le pouvoir de former entre eux une société, et nous nous expliquons : en principe, en effet, les époux ne sont pas, à raison de leur seule qualité d'époux incapables de contracter. Dans le silence de la loi, il faut donc dire que la capacité se présume, et il n'y a aucun texte qui défende aux époux de former entre eux une société. Nous avons une disposition spéciale pour la vente (art. 1595 du Code

<hr>

(1) Delangle, n° 56 ; — Pardessus, n° 66 ; — Malapeyre et Jourdain, n° 135 ; — Molinier, n° 176 ; — Bravard, tome I, p. 148 ; — Bédarride, *des commerçants*, n° 125 ; — Demolombe, t. 4, n° 297 ; — Alauzet, n° 151 ; — Cass., 9 novembre 1859 ; — Sirey, 59, II, 501 ; — Lyon, 28 juin 1866 ; — Sirey, 67, II, 146 — *Contra* ; — Massé, tome III, n°s 95 et 175 ; — Paris, tome I, p. 223.

civil), et nous ne pouvons étendre une incapacité, elles sont de droit étroit.

En principe donc, liberté complète : mais cette liberté doit être tempérée et limitée par les autres principes qui régissent les rapports des époux entre eux. La disposition spéciale à la vente est fondée sur ces principes mêmes, et ce qu'elle a voülu empêcher doit rendre annulable le contrat de société qui serait formé dans le même but : c'est ainsi que les époux ne pourraient, à l'aide d'une société formée entre eux, se faire des libéralités excédant la quotité disponible, ou imprimer à ces libéralités un caractère d'irrévocabilité que la loi leur refuse, ou soustraire les biens de l'un ou de l'autre à l'action de leurs créanciers respectifs : ce sont là des règles qui ne peuvent être violées. Il y aura donc toujours une question de fait à examiner : il faudra voir ce que les parties ont voulu faire, et ce qu'elles ont fait en réalité.

On a objecté que permettre à la femme de contracter une société avec son mari, c'était porter atteinte au principe de l'immutabilité des conventions matrimoniales. Nous venons de réfuter cette objection : sans doute si le but des parties était de violer ce prineipe, il faudra annuler le contrat ainsi formé, mais si le contrat de mariage et le contrat de société peuvent coexister, rien n'empêche de les reconnaître tous deux, car à côté du principe de l'immutabilité des conventions matrimoniales, il y a le principe de la liberté des contrats, et nous ne pouvons y faire plus de restrictions que la loi elle-même n'a cru devoir en mettre.

Nous pensons donc que la qualité d'époux n'est pas, au point de vue du contrat de société, une cause d'incapacité qui entraînerait forcément la nullité du contrat ainsi formé.

Du reste cette nullité pour manque de capacité n'est pas, à proprement parler, une nullité absolue et l'article 1126 du Code civil doit recevoir ici son application. Toutefois nous pensons avec M. Bravard (1) qu'une distinction est ici nécessaire : « Quant aux faits accomplis, aux bénéfices réalisés, aux pertes éprouvées, si la société a fonctionné pendant un temps plus ou moins long, j'admets que le mineur ou la femme mariée, en un mot l'incapable sera seul recevable à se prévaloir de son incapacité. En conséquence, s'il y a des bénéfices, il pourra y prendre part en maintenant la société ; si, au contraire, il y a des pertes, il pourra se dispenser d'y contribuer en la faisant déclarer nulle à son égard. Il y a là sans doute quelque chose d'exorbitant, mais l'article 1125 me paraît conduire forcément à ce résultat : c'est à l'associé capable à s'imputer d'avoir contracté avec un incapable. Si pour le passé l'associé capable est lié, en sera-t-il de même pour l'avenir ? L'associé capable sera-t-il tenu de rester en société avec l'incapable jusqu'au terme fixé, quelque éloigné qu'il puisse être ? C'est ce que je ne saurais admettre. Car il y aurait là quelque chose de contraire à la nature, à l'essence même du contrat de société. Comprendrait-on qu'une société dût subsister forcément entre deux personnes, à cette condition que tous les avantages seraient pour l'une, toutes les charges pour l'autre?

(1) Tome I, p. 150.

Non. Je crois donc que l'associé capable aurait droit de faire prononcer la dissolution (1). »

L'article 1108 du Code civil exige en outre, pour la validité des contrats, un objet certain qui forme la matière de l'engagement et une cause licite.

L'objet certain dans les sociétés est l'apport en vue de de bénéfices à réaliser. Il faut donc, de toute nécessité, que chaque associé fasse un apport à peine de ne pas être associé : une société sans apports, sans fonds social serait nulle. Nous avons vu en quoi consistait l'apport et ce qu'étaient les bénéfices. Nous ne le reprendrons pas ici, disons un mot pour finir sur notre première classe de nullité, de celle résultant d'une cause illicite.

L'article 1833 du Code civil qui n'est que la reproduction de l'article 1108 veut que les sociétés aient un objet licite. Qu'est-ce qui est licite ? Pour bien préciser la réponse à cette question, il faut établir ce qui est illicite.

Est illicite tout ce qui est contraire à la loi ou aux bonnes mœurs, ce qui est prohibé par un texte positif ou par les lois de la morale.

Ainsi seraient illicites des sociétés formées pour faire la contrebande, voler, exercer l'usure ou tenir une maison de débauche, celle formée entre un médecin et un pharmacien pour l'exploitation d'une pharmacie (2), la fabrication et la vente d'un remède secret (3), pour empêcher la concurrence des acheteurs dans les adjudica-

(1) *Sic* Lyon, 6 juin 1845 ; — Sirey, 46, II, 374 ; — Lyon, 29 mai 1872 ; — Sirey, 1872, II, 86 ; — Aubry et Rau, tome I, p. 575 et tome 4, p. 250.

(2) Paris, 31 mai 1866 ; — Sirey, 67, 2, 49.

(3) Paris, 28 nov. 1868, *Journal des trib. de com.*, 19, 463.

tions (1), celle formée pour l'exploitation, même à l'étranger, d'une maison de jeu (2) pour l'exploitation d'un
office, sauf pour les agents de change depuis la loi du
2 juillet 1862, etc., etc. Ces cas sont innombrables et on
peut en trouver autant qu'on veut, mais quel sera l'effet
produit par l'association formée avec une cause illicite?

Il est évident que les associés ne peuvent demander
l'exécution du contrat pour obtenir le versement de la
mise ou le partage des bénéfices, mais celui qui aura versé
pourra-t-il répéter la somme par lui payée à titre de
mise ?

Trois opinions sont ici en présence et nous devons les
examiner les unes après les autres :

1ᵉʳ *système*. — La répétition est possible. L'associé qui
qui a reçu la mise est, en effet, sans droit pour la conserver. Loin d'invoquer la convention, on se fonde sur sa
non existence, sur le fait qu'elle ne peut produire aucun
effet et on dit : la convention n'existant pas, l'associé qui
a reçu, à reçu sans cause, il doit donc restituer (3).

2ᵉ *système*. — Une distinction est ici nécessaire : si
l'objet est illicite comme immoral et criminel, l'action
en répétition n'est pas possible. Si au contraire l'objet
n'est illicite que comme contraire à la loi et à l'ordre public, l'action en répétition doit être admise (4).

Nous ferons bon marché du second système qui n'est

<hr>

(1) Req., 23 avril 1834 ; — Dalloz, n° 153 ; — Troplong, n° 86.
(2) Paris, 31 mars 1849 ; — Sirey, 49, 2, 464,
(3) Duvergier, n° 31 ; — Delangle, n° 101 ; — Vavasseur, n° 40.
(4) Alauzet, n° 247 ; — Dalloz, n° 170. *Comp*. Nantes, 23 juin 1845 ; —
Dalloz, 44, 4, 377 ; — Cass., 15 décembre 1851 ; — Sirey, 52, 1, 21 ; —
Cass., 16 nov. 1876 ; — Sirey, 77, 1, 409.

fondé sur aucun motif et nous croyons l'ordre public aussi respectable que la morale. Le premier système est plus sérieux et nous le discuterons en exposant le troisième système.

3° *système*. — Le versement a eu, comme la convention qui en était la cause, un objet illicite, on ne peut scinder les deux opérations, déclarer l'une non avenue et l'autre existante. Le versement n'a pas été fait sans cause, comme le prétend le premier système, il a eu une vraie cause, mais une cause illicite, l'exécution du contrat. Or l'exécution est considérée comme non existante tout aussi bien que le contrat lui-même, celui qui a versé est considéré non comme l'ayant fait sans cause, ce qui donnerait lieu à l'action en répétition, mais comme n'ayant pas versé du tout. L'associé en effet qui a reçu, celui qu'on poursuivrait devant les tribunaux n'aurait en effet qu'à dire; j'ai reçu pour faire la contrebande et nul tribunal ne voudrait connaître de sa demande (1).

Cette opinion peut paraître bizarre en ce qu'elle fait profiter l'associé qui a reçu au détriment de celui qui a donné. La même chose se produirait au cas où la société aurait fonctionné; s'il y avait eu des répartitions de bénéfices, ceux qui ont reçu garderaient sans avoir d'action pour se faire payer et sans qu'on en ait contre eux pour les faire rendre. Que l'équité vulgaire soit blessée d'une telle différence de condition entre associés coupables de la même faute, nous les comprenons; il est déplorable qu'un seul profite du travail des autres, et s'enrichisse à

(1) Delamarre et Lepoitevin. *Traité du contrat de commission*, tome I, n° 63 ; — Troplong, n° 105 ; — Rousseau, n° 93.

leurs dépens ; mais cela est imposé par la rigueur des principes, et il faut bien s'y plier puisque les stipulations illicites n'engendrent point d'actions, et clore la discussion par l'adage cher à M. Mourlon : *Dura lex sed lex.*

Il faut du reste reconnaître que si les associés n'ont les uns contre les autres aucune action, les tiers n'en ont pas davantage. La société est nulle et de nul effet à l'égard de tous, et aucune acte ne peut engendrer d'action puisque cette action serait basée sur un fait illicite (1).

Toutefois il est bien entendu qu'il faut que l'exécution de l'acte de société soit en jeu : ainsi une société illicite a vendu un immeuble, loué un appartement à un tiers qui n'a pas encore payé et se retranche pour n'en rien faire derrière la nullité de l'acte de société : on lui opposerait justement qu'il s'agit de l'exécution d'une vente ou d'un louage, et que ces contrats sont valables.

A l'égard des tiers, faut-il ou non appliquer, quand il s'agit de l'exécution d'un contrat de société nul pour cause illicite, le principe que les associés ne peuvent opposer la nullité aux tiers, et que ceux-ci peuvent toujours s'en prévaloir à l'égard des associés.

Ce principe a été posé pour une autre matière, celle du défaut de publication ; il ne s'applique donc pas forcément ici, mais faut-il l'étendre par analogie ?

Avec M. Paul Pont nous croyons que cette analogie n'existe pas : si les tiers ne doivent pas souffrir de la nullité en cas de défaut de publication, c'est parce qu'on ne peut leur faire supporter l'effet d'une convention qu'on a négligé de leur faire connaître.

(1) Bédarride, n° 26 ; — Rennes, 9 avril 1851 ; — Sirey, 52, 1, 261.

Mais ici ils ont connu la société, ils ont pu en connaître l'objet, si la nature de la convention leur est révélée par l'acte lui-même, si la fin de la société est en jeu, s'ils n'ont pu se tromper sur le caractère des opérations, alors ils sont en faute et la nullité s'applique à tous les coupables.

Mais si au contraire l'opération faite avec un tiers n'a pas directement trait au but de la société, en sorte que celui-ci ait pu en ignorer la fin, la nullité ne lui serait plus opposable.

Il nous reste à traiter une petite question de compétence. Le caractère de l'objet d'une société est une question de fait variant à l'infini, est-ce une question qui puisse être souumie au contrôle de la Cour de cassation?

Nous pensons que la question doit se résoudre par une distinction. La Cour de cassation pourra toujours examiner si l'objet de la société n'est pas contraire à la loi ou à la morale, mais les sociétés dont le but est contraire aux bonnes mœurs et à l'ordre public lui échappent (1).

§ 2. — Nullités pour défaut de formalités constitutives.

L'article 7 de la loi de 1867 contient la 'nullité dont nous avons à parler maintenant, il est ainsi conçu :

« Est nulle et de nul effet à l'égard des intéressés toute société en commandite par actions constituée contrairement aux prescriptions des articles 1, 2, 3, 4 et 5 de la présente loi.

Cette nullité ne peut être opposée aux tiers par les associés. »

(1) Cass., 18 juin 1828 ; — Sirey, 1828, I, 244.

La société sera donc nulle suivant les prescriptions de l'article 7 :

Si la totalité du capital n'a pas été souscrite, et si les actions ne sont pas libérées du quart : la sanction serait la même si les versements avaient été fictifs ou si la société n'avait été formée qu'au moyen de prête-noms complaisants auxquels plus tard devaient être substitués des souscripteurs plus sérieux (1) ; si la déclaration de ces faits n'a pas été faite par le gérant dans un acte authentique avec l'annexe de l'acte de société, de la liste des souscripteurs et de l'état des versements, ou si elle l'a été faussement (2) ;

Si les apports et avantages particuliers n'ont pas été soumis à une première assemblée générale et approuvés dans une seconde, après rapport déposé au moins cinq jours à l'avance ;

Si le vote de ces assemblées n'a pas été pris à la majorité composée comme il est dit en l'article 4 ;

Si le capital, alors qu'il n'excèdait pas 200,000 francs, a été divisé en actions ou coupons d'actions de moins de 100 francs, ou si, y étant supérieur, il a été partagé en actions de moins de 500 francs ;

Si les actions ont été créées au porteur ou déclarées négociables avant leur libération de moitié, ou avant la constitution de la société ;

Si, avant toute opération, un conseil de surveillance n'a pas été nommé.

Mais, remarquons-le bien, l'article 7 ne prononce

(1) Aix, 16 mai 1860 ; — Sirey, 60, 2, 439.
(2) Cass., 12 avril 1864 ; — Sirey, 64, 1, 169.

la nullité que pour le cas seulement où la société a violé la loi, dans un de ses éléments constitutifs, et on a jugé à bon droit que la nullité d'une société en commandite n'avait pu résulter que de l'absence d'une des conditions constitutives et initiales de la société, les faits postérieurs à sa constitution étant seulement susceptibles de motiver une demande en dissolution (1). La nullité ne serait donc pas encourue si la société avait été constituée légalement, au cas d'infraction aux principes d'administration, commise ultérieure par le gérant ou autres (2).

La nullité de l'article 7 est absolue et d'ordre public; d'où il suit que les tribunaux ne pourraient se refuser à la prononcer, si elle est encourue, et qu'aucune ratification ne peut la couvrir. Mais sera-t-elle couverte par la prescription.

Trois opinions sont en présence sur ce point : la première pose en thèse que la nullité de l'article 1304 s'applique en cette hypothèse. Il est vrai qu'elle ne donne aucune raison à l'appui de son dire : « La loi, dit M. Vavasseur (3), aurait pu mitiger ce qu'il y a de sévère dans l'article 7 en abrégeant la durée de l'action en nullité. Un délai de deux ans eût été bien suffisant pour tous les intéressés, mais en l'absence de dérogation au droit commun, elle ne se prescrira que dix ans après la nullité commise. »

Une deuxième opinion réfute à bon droit cette thèse, en

(1) Grenoble, 28 décembre 1871 ; — Sirey, 72, 2, 37.
(2) Même arrêt.
(3) N° 710.

observant que la prescription, établie par l'article 1304, n'est applicable qu'aux actions en nullité ou en rescision des conventions qui, bien qu'entachées d'un vice, sont susceptibles de ratification : ce n'est pas le cas dans l'espèce, et l'article 1304 doit être écarté. C'est donc la prescription de trente ans qui doit être appliquée, car c'est le temps le plus long fixé par nos lois pour l'exercice des actions (article 2262 du Code civil) (1).

Une troisième opinion, qui nous paraît la meilleure, écarte avec la seconde la prescription de 1304, mais n'admet pas davantage la prescription de trente ans. Comment en effet admettre qu'une chose en principe radicalement nulle, légalement inexistante, puisse par un certain temps acquérir une existence qu'elle n'a jamais eue ? La prescription est un moyen d'acquérir ou de se libérer, mais non de faire que des personnes non associées le deviennent au bout d'un certain temps écoulé. Est-ce qu'un mariage incestueux devient légitime au bout de trente ans ? Est-ce que l'action en nullité d'une telle union se prescrit par dix ans ? Nous pensons donc que la nullité de l'article 7 est imprescriptible (2).

Toutefois la nullité de l'article 7 n'existe pas de plein droit, il faut un jugement qui la prononce, mais les effets de ce jugement, une fois rendu, ne sont pas limités à celui qui l'a obtenu : la société est annulée à l'égard de tous, et toute nouvelle demande serait sans objet (3).

(1) Bédarride, n° 89 ; — Rivière, n° 74.
(2) *Sic* Alauzet, n° 665 ; — Dalloz, *rep.*, *Soc.*, n° 1263.
(3) Cass., 2 juillet 1873 ; Sirey, 73, 1, 306 ; *id.*, 12 juillet 1869 ; Sirey, 70, 1, 82.

Mais par qui et contre qui la nullité pourra-t-elle être demandée ?

Par toute personne qui y aura intérêt : donc les créanciers sociaux (1), les créanciers personnels des associés (2), les associés (3), et le gérant (4), ont qualité pour former cette demande, sans qu'il y ait à considérer s'ils sont ou non coupables de la faute, cause de l'annulation.

Les coupables seront plus tard déclarés responsables, mais cela ne touche en rien à leur droit : la nullité est d'ordre public.

L'annulation de la société pour violation de la loi pourra même être demandée, puis la dissolution prononcée par l'assemblée générale (5). L'intérêt pour l'actionnaire sera alors d'obtenir la restitution de sa mise, en faisant supporter les pertes par le gérant.

Il a été jugé de même, que le syndic de la faillite d'une société irrégulièrement constituée peut faire prononcer son annulation.

Mais cette nullité que tous les intéressés peuvent demander ne peut être invoquée à l'égard des tiers par les associés. Par tiers, il faut ici entendre tous ceux qui n'ont pas pris, ou pu prendre, une part active à la for-

---

(1) Cass., 18 janvier 1851 ; — Sirey, 51, 1, 273 ; — Paris, 21 juin 1852 ; — Sirey, 52, 2, 607.

(2) Cass., 11 mai 1870 ; — Sirey, 70, 1, 428 ; — Grenoble, 18 décembre 1871 ; — Sirey, 72, 2, 37 ; — Rivière, n° 71.

(3) Paris, 5 août 1869 ; — Sirey, 70, 2, 33 ; — Lyon, 12 janvier 1872 ; — Sirey, 1873, 2, 65.

(4) Cass., 3 juin 1862 ; — Sirey, 63, 1, 189 et 22 novembre 1869 ; — Sirey, 70, 1, 55.

(5) Cass., 3 juin 1862, précité.

mation de la société. Il en résulte que l'actionnaire, poursuivi par un créancier social en versement de sa mise, ne peut s'y soustraire en opposant la nullité de la société : à celui-ci appartient le droit de considérer la société comme nulle, ou comme valable, selon son intérêt, et les actionnaires n'ont qu'à s'incliner.

Peu importe du reste qu'il ait eu connaissance ou non du vice de constitution de la société : l'illégalité a causé la nullité, celle-ci est encourue, et d'ailleurs les actionnaires sont encore plus coupables que le créancier(1).

Ainsi les associés peuvent opposer la nullité au gérant, lui réclamer leurs mises, et même des dommages-intérêts. Mais entre associés non en faute, comment les choses se passeront-elles ?

Rigoureusement il faudrait dire que l'on doit considérer l'acte de société comme inexistant, et liquider comme si une simple société de fait eût existé : toutefois, le consentement ayant été donné aux statuts, dont les clauses ont été exécutées, il est plus simple de les prendre comme base de la liquidation, plutôt que dé suivre les règles assez divinatoires des sociétés de fait. La société étant annulée, on devra donc exécuter cependant, si elles n'ont rien d'illicite, les clauses des statuts relatives au partage des bénéfices réalisés, ou aux pertes subies, jusqu'au moment où a cessé de fait toute communauté d'intérêts entre les parties (2).

(1) Rennes, 6 mars 1869 ; — Dalloz, 70, 2, 224.
(2) Aubry et Rau, n° 378, note 5. Req., 7 juillet 1873 ; — Dalloz, 73, 1, 327.

Mais, s'il y a quelque disposition contraire à la loi, on n'en tiendra pas compte pour la liquidation.

Lorsque les créanciers sociaux sont en face des associés, nous avons vu qu'ils ont un droit d'option : en général, ils auront tout intérêt à invoquer l'existence de la société, afin de pouvoir opposer aux actionnaires les actes faits par le gérant, ce qu'ils ne pourraient en cas d'annulation, et pour être payés avant les actionnaires, ou les poursuivre en complément de mise, mais ils peuvent avoir également intérêt à la nullité dans le cas, par exemple, où ils ont traité avec un actionnaire auquel les statuts défendaient de gérer ; ils doivent choisir entre le maintien de la société ou son annulation, et ne peuvent maintenir certaines parties de l'acte, et annuler certaines autres (1).

Faut-il comprendre dans le mot tiers, les créanciers personnels des associés ?

Cette question, que nous pensons devoir être tranchée dans le sens de l'affirmative, se représentera un peu plus loin pour la nullité qu'entraîne le défaut de publication: contentons-nous ici d'y renvoyer.

Une autre espèce de tiers à qui il faut également reconnaître le droit d'option, ce sont les débiteurs sociaux. Leur intérêt est minime en ce sens que cela ne les dispensera pas de payer, mais il existe néanmoins : car, en faisant prononcer la nullité, ils échappent à la solidarité active que peuvent exercer contre eux les gérants.

(1) Req., 28 février 1859 ; — Dalloz, 59, 1, 408.

§ 3. — **Nullité pour défaut de publications.**

L'article 56 de la loi de 1867, *in fine*, est ainsi conçu :
« Les formalités, prescrites par l'article précédent et
le présent article, seront observées, à peine de nullité,
à l'égard des intéressés; mais le défaut d'aucune d'elles
ne pourra être opposé aux tiers par les associés. »

Les expressions de notre article sont les mêmes que
celles de l'article 7, et on peut dire que cette nouvelle
espèce de nullité a les mêmes caractères que la précédente.

Nous avons vu la différence qui l'en sépare, lorsque
nous avons étudié la publicité elle-même : la nullité de
l'article 7 rend nulle la société pour le passé, qui doit être
liquidé, et pour l'avenir ; on ne peut couvrir cette nullité,
il faut tout recommencer. Ici, au contraire, on peut faire
la publication à quelque époque que ce soit, et du jour
où cette publication est faite, la société prend une existence légale.

La nullité ayant ici le même caractère que celle de
l'article 7, son effet est donc entre associés de rendre la
société radicalement nulle : l'association n'existe donc
qu'en fait, et n'a qu'une existence au jour le jour ; celle-ci
cesse quand la nullité est demandée. Cette nullité est
d'ordre public, et ne peut être couverte par l'exécution
volontaire.

Les tiers ont ici encore le droit d'option, et ces tiers
sont : les créanciers sociaux, les débiteurs sociaux, tous
ceux enfin qui n'ont pas pris une par active à la formation
de la société.

Faut-il y ranger les créanciers personnels des associés ? Ceux-ci pourront-ils opposer la nullité aux créanciers sociaux pour concourir avec eux sur le fonds social ?

M. Bravard professe la négative : selon lui ce serait une contradiction d'accorder aux créanciers un droit que leur débiteur n'a pas : la loi qui organise la publicité ne s'occupe pas d'eux, puisqu'elle n'exige pas la publication du nom des commanditaires. De plus elle donne aux tiers un droit d'option ; or les créanciers personnels n'ont qu'un intérêt, faire prononcer la nullité : la loi ne s'adresse donc qu'aux créanciers sociaux (1).

Mais la majorité des auteurs et la jurisprudence admet avec raison l'opinion contraire.

M. Bravard se fonde sur l'article 1168 du Code civil, et nous montre que la loi n'a pas pensé aux créanciers personnels. Je le lui accorde volontiers, mais sans y penser, elle les a compris dans son exception : elle distingue en effet deux classes de personnes : les associés et les tiers intéressés : dans quelle classe comprendre les créanciers personnels ? Évidemment pas parmi les associés, ce sera donc parmi les tiers. C'est donc pour eux un droit propre, indépendant de l'art. 1166, de faire prononcer la nullité. La publicité est du reste exigée dans l'intérêt des créanciers personnels plus que de tous autres : c'est à leur encontre surtout que se forme l'être moral, et c'est une grande faveur pour leurs débiteurs de ne pas avoir à publier le nom des commanditaires, mais cela n'exclut pas le droit des créanciers personnels.

(1) Bravard, *Sociétés*, page 50 et suiv.

Et si le corps moral a manqué de naître grâce à un défaut de publicité, si cet échec ne leur a pas été porté, comment refuser aux créanciers personnels le droit d'arguer de cette nullité qui empêche de se former une personne morale qui doit leur nuire ? Ils ne sont pas en faute, et ne peuvent supporter la peine de la négligence des autres (1).

Mais les créanciers personnels seront-ils payés par préférence, sur la part revenant à leur débiteur dans l'actif social, ou bien en concurrence seulement avec les créanciers sociaux ?

Pour soutenir que les créanciers personnels sont payés de préférence aux créanciers sociaux, on a dit : aux termes de la loi, les actes de société doivent être publiés à peine de nullité, à l'égard des intéressés, or les créanciers personnels de l'un des associés sont des intéressés dans le sens de la loi, et un acte de société non publié est présumé fait en fraude de leurs droits. Ils sont donc fondés à en provoquer la nullité pour se faire attribuer l'actif de leur débiteur, qui doit être leur gage par préférence aux créanciers d'une prétendue société qui n'a jamais eu d'existence légale (2).

Il est facile de réfuter une telle doctrine. La nullité

(1) Bédarride, n° 362 *ter* ; — Rivière, n° 364 ; — Troplong, 251 ; — Cass., 14 mars 1849 ; — Sirey, 49, 1, 633 ; — Cass., 18 mars 1851 et Paris 21 juin 1852 ; — Sirey, 51, 1, 273 et 52, 2, 608 ; — Cass., 13 février 1855 ; — Sirey, 55, 1, 721 ; — Cass., 11 mai 1870 ; — Sirey, 70, 1, 428 ; — Grenoble, 28 décembre 1871 ; — Sirey, 1872, 2, 37 ; — Lyon, 28 janvier 1873 ; — Sirey, 1874, 2, 107 et Grenoble, 11 juillet 1873.

(2) Cass., 13 février 1821 ; — Sirey, 22, 1, 330 ; — Paris, 8 juillet 1847 ; — Sirey, 48, 2, 57.

de la société est acquise, cela est vrai, mais son effet, surtout dans le passé, ne peut être d'anéantir les faits accomplis, et d'effacer tellement le passé, qu'il devra être considéré comme n'ayant jamais existé. Cette consé-quence est impossible : des actes, consommés de bonne foi entre les associés et des tiers, ne sauraient être détruits par une irrégularité étrangère à ces tiers ; ce serait leur faire supporter la peine d'une négligence qui n'est pas la leur. La société a fonctionné au grand jour, elle n'était pas régulière, c'est possible, mais les créanciers qui contrac-tent avec elle sont aussi peu responsables de cette irrégu-larité que les créanciers personnels des associés. L'intérêt qu'ils doivent inspirer est égal, et le concours doit être admis.

Ajoutons que l'irrégularité n'a eu pour effet que d'em-pêcher la constitution de l'être moral : une société de fait a donc seule existé, et les associés sont restés copro-priétaires du fonds spécial qui n'a pas passé aux mains de l'être moral société, les créanciers sociaux ne sont donc en somme que des créanciers personnels pour la part de l'associé dans la société de fait (1). La société étant écartée, il ne peut y avoir de créanciers sociaux : tous les créanciers forment alors une seule catégorie et doivent concourir au marc le franc à la distribution de l'actif de leur débiteur.

____

(1) Voir dans notre sens : Cass., 18 mars 1846 ; — Sirey, 46, 1, 683 ; — Bordeaux, 15 juin 1847 ; — Sirey, 48, 2, 745 ; — Cass., 7 mars 1849 ; — Sirey, 49, 1, 397 ; — Angers, 2 août 1865 ; — Sirey, 67, 2, 75 ; — Rennes, 6 mars 1869 ; — Sirey, 69, 2, 254 ; — Cass., 13 février 1855 ; — Sirey, 55, 1, 721 ; — Troplong, 859 ; — Delangle, 547.

CHAPITRE XII

DISPOSITIONS PÉNALES.

Comme garantie de l'exécution fidèle de ses dispositions, la loi de 1867 édicte différentes sanctions pénales
à côté des sanctions purement civiles que nous avons
étudiées. Déjà en 1856, on avait reconnu la nécessité de
cette répression (1). Différentes critiques furent présentées en 1867 sur l'opportunité des peines que contenait
le projet : les uns voulaient que ces peines fussent re-
portées au Code pénal, les autres en demandaient la
suppression, se basant sur ce fait que la société fait
appel à la confiance, et que des pénalités excitent le
soupçon et la défiance. Certains ajoutaient que le droit
commun suffisait et d'autres plus sévères regrettaient
que la peine, de l'emprisonnement eût été effacée de
l'art. 12. Ces objections n'ont pas arrêté la commission :
« Suivant elle, dit M. Mathieu, les pénalités excessives
affaiblissent la répression au lieu de la fortifier. La loi
ne doit être qu'un rapport de justice entre la peine et
le fait incriminé. Là où la peine est disproportionnée
elle trouble la conscience du juge sans posséder cependant une suffisante action préventive. Or le fait d'émettre
des actions ou des coupons d'actions d'une société, constituée sans que les conditions prescrites par les art. 1, 2
et 3 de la loi aient été toutes et strictement observées,

(1) Voir discours du rapporteur de la loi au Corps législatif.

alors qu'aucune circonstance n'en vient aggraver le
caractère, ressemble plus à une contravention qu'à un
délit; l'intention coupable peut y être complètement
étrangère... Est-ce à dire qu'on doive complètement
amnistier l'infraction et laisser à l'intérêt privé, s'il en
souffre, le soin de la réprimer ? Non, car d'une part, il
s'agit de contraventions graves, puisqu'elles portent sur
des dispositions protectrices de l'intérêt des tiers et des
actionnaires. D'autre part l'intérêt privé quand il se
fractionne entre des milliers de personnes est timide,
même quand il est éclairé. S'en rapporter à lui seul, ce
serait s'exposer à voir la loi violée impunément. Mais punir une simple contravention de l'emprisonnement, c'était
dépasser la mesure : l'amende de 500 à 10,000 francs,
répond à la nature et à la gravité du fait. »

« La commission a jugé non seulement impossible,
mais inopportun, de renvoyer au Code pénal les dispositions répressives du projet : impossible, parce que le
Corps législatif n'était pas saisi de modifications du Code
pénal ; inopportun, parce que, selon elle, la peine placée
à côté de l'obligation donne à celle-ci une autorité nouvelle, et en garantit mieux l'observation. Sans doute il
ne faut pas gêner la liberté sans motifs, mais la loi
inspirerait-elle la confiance qu'elle veut provoquer, si ses
dispositions étaient désarmées de toute sévérité ? »

C'est sous l'empire de ces idées que furent votés les
art. 13 et suivants, dont nous avons à passer en revue
les dispositions.

L'art. 13 de notre loi punit d'une amande de 500
à 10,000 francs : 1° L'émission d'actions ou de coupons

d'actions d'une société constituée contrairement aux prescriptions des art. 1, 2 et 3 de notre loi.

Remarquons que le fait défendu et puni, c'est l'émission d'actions, c'est-à-dire le fait de la mise en circulation des actions et on ne saurait faire tomber sous l'application de l'art. 13 la simple délivrance de titres provisoires ou de récépissés, destinés à prouver la souscription et le versement qui en est la conséquence. Ce serait empêcher les sociétés de se fonder, car la soucription ne se fait le plus souvent que petit à petit, et les souscripteurs ont bien droit à un reçu quelconque (1).

La loi par un oubli impardonnable ne vise pas ici son art. 4, de sorte que, quoi qu'en disent MM. Mathieu et Bourguignat (n. 123), il faut dire que l'émission, faite avant l'approbation des apports en nature, mais après l'accomplissement des formalités exigées par les trois premiers articles de la loi, ne serait pas susceptible de donner ouverture à des poursuites correctionnelles : les dispositions pénales ne peuvent être étendues, et on n'aurait qu'une action civile.

Mais les dispositions de nos articles sont d'ordre public et s'appliquent à toute société qui émet des actions en France, même aux sociétés étrangères. Ce serait en effet ouvrir la porte aux fraudes, il serait trop facile d'aller fonder la société à l'étranger pour être immédiatement à l'abri de toute poursuite correctionnelle.

Du reste cette disposition atteint le gérant et tous ceux qui ont directement participé à l'émission, comme le banquier qui l'a faite, le conseil de surveillance qui l'a

(1) Cass., 8 février 1861 ; — Sirey, 61, 1, 668.

laissé faire, dans le cas assez rare, mais possible, où il serait déjà nommé : quant aux souscripteurs, il tombe sous le sens qu'ils ne pourront être inquiétés.

Notons pour finir que c'est l'émission des actions qui est seule punie, et que le fait d'une constitution anticipée de la société n'est pas un délit au point de vue de la loi de 1867. Mais le fait de la fausseté prouvée de la déclaration du gérant ne constituerait-il pas le crime de faux en écriture publique, puni par l'article 147 du Code pénal ?

Il faut bien répondre oui : celui qui, devant le notaire et pour se conformer aux injonctions pressantes de la loi, vient faire une déclaration inexacte, une déclaration fausse, commet un faux en écriture publique et doit être puni des travaux forcés à temps. Malheureusement, et quoique cela à ma connaisance ne soit contesté par personne, cette sanction a paru trop sévère et est restée inappliquée, et je le déplore, car ce serait là une bien sûre garantie de la véracité des déclarations et une très forte sûreté que la loi n'est pas tournée, ce qui arrive aujourd'hui trop souvent. Quelques exemples, quelques applications d'un texte de loi en vigueur, de l'art. 147 enfin, ne seraient pas un mal : ils débarrasseraient la place de quelques agioteurs véreux, ce qui ne serait pas une perte, et donnerait à réfléchir aux autres.

M. Vavasseur (1) émet le vœu qu'on se contente d'appliquer l'art. 150 du même Code, mais il faudrait un texte spécial, et dans le silence de la loi c'est l'art. 147 qui doit et devrait être appliqué.

(1) Un projet de loi sur les sociétés, page 37.

2° Le gérant qui commence les opérations sociales avant l'entrée en fonctions du conseil de surveillance.

Le conseil de surveillance doit contrôler les opérations du gérant, il faut donc qu'il soit nommé avant le commencement de ces opérations : telle est l'idée qui a guidé le législateur qui a établi l'amende dans l'hypothèse qui nous occupe.

L'amende toutefois ne serait pas infligée au gérant qui aurait continué les affaires sociales, malgré la mort ou la démission d'un des membres du conseil : car il serait très préjudiciable aux affaires de subir ainsi un temps d'arrêt, et ce serait ruiner la société. Du reste cette hypothèse n'est pas celle visée par notre article qui se place à la constitution de la société et au commencement des affaires sociales.

L'article 13 punit de la même amende de 500 à 10000 fr., avec faculté d'y joindre un emprisonnement de quinze jours à six mois :

3° Ceux qui, en se présentant comme propriétaires d'actions ou de coupons d'actions qui ne leur appartiennent pas, ont créé frauduleusement une majorité factice dans une assemblée générale, sans préjudice de tous dommages-intérêts, s'il y a lieu, envers la société ou envers les tiers.

4° Ceux qui ont remis les actions pour en faire l'usage frauduleux.

Le principe de cette répression est emprunté à la loi du 23 mai 1863 sur les sociétés à responsabilité limitée, il importe de bien préciser le fait que la loi a voulu punir.

Et d'abord il est évident que le seul fait de se présenter dans une assemblée, porteur d'actions dont on n'est pas propriétaire ou de confier ses titres à un tiers, ne constitue pas un délit ; tous les jours on confie ses titres à un mandataire chargé de représenter le réel propriétaire à l'assemblée, et cela est très licite.

Il faut pour que le délit existe qu'il y ait eu intention de fraude et que cette intention ait eu un résultat, c'est-à-dire qu'on ait, par de pareilles manœuvres, créé une majorité factice. Le seul fait de l'avoir augmentée seulement ne suffirait pas pour donner lieu à l'application de l'article 13, il faut que l'on ait créé la majorité. Ce n'est du reste que l'application du droit commun : pour qu'il y ait délit, il faut qu'il y ait intention de nuire, et exécution de cette intention, suivie de résultat.

Les tribunaux auront du reste à examiner si le prêteur de titres a agi de mauvaise foi et s'il a su le mauvais usage que l'on voulait faire de ses actions.

L'article 13 réserve expressément au profit des lésés une action civile en dommages-intérêts, mais il faut qu'il y ait eu réellement un préjudice causé. Cette action se prescrira de la même manière et par le même temps que celle qui peut être intentée contre les membres du conseil de surveillance.

Ajoutons, et cela n'est pas contesté, que la délibération de l'assemblée générale ainsi viciée dans son essence devra être annulée.

L'article 14 punit d'une amende de 500 à 10000 fr. : 1° la négociation d'actions ou de coupons d'actions dont la valeur ou la forme serait contraire aux dispositions des articles 1, 2 et 3 de la loi ou pour lesquels le versement du quart n'aurait pas été effectué.

2° Toute participation à ces négociations.

3° Et toute publication de la valeur desdites actions.

La loi ne punit que la négociation d'actions dont la valeur et la forme sont illégales : elle a voulu atteindre tout le monde, et elle ne pouvait punir que ceux qui avaient agi en connaissance de cause, qui avaient pu vérifier l'illégalité de leur titre : les porteurs pourront toujours contrôler la valeur et la forme de leur action et, s'ils la négocient, lorsqu'elle est irrégulière, ils sont en faute et punissables.

Le second paragraphe de l'article est moins équitable : la loi établit une présomption légale de fraude contre tout entremetteur, contre tous ceux qui ont participé à la négociation de l'action : ainsi tombent sous l'application de la loi, non-seulement celui qui a négocié son action, mais encore l'agent de change et même l'acheteur, et on arrive à ce déplorable résultat que toute personne, qui, sans le savoir et le plus innocemment, aura concouru à une négociation d'actions irrégulières, est exposée à comparaître en police correctionnelle et sera fatalement condamnée. Sa seule ressource sera dans l'article 16 qui lui permet le bénéfice des circonstances atténuantes.

Cette regrettable disposition n'est pas la pire que contienne notre article : Guidé par le but louable de priver ces actions de toute publicité, afin qu'inconnues elles ne soient pas achetées, le législateur englobe dans la même peine ceux qui, par un moyen quelconque, auront porté à la connaissance du public la valeur de l'action ayant un des caractères incriminés. Toute publication, dit la loi ; ainsi on répond également de discours publiquement prononcés, de prospectus distribués, d'annonces insérées aux journaux, d'avis exposés aux vitrines etc. etc., et on arrive à faire répondre par le gérant du journal de la légalité des actions dont il publie la cote journalière. C'est lui imposer la vérification de ces actions ou le risque de la police correctionnelle. Il est vrai que ce risque rentre dans les attributions habituelles des gérants des journaux et pourtant tous les jours apparaissent de nouvelles feuilles qui ont trouvé des directeurs-gérants.

L'article 15 applique l'article 405 du code pénal (1), et ce, sans préjudice de l'application de cet article au cas où en dehors des faits que nous allons énumérer, il viendrait à se produire des actes coupables ayant le caractère d'escroquerie, aux trois cas suivants :

1° La simulation et la publication de souscriptions ou de versements qui n'existeraient pas, ou de tous autres faits

(1) Article 405 du Code pénal : « Quiconque, soit en faisant usage de faux noms ou de fausses qualités, soit en employant des manœuvres frauduleuses pour persuader l'existence de fausses entreprises, d'un pouvoir ou d'un crédit imaginaire, où pour faire naître l'espérance ou la crainte d'un succès, d'un accident ou de tout autre événement chimérique, se sera fait remettre ou délivrer, ou aura tenté de se faire remettre ou délivrer, des fonds, des meubles ou des obligations, dispositions, billets, promesses, quittances ou décharges et aura, par un de ces moyens, escroqué ou tenté d'escroquer la totalité ou partie de la fortune d'autrui, sera puni d'un emprisonnement d'un an au moins et de cinq ans au plus et d'une amende de 50 francs au moins et de 3000 francs au plus.

Le coupable pourra être en outre, à compter du jour où il aura subi sa peine, interdit pendant 5 ans au moins et dix ans au plus des droits mentionnés en l'art. 42 du Code pénal : le tout sauf les peines plus graves, s'il y a crime de faux. »

faux, simulation ou publication faites de mauvaise foi et dans le but d'obtenir des souscriptions de versements.

La loi a ici pour but d'empêcher les fondateurs de société d'arguer faussement de prétendues listes de souscriptions pour entraîner le public : paraître avoir obtenu la confiance est un puissant moyen de l'obtenir et quiconque se défiera d'une société vers laquelle ne se porte aucun capital, souscrira sans défiance s'il voit que beaucoup avant lui ont déjà souscrit.

Mais, il faut que cette simulation s'appuie sur des signes extérieurs, comme listes, état de versements, témoignages écrits ou verbaux de prétendus actionnaires, et une simple assertion mensongère ne suffirait pas pour faire tomber son auteur sous l'application de l'article 15.

Pour la publication au contraire, elle constitue un délit de quelque manière qu'elle soit faite.

Remarquons pour finir que la tentative du délit est punie comme le délit lui-même.

2° Les publications mensongères de noms de personnes désignées comme étant ou devant être attachées à la société à un titre quelconque, publication également faites de mauvaise foi et dans le but de provoquer des souscriptions et des versements.

Le paragraphe premier punit les manœuvres qui s'adressent aux personnes en particuliers, le paragraphe deuxième punit celles adressées au public en général.

Rien, en effet, n'est plus propre à amener le public à adhérer aux statuts d'une société que l'exemple d'hommes honorables et avantageusement connus.

Du reste, le fait seul de la publication est un délit, puni par la loi, et il n'y a pas à examiner, pour appliquer la peine, si cette publication a été, ou non, suivie d'un résultat;

Une autre conséquence, c'est que régnicoles et étrangers seront passibles de la peine.

3° La répartition de dividendes fictifs, faite par le gérant en l'absence de tout inventaire, ou au moyen d'inventaires frauduleux.

Donc il faut pour que l'article 15 s'applique : 1° qu'il n'y ait pas eu d'inventaire, ou que l'inventaire dressé ait été frauduleux, et 2° que des dividendes fictifs aient été distribués.

Un arrêt de la cour de Paris du 13 juin 1872 (1), a introduit une troisième condition, il faudrait, d'après cet arrêt, qu'il s'agisse de société française, et l'article ne s'appliquerait pas, lorsqu'il s'agit de souscription aux actions de sociétés étrangères. Cette restriction est bien difficile à admettre : il s'agit ici de réprimer des délits qui ont avec l'escroquerie une grande analogie, et de protéger le public contre des manœuvres qui tendent à lui faire faire des placements sans valeur. Pourquoi alors la loi aurait-elle refusé sa protection lorsqu'il s'agit de sociétés étrangères, de sociétés où il est souvent plus difficile d'être renseigné, et où on se détermine sur la foi et la confiance qu'inspire celui qui émet les actions (2)?

(1) Dalloz, 72-2-164.
(2) Voir dans notre sens Matthieu et Bourguignat, n° 128 et Romiguières, *Com. par actions*, n° 136, ets.

La fin de l'article, nous l'avons vu déjà, nous dit que le conseil de surveillance n'est pas responsable des fautes du gérant, sauf bien entendu le cas de complicité : les membres du conseil de surveillance ne sont plus responsables aujourd'hui que de leur fait personnel. Mais notre article devait trancher une controverse qui divisait les esprits sur ce point avant 1867.

L'article 16, qui termine la partie pénale de notre loi, applique aux faits prévus par les articles 13, 14 et 15, l'article 463 du Code pénal, c'est-à-dire qu'il permet aux inculpés d'obtenir le bénéfice des circonstances atténuantes.

On a déduit de cette disposition que tous les faits que nous venons d'énumérer constituaient des délits, puisque notre article 16 permet au juge de tenir compte de la bonne foi (1).

Sans doute et d'après la théorie criminaliste, la contravention est un fait purement matériel dont la simple constatation entraîne nécessairement une condamnation, et le délit, au contraire, suppose une intention frauduleuse qui permet d'admettre des circonstances atténuantes.

Mais est-ce là une raison pour dire que tous les faits punis par la loi de 1867 sont des délits, évidemment non, et personne ne peut s'y tromper : les uns constituent des contraventions, les autres des délits, l'exposé des motifs de la loi ne laisse à cet égard aucun doute.

Sont des contraventions :

L'émission d'actions illégalement faite (art. 13). L'in-

(1) Matthieu et Bourguignat, n° 154.

tention coupable, dit l'exposé des motifs, peut être complètement étrangère à ce fait, qui constitue une simple contravention.

Les opérations sociales commencées par le gérant avant la nomination du conseil de surveillance (art. 13, 2°). L'exposé des motifs assimile ce fait au premier.

Les trois faits énumérés par l'article 14. La commission en effet avait voulu tenir compte ici de l'intention, mais son amendement fut repoussé.

Sont au contraire des délits :

Les cas prévus par les articles 13, 3° et 4° et 15.

Remarquons du reste que cette classification coïncide avec les peines : aux contraventions est appliquée l'amende, aux délits l'emprisonnement.

CHAPITRE XIII

COMPÉTENCE ET PROCÉDURE.

La connaissance des difficultés s'élevant relativement aux sociétés était autrefois soumise à des arbitres qui seuls pouvaient en connaître, d'où le nom d'arbitres forcés.

Cette institution remonte à l'ordonnance de François II, d'août 1560, et elle fut confirmée par l'ordonnance de Moulins (février 1566). Aboli en 1593 (édit de novembre) par suite de la création des tribunaux consulaires, l'arbitrage forcé subsiste dans la pratique : on en fait une clause du contrat : aussi l'ordonnance de 1673 le rétablit-il, et passe-t-il dans le Code de commerce (art. 51 à 63).

C'est la loi de 1856 qui a définitivement supprimé l'arbitrage forcé, pour donner la connaissance des procès intéressant les sociétés aux tribunaux de commerce.

Les raisons qui avaient fait préférer l'arbitrage forcé aux tribunaux étaient celles-ci. On ne voulait pas ébruiter les contestations s'élevant au sein des sociétés : or, le premier acte était une demande aux tribunaux de renvoyer devant les arbitres juges. Le public savait donc au moins qu'il y avait un différend. De plus on pouvait interjeter appel de la décision de l'arbitre : et devant la cour, on rentrait dans le droit commun.

La seconde raison était que ces difficultés devaient être jugées par des commerçants, par des gens du métier. Mais quiconque consent à être arbitre amiable ne consent pas à être arbitre juge : aussi cela était-il devenu une profession, que n'embrassaient nullement les négociants, mais que recherchaient les hommes d'affaires.

On disait en troisième lieu que ces questions devaient être tranchées vivement, ce que ne pouvaient faire les tribunaux : mais par suite de la décadence de l'arbitrage entre les mains des hommes d'affaires dont l'intérêt était de faire traîner les choses, pour pêcher en eau trouble, la justice arbitrale était devenue la plus longue et la plus coûteuse.

Aussi en rendant la compétence aux tribunaux de commerce, la loi de 1856 rendit-elle un véritable service aux sociétés : cette loi ne tranche pas le point de savoir

si l'on a le droit d'introduire dans les statuts une clause
compromissoire, mais nous pensons que cette clause serait nulle. Elle irait en effet contre l'esprit de la loi qui
défend l'arbitrage forcé, et de plus violerait l'article 1006
du Code de procédure civile, qui frappe de nullité le compromis lorsqu'il ne désigne pas l'objet du litige, et le nom
des arbitres.

Une clause des statuts peut bien nommer les arbitres,
mais non l'objet du litige, elle sera donc nulle. C'est
du reste dans ce sens que s'est fixée la jurisprudence (1).

Les procès intéressant une société sont donc de la
compétence du tribunal de commerce, mais du tribunal
de commerce de quel lieu ?

La loi de 1867 ne contient aucune règle spéciale sur
ce point, elle se réfère donc au droit commun. C'est par
conséquent devant le tribunal du lieu où la société a
son siège social qu'on devra porter les demandes dirigées
contre elle. Mais une société peut avoir plusieurs établissements : si ces établissements sont absolument secondaires, c'est encore au tribunal du siège social qu'il appartient de statuer sur les demandes intéressant la société.

Mais si ces établissements forment de petits centres
d'opérations, et ont à leur tête un agent, qui agit au nom
de la société et a mandat exprès ou tacite de la représenter, on assignera valablement la société devant le tribunal de l'arrondissement où se trouvent ces succursales,
pour les engagements qui y auraient été contractés (2).

(1) Metz, 25 août 1857. — Sirey, 58-2-196. — Cass., 23 mai 1860.
— Sirey, 1860-1-800. — Paris, 8 nov. 1865. — Sirey, 66-2-117.
(2) Req., 17 avril 1866. — Sirey, 66-1-191. — Cass. 2 juillet 1872.
— Sirey 72-1-299. — Dijon, 1er août 1874.

C'est ainsi qu'il a été jugé que bien qu'une compagnie de chemins de fer n'ait pas de domicile partout où elle a une gare, elle est cependant valablement assignée au lieu où se trouve l'une de ces gares par les tiers qui ont contracté avec elle dans ce lieu (1). Mais il est bien entendu que la société n'est valablement assignée devant le tribunal de ses succursales que pour les contestations relatives à des obligations contractées dans le lieu, et avec ces succursales.

Ce droit n'appartient qu'aux tiers, et les agents de la société ne pourraient assigner celle-ci devant le tribunal de la succursale, même pour un appel en garantie, s'il est prouvé que la demande principale n'a-été formée que pour distraire la société de ses juges naturels (2).

Il est encore bien entendu que, pour l'application des règles que nous venons d'énoncer, il faut qu'il s'agisse de procès intéressant la société elle-même dans son existence, ses opérations ou l'ensemble de ses rapports avec ses actionnaires : et il ne faudrait pas que, s'il s'agit par exemple de dommages-intérêts réclamés par un commanditaire à un autre pour manœuvres frauduleuses, l'on se croie autorisé à porter la demande devant le tribunal du siège social. On rentrerait ici dans le droit commun (3). De même les créanciers d'une société en commandite par actions pourraient porter une demande en responsabilité contre les membres du conseil de sur-

Req , 10 août 1875.— Cass., 15 novembre 1875. — Sirey, 76-1-36.
(1) Cass. 30 juin 1858. — Sirey, 58-1-651.
(2) Cass., 3 janvier 1870. — Sirey, 73-1-60.
(3) Cass., 26 mars 1873. — Sirey, 1873-1-387.

veillance devant le tribunal civil (1). Du reste les règles surla compétence s'appliquent à la société même en liquidation. Les actions contre les liquidateurs doivent être portées devant le tribunal de l'ancien siège social (2). Mais la compétence de ce tribunal cesse le jour où la liquidation est terminée (3).

Il nous reste à parler d'une dérogation faite à la règle de procédure que nul en France ne plaide par procureurs. Tant qu'il s'agit de contestations avec les tiers, la société est représentée par son gérant qui seul est assigné, et les jugements rendus contre lui sont opposables à tous les associés, cela va de soi puisque la société est personnifiée dans son gérant. Mais lorsque les associés ont à plaider contre le gérant, lorsque le différend s'élève dans le sein même de la société, le gérant ne peut plus représenter tout le monde, et il eût fallu que chaque associé soit appelé directement et personnellement au procès : c'était multiplier les frais à plaisir, aussi l'article 17 établit-il une dérogation au droit commun, dérogation commandée par la force même des choses : « Des actionnaires, dit cet article, représentant le vingtième au moins du capital social, peuvent, dans un intérêt commun, charger à leurs frais un ou plusieurs mandataires de soutenir, tant en demandant qu'en défendant, une action contre les gérants ou contre les membres du conseil de surveillance, et de les représenter, en ce cas, en justice, sans

(1) Angers, 3 juin 1875. — Sirey, 76-2-4. Toutefois le pourvoi contre cet arrêt a été admis par la Cour de cassation le 19 janvier 1876.
(2) Cass., 18 août 1840. Sirey, 40-1-836. — Lyon, 22 juillet 1858. Pau, 2 février 1870. — Sirey, 70-2-139.
(3) Cass., 21 janvier 1873. — Sirey, 73-1-160.

préjudice de l'action que chaque actionnaire peut intenter individuellement en son nom personnel. »

Donc trois conditions à notre exception :

D'abord il faut que les actionnaires représentent le vingtième au moins du capital. C'était là en effet une exception qu'il importait de restreindre, et non d'étendre, afin de mettre les sociétés à l'abri des attaques indiscrètes et ne pas encourager l'esprit processif en diminuant les frais.

En second lieu les actionnaires doivent être plusieurs : car la raison même de l'exception qui est de simplifier le procès en accélérant la décision et en diminuant les frais, ferait défaut si le procès était engagé par un seul représentant le vingtième du capital.

Enfin il faut que le procès concerne la société. Cela va de soi, les réclamations entre actionnaires, ou de la société à ses actionnaires rentrent dans le droit commun, et les obligations particulières ne peuvent motiver notre exception.

Quant au mode de nomination du ou des mandataires, les intéressés ont toute liberté. Ils peuvent le faire en assemblée, ou en dehors de l'assemblée. Il suffit que des porteurs d'actions, représentant un vingtième du capital, se mettent d'accord, et le mandataire nommé a qualité pour agir. Ajoutons que postérieurement un nouveau groupe d'actionnaires même ne représentant plus un vingtième du capital pourrait lui donner les mêmes pouvoirs. Rien dans la loi ne s'oppose à cela (1).

Du reste ce mandataire peut être un actionnaire ou un

(1) Bourges, 21 août 1871.

étranger, mais il n'est nommé que pour le procès qu'il s'agit de soutenir, et ses pouvoirs sont réglés par l'acte de nomination ou, dans son silence, par les principes généraux. Dans ce dernier cas, nous pensons avec la cour de Rennes qu'il n'aurait pas mandat suffisant pour interjeter appel du jugement qui l'aurait condammné (1); de même il ne pourrait ni se pourvoir en cassation, ni transiger, ni compromettre, ni se désister, ni acquiescer, il lui faudrait pour cela au pouvoir spécial.

Ce mandataire est soumis aux règles du mandat et en particulier à l'art. 1991 du Code civil : il peut donc être condamné à la réparation du préjudice causé par sa négligence.

Cette procédure exceptionnelle ne doit pas être étendue à d'autres cas que ceux spécialement prévus par la loi, soit : contestations entre le gérant et les actionnaires ou partie des actionnaires, et contestations entre les membres du conseil de surveillance et les actionnaires ou partie des actionnaires. Les statuts eux-mêmes ne pourraient étendre ce droit à d'autres cas.

Ce droit n'est, au reste, qu'une simple faculté, et chacun conserve son droit d'agir individuellement à ses risques et périls, ou d'intervenir à un procès déjà pendant (2). Mais il faut choisir, et une fois le mandataire nommé, on ne peut plus intervenir individuellement, on s'en est remis à lui, et on a perdu tout droit personnel.

---

(2) Rennes, 7 mai 1823. — Dalloz, n° 1414. — Alauzet, n° 525. — *Contra* Rivière, n° 140.
(3) Lyon, 23 mai 1865.

CHAPITRE XIV

DISSOLUTION DES SOCIÉTÉS EN COMMANDITE PAR ACTIONS.

Le Code de commerce, pas plus que les lois qui l'ont suivi, ne s'occupe pas de la dissolution des sociétés, il faut donc s'en référer sur ce point au Code civil.

La dissolution s'opère de plein droit, ou judiciairement.

L'art. 1865 du Code civil que nous avons étudié dans notre premier chapitre, énumère les faits qui opèrent de plein droit la dissolution des sociétés : nous ne reprendrons ici que ceux qui ont trait à la commandite par actions :

1° L'expiration du temps pour lequel la société est constituée.

La société fondée pour un temps déterminé cesse de plein droit, lorsque le terme fixé est arrivé. Il est bien entendu du reste que l'accord unanime des associés pour une prorogation empêcherait l'être moral de sombrer, mais il faudrait l'accord unanime : la loi ne fait exception que pour les sociétés anonymes, et les exceptions sont de droit étroit. Ajoutons que l'acte de prorogation serait soumis aux mêmes formalités de publication et d'écritures que l'acte constitutif.

Les statuts peuvent du reste subordonner la durée de la société à l'événement d'une condition, comme la perte d'une partie du capital, ou toute autre : l'événement de cette condition serait une cause de dissolution.

2° La consommation de l'affaire en vue de laquelle la société était fondée.

Item, si alicujus rei contracta societas sit, et finis negotio

impositus est, finitur societas (1). Mais cette cause de dissolution ne s'applique qu'aux sociétés ayant pour objet
une affaire déterminée et spéciale : la construction d'une
voie ferrée, le creusement d'un canal ou autres, mais
non l'exploitation d'un commerce ou d'une industrie,
qui se compose d'une série de négociations qui se succèdent, et se renouvellent chaque jour.

3° L'extinction de la chose.

Ce n'est là qu'une application de l'art. 1234 du Code
civil qui nous dit que si le corps certain et déterminé, qui
était l'objet de l'obligation, vient à périr, est mis hors du
commerce, ou se perd de manière qu'on en ignore absolument l'existence, l'obligation est éteinte si la chose a
péri, ou a été perdue, sans la faute du débiteur, et avant
qu'il fût en demeure. Ainsi la perte totale de la chose,
objet de la société, mettra fin à celle-ci.

Mais que décider si la perte au lieu d'être totale n'est
que partielle?

A défaut de clause spéciale à ce sujet dans les statuts,
il faut dire que la perte partielle n'est une cause de dissolution que si elle est assez sérieuse pour que la continuation des affaires sociales soit impossible : il y aura
donc toujours là une question de fait à soumettre à l'appréciation de l'assemblée générale, si les statuts sont
muets sur ce point, et en ce cas la dissolution devra être
prononcée judiciairement.

Mais ceci ne s'applique qu'à la perte partielle du

(1) Inst. Just. lib. III, titre XXVI, § 6 et loi 65, § 10 au digeste *pro
socio.*

fonds social réalisé : un autre cas de perte partielle peut se présenter, c'est celui d'extinction de l'apport d'un des associés.

La question est ici complexe et délicate, et il importe de faire plusieurs distinctions. Écartons d'abord le cas où l'apport ne consiste pas en un corps certain, car s'il consiste en une chose incertaine, de l'argent par exemple, si on perd le sac d'écus qu'on devait employer au versement de sa mise, on le remplacera par un autre, et la société n'en sera pas dissoute pour cela.

Il faut donc qu'il s'agisse d'un apport en nature, et encore, dans ce cas, il faut que l'objet périsse avant d'avoir été livré à la société, qu'il périsse durant le temps où il est encore aux risques de l'associé : s'il périt après, la société n'en subsiste pas moins, si cette perte partielle n'est pas assez considérable pour l'empêcher de faire ses affaires.

La société sera donc dissoute par la perte de l'apport en nature d'un associé, arrivée avant que la propriété de cet apport ait été transférée à la société. Nous arrivons ici au cœur de la question, et nous ferons une distinction suivant que l'on a promis la propriété, ou la jouissance d'un corps certain.

α) L'apport était la propriété d'un corps certain. A quel moment peut-on dire que l'apport est effectué, et que l'objet de cet apport cesse d'être aux risques de l'associé.

D'après les principes de notre droit, la propriété se transfère non plus par la tradition ou livraison effective, mais par l'effet même du contrat, et cependant l'art. 1867 nous dit : Lorsque l'un des associés a promis de mettre en commun la propriété d'une chose, la perte survenue avant que la mise en ait été effectuée, opère la dissolution de la société par rapport à tous les associés.

Qu'est-ce à dire? La société n'est-elle pas propriétaire du jour où l'apport a été approuvé, et la constitution prononcée? Va-t-il donc s'écouler un laps de temps entre ce jour et l'apport effectif du corps certain? Est-ce le renversement de tous les principes de la matière et n'est-ce plus le contrat qui transfère la propriété?

On l'a prétendu, et M. Pardessus (n° 1055) en donne cette raison : « Le contrat de société, quoique parfait par le seul consentement, ne produisant jamais une simple obligation de livrer, mais créant entre les contractants des rapports personnels qui tiennent de l'obligation de faire, devient un contrat conditionnel : car la livraison, qui ordinairement termine tous les rapports entre le vendeur et l'acheteur, n'est que le principe des rapports individuels que la société fera naître pendant sa durée, entre les associés. Les contractants sont présumés avoir entendu se mettre en société, sous la condition expresse que chacun d'eux réaliserait l'apport destiné à former le fonds social, sans lequel la société se trouverait n'avoir aucun objet, aucun moyen d'exister. »

M. Delangle adopte cette opinion et ajoute un argument de texte (n° 74) : « Il est évident, dit-il, que le législateur a fait dépendre non de l'échange régulier du consentement, mais du fait de la livraison, l'exécution des engagements contractés par chaque associé. Les mots : avant que la mise en soit effectuée, ne peuvent laisser aucun doute. On n'effectue pas une mise par cela seul qu'on a déclaré dans un acte de société qu'on apporterait tel ou tel objet déterminé. Effectuer c'est mettre à effet, c'est exécuter.... On effectue sa mise, en mettant la société en possession des objets dont elle se compose. »

Avouons qu'il est étrange que d'aussi bons esprits aient été à ce point troublés : Comment le législateur après avoir aboli la tradition telle qu'elle existait anciennement, après avoir déclaré que le seul consentement transfèrerait la propriété, arrivant à une matière où le droit romain lui-même, au moins pour la société *omnium bonorum*, avait laissé fléchir la règle, et avait admis la transmission exceptionnelle des biens par le seul effet du contrat, le législateur, dis-je, aurait-il eu l'inconséquence de faire fléchir ici la règle en sens inverse, et d'admettre une exception comme celle que veut voir M. Delangle dans les mots : effectuer sa mise. Au moins aurait-il dû s'expliquer plus clairement.

Aussi croyons-nous que l'article 1867 n'a eu en vue que les cas où, par exception, la propriété n'est pas transférée par le seul consentement. Cela peut en effet se présenter si l'on promet d'apporter la propriété d'une chose appartenant à un tiers, si l'on n'a promis que sous condition, etc. etc. Assurément dans ces hypothèses, ou autres semblables la propriété n'est pas transférée par le seul fait de la régularisation du contrat.

Qu'a donc voulu dire notre article ? Tout simplement ceci : Quand, par exception aux règles générales, la propriété d'un corps certain, faisant l'objet d'un apport, n'est pas transférée à la société par le seul fait du contrat, et que ce corps certain périt avant que la mise n'en ait été effectuée, la société est dissoute.

Et la raison n'en est pas dans l'extinction ou l'amoindrissement de la chose, la raison en est dans l'inexécution du contrat par l'une des parties : voilà ce qui est confondu par les auteurs que nous avons cités, et voilà la cause de leur erreur (1).

Ce principe de l'article 1867 tel que nous venons de l'expliquer gouverne également le cas où l'usufruit seulement d'un corps certain a été promis. L'usufruit étant un démembrement du droit de propriété, comme lui est un et se réalise une fois pour toutes.

β) — L'apport consiste dans la jouissance d'un corps certain. — A quelqu'époque que la perte arrive, elle est pour l'associé, et entraîne la dissolution : promettre la jouissance d'une chose, c'est en effet s'engager à verser dans la caisse tous les fruits de cette chose : l'apport en jouissance est successif et multiple. Or du jour où cette chose disparaît, l'associé ne peut plus fournir la mise qu'il a promise, et dès lors, par la même raison que nous avons donnée plus haut, la société ne peut plus subsister : il y a inexécution du contrat par un associé, ce contrat est rompu, car il serait contraire à l'équité que celui qui n'apporte rien, qui ne concourt pas à la production des bénéfices de la façon qui a été convenue, concoure à ces bénéfices.

Du reste si l'usufruit, ou la jouissance, promis était celui

____

(1) Bravard-Veyrières, p. 391 et s. — Paul Pont. *Sociétés civiles*, nᵒˢ 377 et s.

ou celle, d'un objet se consommant *primo usu*, les règles seraient les mêmes que pour la propriété, car la société devient propriétaire sauf à rendre plus tard objet semblable ou valeur égale.

La mort d'un associé, son interdiction, sa déconfiture ou sa faillite personnelle ne sont pas des causes de dissolution de la société, s'il s'agit d'un commanditaire. Nous avons vu que le gérant pouvait être remplacé, il n'y aura donc lieu, dans ces cas, et lorsqu'il s'agira des associés en nom, qu'à un remplacement de gérant et non à une dissolution.

4° Quid de la faillite de la société ?

La société, personne morale peut tomber en faillite : sa déclaration de faillite aura comme utilité de soustraire l'actif social aux poursuites individuelles; mais est-ce là une cause de dissolution de la société? Des auteurs ont dit que cela était évident; nous pensons absolument le contraire, et croyons qu'à tous les points de vue il faut répondre que jamais la faillite n'est une cause de dissolution.

D'abord la loi ne l'a pas dit, et si, pour les sociétés de personnes, on a étendu à la faillite personnelle de l'associé l'article 1865, 4° du Code civil, c'est que cet événement atteint la société dans ses conditions constitutives, et que les rapports entre les associés, tels qu'ils avaient été établis dans l'esprit du contrat, sont rompus. En notre matière, au contraire, l'égalité subsiste : tous les associés sont également atteints par le même malheur, leurs rapports subsistent, tels qu'ils avaient été origi-

nairement réglés, et, en principe donc, la faillite n'atteint
pas l'existence même de la société.

Sans doute l'état de cessation de paiements pourra
amener la mort de l'être moral, si les créanciers n'accor
dent pas de concordat, et font vendre les biens sociaux :
dans ce cas c'est la dissolution pour perte de l'actif
social, et le cas est prévu, la faillite n'y ajoute rien. Mais
un concordat peut être accordé, la faillite peut être l'effet
d'une gêne momentanée, qui n'est produite, ni par l'insolvabilité des gérants, ni par la perte du capital social,
mais seulement par les poursuites d'un créancier sévère
qui, n'étant pas payé à l'échéance, se hâte d'user du
droit que lui confère l'article 440 du Code de commerce.

L'article 487 du Code de commerce apporte à notre
thèse un précieux argument : Cet article accorde au failli,
et par conséquent à la société tombée en faillite, le pouvoir d'empêcher une transaction qui a pour objet des
biens immobilisés, et cela même après que les syndics ou
le juge commissaire y ont consenti : La société peut
donc encore avoir une volonté devant laquelle il faut
s'incliner, elle existe donc encore. C'est alors que la faillite ne l'a pas dissoute.

On a fait une objection que nous avons déjà réfutée
implicitement tout à l'heure : On a dit que si la société
était en faillite, c'est que ses membres, au moins les gérants, sont aussi en état d'insolvabilité, car si la société
ne peut payer, c'est qu'eux non plus ne le peuvent.

Est-ce toujours là la raison qui détermine la faillite?
Nous avons vu que non. Un failli peut être encore très
solvable, quoique gêné, et dans ce cas au moins l'objec-

ᵉ

tion tombe à plat. Si les gérants sont insolvables, et que la cause de la faillite soit la perte du capital social, c'est cette perte qui dissout la société et non la faillite du gérant ou de la société.

C'est donc à bon droit que la loi n'a pas parlé de la faillite comme cause de dissolution : c'eût été un pléonasme, ou une erreur (1).

5° Une décision de l'assemblée générale des actionnaires.

Comme tout contrat, la société peut se dissoudre par la réunion des consentements unanimes des actionnaires. Toute société sera donc dissoute de plein droit, si l'on obtient le vote unanime des actionnaires et des gérants.

Mais à côté de ce principe de droit commun, se place immédiatement l'exception : L'article 11 de la loi de 1867 donne, en effet, au conseil de surveillance le droit de provoquer la dissolution de la société, conformément à l'avis de l'assemblée générale, s'il a pour cela une juste cause d'agir : c'est là une arme qui sert à retenir le gérant, et à l'empêcher de mener la société à sa ruine : nous l'avons étudiée, nous n'y reviendrons pas.

Ajoutons que l'article 1869 doit recevoir ici son application : chaque associé individuellement a le droit de provoquer la dissolution d'une société dont la durée est illimitée, c'est-à-dire lorsque d'une part aucun terme soit explicite, soit implicite, n'a été fixé, et d'autre part, lorsque l'engagement est perpétuel, c'est-à-dire viager.

Ce droit, fondé sur ce que la loi considère comme exor-

(1) Rej., 9 mai 1854. Sirey, 54, 1, 673. — Lyon, 3 juillet 1862. Sirey, 63, 21, 39. — Paris, 12 juillet 1869. Sirey, 71 ,2, 233.

bitant et contraire au caractère des sociétés, est d'ordre public, et l'on ne peut y renoncer.

Donc le gérant ou les membres du conseil de surveillance, qui ont en vain demandé la dissolution à l'assemblée générale, conservent entier ce droit‘individuel auquel ils n'out pu renoncer, même expressément.

Quant aux actionnaires, la question est différente : il n'y a pas pour eux, à proprement parler, d'engagement perpétuel : la facilité avec laquelle on peut céder son action, et sortir ainsi de la société, suffit à satisfaire l'esprit qui a dicté l'article 1869. Aussi devons-nous dire que les simples actionnaires n'ont pas le droit de provoquer individuellement la dissolution, car ils ont la faculté de se retirer en vendant leur action (1). Mais il faut pour cela que ce droit d'élimination soit entier et dégagé de toute entrave : on ne pourrait le considérer comme tel s'il avait été subordonné à l'agrément du conseil, ou à la nécessité d'une offre préalable (2).

6° Une décision judiciaire.

Lorsque l'un des associés a juste raison pour provoquer la dissolution de la société, il peut s'adresser aux tribunaux, et la faire prononcer. Tel est le droit commun. Ce principe ne s'applique qu'aux sociétés à durée limitée : pour les autres, en effet, la simple volonté de ne plus rester en société opère la dissolution. Appliquons à la commandite par actions le principe du droit com-

(1) Rej., 6 décembre 1843, D. P. 736, 1. Cass., 13 juillet 1868. D. P. 69, 1, 137.
(2) Rej. 1ᵉʳ juin 1859. D. P. 59,1, 244.

mun : Nous avons vu que la dissolution ne s'opérait *ex voluntate* que par l'unanimité des actionnaires, et que le droit individuel de chaque associé ne subsistait pas, si les actions étaient facilement cessibles. En tous cas, et dans les cas où ce droit individuel subsiste, dans le cas aussi où le conseil de surveillance provoque la dissolution, une décision judiciaire doit intervenir.

Un autre cas de dissolution judiciaire est celui que contient l'article 18 de la loi de 1867 : » Les sociétés antérieures à la loi du 17 juillet 1856, et qui ne se seraient pas conformées à l'article 15 de cette loi (relatif à la nomination d'un conseil de surveillance) seront tenues, dans un délai de six mois, de constituer un conseil de surveillance, conformément aux dispositions qui précèdent. — A défaut de constitution du conseil de surveillance dans le délai ci-dessus fixé, chaque actionnaire a le droit de faire prononcer la dissolution de la société. »

La loi de 1856 ordonnait aux commandites par actions la nomination d'un conseil de surveillance, et leur impartissait également un délai de six mois pour cette nomination ; mais elle laissait aux tribunaux la faculté de prolonger ce délai. La loi de 1867 aurait pu se montrer sévère à l'égard des sociétés antérieures à 1856 qui n'étaient pas encore en règle, et les faire tomber sous le coup de l'article 7 de notre loi : dans une pensée de faveur, elle se contente de reproduire l'article 15 de la loi de 1856, mais elle supprime la latitude laissée par cette dernière aux tribunaux, de proroger le délai. Les sociétés qui ne s'étaient pas encore mises en règle sont donc, par l'effet de notre article, relevées de la nullité qu'elles avaient encourue.

7° La réunion dans une seule main de toutes les actions met également fin à la société.

Cela se comprend de reste, société suppose au moins deux personnes, et on ne peut être associé avec soi-même (1).

Rappelons pour terminer que tout acte portant dissolution de la société doit être publié comme l'acte constitutif, et que l'omission de la publication de ce dernier ne dispense pas de publier la dissolution.

CHAPITRE XV

LIQUIDATION DES SOCIÉTÉS.

Les conséquences de la dissolution sont d'abord la liquidation de la société, et ensuite le partage du fonds social.

Liquider une société comprend trois opérations distinctes : Il faut d'abord terminer les affaires en cours et n'en plus faire de nouvelles, faire ensuite rentrer les créances de la société, et enfin éteindre le passif social.

C'est pour procéder à ces diverses opérations que l'on nomme un ou plusieurs liquidateurs. Comment se fait cette nomination ?

Le plus souvent les statuts s'expliquent sur ce point, et,

(1) Cass., 10 avril 1861. Sirey, 61, 1, 277.

dans ce cas, on y trouve la réponse à notre question ;
mais dans leur silence, ce liquidateur devra être nommé
à l'unanimité par les actionnaires, et à défaut d'unanimité par la justice (1). Il est grave, en effet, de remettre à
une personne une opération telle que la liquidation
d'une société ; aussi si tous les actionnaires ne sont pas
d'accord sur le choix de cette personne, la majorité ne
peut contraindre la minorité, et la justice doit se prononcer comme en toute matière il y a où désaccord entre
les parties.

Rien n'empêchera du reste les associés de s'entendre
après cette nomination par justice, et de substituer une
personne de leur choix au liquidateur nommé.

La liquidation peut être faite par tous les associés
ensemble, et c'est ce qui arrivera le plus souvent pour
les sociétés restreintes : mais, pour les grandes, ce
serait se soumettre à d'insurmontables difficultés.

Une société en liquidation n'est plus, en fait, un être
moral, les associés reprennent leur droit, du jour de la
dissolution, sur l'actif social. Mais, pour ne pas rendre la
liquidation impossible et irréalisable, on maintient la fiction de l'être moral, jusqu'à la fin des opérations du liquidateur. C'est là un usage consacré par la doctrine et la
jurisprudence : « Si, par l'effet de la dissolution, dit la
cour de cassation (2), la société cesse d'exister pour l'avenir
et pour les opérations en vue desquelles elle avait été

____

(1) Pardessus, tome III, n° 1074. — Malepeyre et Jourdain, p. 324.
— Troplong, tome II, n° 423. — *Contra* Delangle, tome II, n° 685•
Demangeat sous Bravard, t. I, pages 430 et 431.

(2) Req., 29 mai 1865. Sirey, 65, 1, 325.

constituée, si elle ne peut plus vendre, acheter, faire le commerce, elle continue néanmoins d'exister pour régler ses affaires accomplies, c'est-à-dire, pour se liquider. Suivant la formule employée dans le langage commercial, elle ne subsiste plus que pour sa liquidation ; mais à ce point de vue et dans ce but, elle conserve tous ses droits et tous ses biens. La force des choses veut qu'il en soit ainsi pour les nécessités de la liquidation, laquelle deviendrait impossible, si l'on admettait que, par l'effet de la dissolution, la communauté prend la place de la société dissoute, et que les droits individuels et privatifs des anciens associés, devenus simples communistes, sont substitués ou superposés au droit exclusif de la société. »

Les conséquences de cette fusion sont multiples. — Les créanciers continuent à avoir pour gage le fonds social, les liquidateurs représentent la société, et défendent à toutes les actions intentées contre elle, le juge du siège social reste compétent, les immeubles ne peuvent être grevés d'hypothèques du chef des associés, et on peut les vendre même à l'amiable, encore qu'il y ait des mineurs parmi les associés.

Toutefois ne nous y méprenons pas, la société est finie, son but est atteint, et la fiction qui la prolonge ne subsiste que pour les seules opérations de la liquidation. Si donc le gérant liquidateur faisait de nouvelles opérations de commerce, elles seraient à son compte, et la société y demeurerait étrangère (1).

(1) Rej. 13 mars 1854. Sirey, 1854, 1, 378. — Cass., 16 mai 1867. Cass., 25 août 1879.

Ces préliminaires posés, parlons du liquidateur et de ses pouvoirs.

§ 1. — Du liquidateur.

Le liquidateur est celui qui a pour mission de régler les affaires sociales, et de rendre liquide l'actif de la société. Le liquidateur est le mandataire, non des associés, mais de l'être moral, la société. « Il est, dit M. Pont (n° 1935), à la liquidation ce que le gérant était à la société, il est en quelque sorte sinon le gérant même, au moins le continuateur du gérant. Il peut sans doute, dans certaines hypothèses, être mandataire à la fois de la société et des associés, ou de l'un d'eux, mais la vérité est qu'en thèse les relations de mandat s'établissent entre le liquidateur et l'être moral, dans lequel la masse des associés est personnifiée, et non contre le liquidateur et chacun des associés pris individuellement. »

Mais le liquidateur qui représente la société ne représente nullement les créanciers sociaux : la société subsiste et se personnifie dans son liquidateur, et les créanciers n'ont d'autres droits que ceux qu'ils avaient avant la dissolution. S'ils ne sont pas payés, ou se considèrent comme lésés, qu'ils provoquent la faillite, et la liquidation se fera alors pour eux ; mais si la société est bonne, elle se liquide pour elle-même, et la loi n'a pas à protéger les créanciers qui peuvent toujours veiller et aviser.

Les créanciers pourront ainsi prendre toutes mesures conservatoires, mais pourront-ils provoquer la nomination ou la révocation des liquidateurs ? Nous ne le pensons pas, car il y a là plus qu'une mesure conservatoire. Ils pourront bien, en cas de succession vacante, faire nommer un administrateur de façon à avoir quelqu'un en face d'eux, mais ici n'ont-ils pas la société elle-même qui est toujours là pour répondre à leurs réclamations et s'ils ont à se plaindre de la façon dont la situation est liquidée, n'ont-ils pas un défendeur qui leur rendra tous les comptes voulus devant le tribunal où il leur plaira de l'appeler ?

Donc le liquidateur n'est que le mandataire de l'être moral qu'il représente, et dans le seul intérêt duquel il est nommé, nous avons dit comment. Remarquons que le liquidateur doit toujours être *nommé :* il n'y a pas en effet de liquidation de plein droit, sauf peut-être le cas où les associés liquident entre eux et eux-mêmes la société. Mais en dehors de ce cas personne n'est liquidateur, s'il n'a été pourvu à sa nomination, et on a jugé à bon droit que si, par suite de décès, d'absence ou autre cause, il ne reste qu'un seul associé qui n'a pas été investi de la fonction de liquidateur, il ne peut de lui-même prendre cette qualité (1).

Du reste il n'y a aucune prescription spéciale à la nomination du liquidateur : on reste donc absolument libre de nommer qui l'on veut, associé ou étranger, on peut également avoir un ou plusieurs liquidateurs salariés ou non salariés, et les nommer pour une durée limitée ou illimitée.

Ces liquidateurs ne sont pas nécessairement irrévocables, et tout ce que nous avons dit de la révocabilité des gérants s'applique ici avec les mêmes distinctions.

(1) Req., 13 juin 1831.

Le mandat du liquidateur ne cesserait pas par la mort d'un ou de plusieurs des associés, car le mandant est l'être moral de la société, qui lui ne meurt pas. Mais il cesserait par la mort, l'interdiction, la déconfiture ou la faillite du liquidateur (art. 2003 du Code civil). Ajoutons que la renonciation du mandataire au mandat mettrait fin à ses fonctions, sauf pourtant le cas où le liquidateur se serait chargé de la liquidation à ses risques et périls : il serait en ce cas présumé avoir renoncé au droit de donner sa démission.

L'achèvement de la liquidation met aussi fin aux fonctions du liquidateur qui n'a pas à procéder au partage. La liquidation et le partage sont en effet deux opérations distinctes. Nommé pour faire la liquidation, il ne peut prétendre faire le partage, il lui faudrait pour cela un pouvoir spécial, ou une nouvelle nomination à cet effet (1).

§ 2. — **Entrée en fonctions.**

Le liquidateur par le fait seul de sa nomination est saisi de l'actif de la société et en devient responsable. Il doit donc prendre toutes les mesures propres à assurer sa sécurité et à faciliter les justifications à faire à l'appui de sa reddition de compte.

Son premier soin sera en conséquence, après avoir requis la levée des scellés, s'il en a été apposé, de procéder à la confection d'un inventaire et de se faire remettre le compte d'administration du gérant. S'il né-

____

(1) Pardessus, n° 1082 Paris, n° 1068. — Alauzet, n° 437. — Pont, n° 1948. *Contra* Troplong, n° 1020.—Malepeyre et Jourdain, page 351.

glige ces précautions, il peut se trouver dans l'impossibilité de justifier son compte et se trouver personnellement responsable envers les associés, qui contesteraient la quotité de l'actif tel qu'il l'a établi, ou qui élèveraient toutes autres difficultés. Aucun délai n'étant fixé pour la confection de cet inventaire les tribunaux apprécieront si elle a été faite en temps opportun.

Toujours par précaution, le liquidateur dressera pendant le cours de ses opérations des états de situation qu'il communiquera aux intéressés et tiendra des registres de liquidation, où il inscrira toutes ses opérations. De cette façon il se présentera devant les associés armé de toutes pièces et prêt à répondre, preuve en main, à toutes les objections qui lui seraient faites.

Doit-il donner caution ?

Sans doute il le doit si l'acte, qui contient sa nomination, lui impose cette obligation, et il s'y est soumis lui-même en acceptant les fonctions qui lui étaient confiées.

Mais, dans le silence du texte, il n'est soumis à aucune obligation de ce genre et les associés ne peuvent exiger de caution, ajoutant ici à une convention librement faite et acceptée. Toutefois si la situation du liquidateur devenait embarrassée au cours des opérations, ils peuvent demander aux tribunaux d'ordonner des mesures conservatoires de leurs intérêts, et, au nombre de ces mesures, se place naturellement la caution. Mais en droit commun, et en dehors de ces cas, aucune caution ne peut être exigée des liquidateurs (1).

(1) Malepeyre et Jourdain, n° 385. — Dalloz, *Société*, n° 1021. — Alauzet, n° 426. — Pont, n° 1951. — *Contra* Pardessus, n° 1078.

§ 3. — **Pouvoirs des liquidateurs.**

Rendre la situation liquide et faire une masse partageable, tel est le but que l'on se propose en liquidant. Les liquidateurs doivent donc réaliser l'actif en vendant les marchandises et en recouvrant les créances, et sur les sommes ainsi réalisées, ils paient les créanciers sociaux, mettent en réserve les fonds nécessaires pour faire face aux dettes à terme.

Donc tous les soins des liquidateurs doivent tendre à ce but ; réaliser l'actif, terminer les opérations sans en entreprendre de nouvelles, payer les créanciers, et nous pensons qu'ils ont à cet effet les pouvoirs les plus étendus. C'est du reste une matière qui soulève autant de controverses que de situations nouvelles et l'on ne saurait trop recommander aux sociétés en dissolution de préciser avec soin les pouvoirs qu'elles entendent conférer aux liquidateurs.

Nous devons supposer que rien n'a été dit, et examiner, en ce cas, quels sont ces pouvoirs.

Une opinion, du reste abandonnée, restreignait ces pouvoirs à ceux d'un mandataire général dans les termes de l'art. 1988 du Code civil, mais c'était lui enlever la faculté de liquider ; aussi tout le monde reconnaît-il aujourd'hui que le liquidateur a tout pouvoir pour faire les opérations tendant au règlement final des affaires sociales, mais sans pouvoir se livrer à des opérations commerciales dans le but de réaliser des bénéfices. Disons cependant qu'il pourra bien continuer l'exploitation du fonds pendant un certain temps, soit pour le vendre en pleine activité et en tirer le meilleur parti, soit pour éviter les pertes que pourrait causer le chômage pendant un certain laps de temps.

Le liquidateur prendra toutes les mesures nécessaires pour conserver l'actif et veillera à l'accomplissement de tous les actes conservatoires tels qu'inscription ou renouvellement d'hypothèques, interruption de prescription, etc.

Tels sont d'une manière générale ses droits et ses pouvoirs, arrivons maintenant au détail et abordons les controverses : il peut, avons-nous dit, vendre les marchandises, mais peut-il les donner en nantissement.

On l'a contesté et on le conteste encore et j'avoue que la raison m'échappe : le liquidateur peut aliéner les marchandises, et sans ce droit toute liquidation lui serait impossible, comment alors lui refuser le droit de les donner en gage ? ce mode de disposition n'est-il pas moins étendu que l'aliénation elle-même ? Du reste n'est-ce pas là pour lui un moyen utile de pourvoir aux besoins de la société, et de la préserver des poursuites rigoureuses ? Aussi croyons-nous qu'à bon droit la jurisprudence s'est fixée dans notre sens (1).

Le liquidateur poursuivra les débiteurs sociaux au fur et à mesure des échéances, fera traite sur eux et leur donnera quittance valable (2). Il a de même qualité pour

(1) Cass., 5 mars 1850. Sirey, 50, 1, 261. — Lyon, 19 mars 1869. *Sic* Vavasseur, n° 244. — Rousseau, n° 662. — Pont, n° 1954. — Paris, 17 mars 1849. Sirey, 1849, 2, 289.
(2) Paris, 29 novembre 1849.

agir ou défendre en justice au nom de la société, et pour consentir un concordat à un débiteur failli : cela est en effet considéré comme un acte de bonne administration.

Mais pourra-t-il endosser et négocier des effets de commerce ? On a dit que c'était là emprunter sur sa signature, et augmenter ainsi la masse des obligations sociales : tout au moins cet argument ne vaudrait rien dans le cas où l'endossement ou la négociation ne se résoudraient pas en un emprunt, et dans ce cas le liquidateur aurait pouvoir d'agir. Nous pensons qu'il faut aller plus loin, et lui accorder dans tous les cas le droit d'endosser et de négocier des effets de commerce : Le lui défendre c'est paralyser sa gestion, car il y a là un puissant moyen de faciliter le recouvrement des créances et de se procurer de l'argent pour faire face aux échances. L'intention des actionnaires qui l'ont nommée ne peut avoir été d'entraver à ce point des opérations qu'ils doivent avoir hâte de voir terminées, et on ne peut comprendre qu'un liquidateur, pressé de solder une créance due, puisse, afin d'éviter des poursuites onéreuses, se servir des fonds provenant directement de la vente des marchandises sans pouvoir, dans les mêmes circonstances, faire usage du papier qu'il a en portefeuille (1).

Les mêmes raisons doivent faire reconnaître au liqui-

(1) Reg., 19 nov. 1834. Sirey, 36, 1, 132. — Rouen, 12 avril et 26 août 1845. Sirey, 46, 2, 565 et 566. — Paris, 16 mars et 20 août 1849. Paris, 9 août 1865. — Malepeyre et Jourdain, n° 526. — Vincens, p. 362. — Delangle, n° 690. — *Contra*, Massé, t. V, n° 48. — Troplong, n° 1012. — Horson, quest. 10 et 11.

dateur le pouvoir de vendre les créances à terme que possède la société.

Pourra-t-il vendre les immeubles sociaux? Différentes opinions sont en présence sur ce point important : En général tout le monde reconnaît que cela est un acte de liquidation, mais les uns exigent vu, l'importance de l'acte, une autorisation émanant de l'assemblée générale (1). D'autres lui permettent de vendre sans autorisation préalable, mais seulement après l'accomplissement des formalités judiciaires (2). Une troisième opinion ne lui permet de vendre que si les immeubles ne sont pas partageables en nature (3).

Ces opinions ne nous paraissent fondées sur aucun motif sérieux : de deux choses l'une en effet : ou le liquidateur peut vendre ou il ne le peut pas. Si, comme tout le monde l'admet, cela rentre dans son mandat, il doit pouvoir le faire comme il le jugera bon, et au mieux des intérêts de la société. A quoi bon entraver à plaisir les opérations qui doivent être menées aussi vivement que possible : il est de l'intérêt de tous de ne pas augmenter les lenteurs (4).

Nous admettrons également qu'il peut hypothéquer les immeubles pour garantir une dette contractée par la société avant sa dissolution : On a objecté que c'était là créer une charge nouvelle, ce qui n'est pas au pouvoir

(1) Pardessus, n° 1074. — Delangle, n° 691. — Bravard, p. 290 et M. Boistel, p. 260.

(2) Bédarride, n° 609.

(3) Malepeyre et Jourdain, p. 329. — Troplong, n° 1017. — Dalloz, n° 1031. — Comparez, Cass., 24 juillet 1871. — Sirey, 71,1,47.

(4) Pont, n° 1957.

du liquidateur. Mais n'est-ce pas alors arriver à nier à celui-ci le pouvoir de donner un nantissement aux créanciers pressés ! Du reste où est la charge nouvelle imposée à la société par cette constitution d'hypothèque ? C'est l'immeuble seul qui supporte cette charge, et non les associés, et le seul résultat sera la vente de l'immeuble pour paiement du créancier inscrit. Or, le liquidateur, nous venons de le voir, pouvait le faire de son propre chef (1).

Enfin nous irons jusqu'à lui permettre de transiger et compromettre. Et notre raison est toujours la même : Si on nomme un liquidateur, il est à croire qu'on a confiance en lui, et qu'on est disposé à lui faciliter tous les moyens d'arriver à une prompte solution : or, la transaction et le compromis sont des moyens de liquider promptement. On nous objecte que, pour transiger et compromettre, il faut le libre exercice des droits ou actions sur lesquels on compromet ou transige, puisque ces actes supposent toujours l'abandon d'une partie du droit, abandon fait pour conserver plus sûrement l'autre partie du même droit. Or, s'écrie-t-on, comment accorder ce droit à un mandataire, comment lui permettre de substituer sa volonté à l'action légitime de la justice ?

La réponse à ces exclamations est fort simple, si on considère d'abord que le liquidateur n'est pas un mandataire dans le sens strict du mot : nous avons vu qu'il avait des pouvoirs plus étendus que ceux qu'a établis le

(1) *Contra*, Cass., 2 juin 1836. Sirey, 36, 1, 673. — Pardessus, n° 1074,2°. — Troplong, n° 1022. — Delangle, n° 688.

Code civil pour le mandataire ordinaire. Qu'y a-t-il donc
d'étonnant, ce point une fois rétabli, que l'on permette
au liquidateur d'éviter par une transaction ou un compromis, un procès qui peut tenir pendant des années une
liquidation en suspens : n'y aura-t-il pas avantage à faire
quelques sacrifices pour gagner le temps qu'exige l'action légitime de la justice dont parlent nos adversaires (1).

En résumé donc, nous pensons que le but de la liquidation est le règlement aussi prompt que possible des
affaires sociales, et que par conséquent ceux qui ont
nommé le liquidateur doivent être présumés lui avoir
donné, dans ce but, le droit de conclure tous les actes
qui, sans créer de nouveaux engagements, peuvent
amener la réalisation de l'actif, et la fin des opérations du
liquidateur.

Aussi, bien que large dans nos idées sur les droits du
liquidateur, lui refusons-nous le droit d'emprunter. Sans
doute il doit liquider, mais il a le devoir de procéder
avec les seules ressources sociales, et, sous prétexte de
liquidation, il ne peut augmenter le passif social. Si cependant la situation avait des exigences telles que le seul
moyen d'y faire face fût un emprunt, il aurait recours
alors à l'assemblée des actionnaires auxquels il exposerait
la situation, de façon à lui permettre de fournir les

____

(1) *Contra*, Cass. 15 janvier 1812. Sirey, 1812,1,113. — Rennes,
22 mai 1821. Sirey, 182,12,416. — Troplong, n° 1023. — Chauveau
sur Carré, n° 3251 ter. — De Villeneuve et Massé, n° 5. — Malapeyre et Jourdain, n° 528. — Delangle, n° 688. — Persil, p. 564. —
Dans notre sens, Vincens, p. 363. — Horson, *Quest.* p. 49. — Pont,
n° 1959.

fonds, ou de lui donner pour emprunter des autorisations spéciales.

Toutefois il ne faut pas non plus aller trop loin : il est évident que le commerce ne vit que d'emprunt et de crédit : nous avons vu que le liquidateur pouvait négocier des effets de commerce, il pourra également, s'il continue les opérations jusqu'à la vente du fonds, obliger la société comme un commerçant s'oblige tous les jours. Il y aura du reste sur ce point des questions de fait très variées qu'il faut laisser à l'appréciation des tribunaux.

§ 4. — Fonctions du liquidateur.

Il nous reste à étudier les fonctions du liquidateur dans ses rapports avec les tiers et avec les associés.

1° Rapports avec les tiers.

A l'égard des tiers, le liquidateur représente la société, c'est lui qui est chargé d'examiner les comptes, de les régler, de donner quittance et de recevoir décharge. Il a qualité pour poursuivre en son nom seul toutes les actions de la société, et les jugements rendus contre lui sont opposables aux actionnaires, qui ne peuvent y former tierce opposition. C'est dans ce sens qu'il a été jugé que le jugement, obtenu par un créancier contre le liquidateur et signifié par lui à ce liquidateur, est passé en force de chose jugée à l'égard de tous les associés après l'expiration des délais d'appel qui courent du jour de cette signification (1). Du reste, c'est entre les mains des li-

(1) Rouen, 12 avril et 26 août 1845.

quidateurs que tous les paiements doivent être faits, eux seuls doivent et peuvent donner quittance et les associés ne le pourraient, même pour leur part et portion (1). Le liquidateur donne mainlevée de l'hypothèque en recevant le paiement et remet l'objet donné en gage, si la dette est garantie par une hypothèque ou un gage : la loi belge lui donne même le droit de consentir cette mainlevée avec ou sans quittance : mais, en dehors d'un texte, nous pensons que le liquidateur français outrepasserait ses pouvoirs en agissant de la sorte.

Ainsi le liquidateur poursuit les débiteurs, et exécute contre eux les condamnations qu'il obtient : de même les créanciers sociaux poursuivent la société en sa personne, mais ce n'est là pour eux qu'une faculté, et leur action peut toujours atteindre les associés solidaires. L'art. 1203 du Code civil leur permet de choisir leur débiteur, et l'état de liquidation de la société n'apporte à ce droit aucun changement : « La recevabilité de l'action est incontestable, dit un arrêt de la Cour de Toulouse (2), soit parce qu'il n'existe dans le Code de commerce, ni dans aucune autre loi, nul texte qui soumette le créancier à reconnaître le liquidateur pour son obligé, soit parce que le liquidateur n'étant, en résultat, que le mandataire des anciens associés, il impliquerait qu'il fût prohibé aux créanciers de poursuivre le mandant, leur débiteur légal et direct, pour concentrer leur action sur le mandataire, qui pourrait

(1) Req., 27 juillet 1863. Sirey, 63-1-457.

(2) Arrêt du 7 août 1834. *Sic* Aix, 16 mai 1864. — Bédarride, n⁰ˢ 598 et 599. — Rousseau, n° 690.

même ne pas être un des débiteurs solidaires, soit parce qu'on ne saurait concevoir qu'après la dissolution de la société, les droits du créancier reçussent une modification aussi importante d'un fait auquel il est étranger ; ce qui aurait lieu cependant si, après cette dissolution, un seul individu, associé ou non, pouvait être directement poursuivi pour obtenir le paiement d'engagements sociaux, tandis qu'on ne saurait méconnaître que, pendant l'existence de la société, le créancier ait le droit de poursuivre celui des associés qui lui plaît, même celui qui n'aurait pas souscrit l'effet qui forme son titre. »

Du reste, nous savons que les créanciers conservent le droit de mettre la société en faillite, et, dans ce cas, le liquidateur continuerait de la représenter dans l'exercice des droits et facultés que la loi laisse aux faillis (1).

Mais le liquidateur pourra-t-il être personnellement poursuivi pour les obligations contractées pendant la liquidation ? Il faut appliquer ici les règles du mandat et répondre : oui, si le liquidateur a agi en son nom personnel ou s'est chargé de gérer et continuer les affaires sous sa propre responsabilité (2) ; non, s'il a agi au nom de la société (3). Notons cependant que s'il est associé il sera tenu de ces dettes dans la même mesure que des autres dettes sociales.

Du reste, il en serait tenu pour le tout, s'il les avait

(1) Cass. 21 janvier 1874. Sirey, 74,1,312.
(2) Req., 24 novembre 1869. Sirey, 70,1,168.
(3) Req., 21 novembre 1848. Sirey, 49,1,263.

contractées même au nom de la société et d'une façon irrégulière en outrepassant ses pouvoirs.

Les fournitures, faites au liquidateur pour la continuation du commerce jusqu'à la vente du fonds, ou celles qui auront été commandées par le gérant avant la dissolution, seront payées sur l'actif social par préféférence à toutes autres dettes : ce sont là en effet des frais faits pour la conservation de la chose, et tout le monde profite de l'augmentation résultant pour le fonds de commerce de la non cessation (1).

2° Rapports avec les associés.

Ces rapports sont de deux sortes, suivant que l'intérêt de la société est en contradiction avec celui des associés individuellement, et suivant que l'intérêt du liquidateur est en opposition avec celui de la société.

Dans le premier cas, le liquidateur, mandataire de la société, poursuivra les associés comme les tiers pour tout ce qu'ils peuvent devoir à la société. C'est ainsi qu'il fera verser aux associés ce qu'ils peuvent rester devoir sur leurs mises, et sans que ceux-ci puissent lui opposer la compensation pour la part qu'ils pourront avoir dans l'actif social. Il n'y a pas là en effet deux créances liquides : la part dans l'actif n'étant qu'un droit éventuel tant que la liquidation n'est pas terminée (2).

D'un autre côté les associés, comme les tiers, poursuivront contre le liquidateur le paiement des créances qu'ils peuvent avoir contre la société : et dans ce cas la

(1) Dijon, 17 mars 1862. Sirey, 62,2,329.
(2) Lyon, 2 février 1864 et 7 avril 1865. Dalloz, 66,2,177.

compensation s'opérerait avec celles que la société pourrait avoir contre eux-mêmes pour versement d'apports.

Le liquidateur poursuivra ainsi tous ceux qui n'ont
pas versé intégralement leurs mises, ceux qui auraient
été dispensés d'apports ou qui l'auraient repris en
dehors de l'amortissement régulier : il atteindra de la
même manière tout rachat d'actions fait avec les fonds
sociaux, tout paiement de dividendes fictifs dont les bé-
néficiaires n'étaient pas de bonne foi ou ne sont pas
couverts par la prescription : tous ces faits sont en effet
illicites et ni les gérants, ni l'assemblée, n'ont pu les rendre légaux.

Toutefois les liquidateurs ne pourront jamais demander aux commanditaires, même à ceux qui se sont immiscés (ce droit, nous l'avons vu, n'appartient qu'aux
tiers et le liquidateur ne les représente pas), ni même aux
gérants, plus que le montant intégral de leur apport.
D'une part en effet, les commanditaires ne sont tenus
que jusqu'à concurrence de cette somme, et d'autre part,
les gérants tenus *in infinitum* envers les tiers ne doivent
à la caisse sociale que le montant de leur apport, et si
les associés ont des recours à exercer contre eux, c'est
en leur nom personnel et non en celui de l'être moral
que représente le liquidateur (1).

Dans le second cas, le liquidateur, tenant ses pouvoirs
des associés en masse, leur doit compte de ses actions.
C'est à eux qu'à la fin de ses opérations il présentera son
état de liquidation, et contre eux qu'il poursuivra ses
droits s'il en a aucuns.

(1) Lyon, 7 avril 1863.

C'est ainsi qu'il devra tenir compte aux associés du profit retiré par la société de toutes les opérations par lui faites, alors même qu'il aurait outrepassé ses pouvoirs; mais il ne devra les intérêts des sommes dont il est reliquataire, en dehors du cas où il aurait été mis en demeure, que du jour où il les a employées à son usage personnel (1).

Du reste, dans ses rapports avec la société, il faut appliquer toutes les règles du mandat relatives aux rapports du mandant avec son mandataire.

Donc, en règle générale, il ne répond que de son dol et de sa faute, n'étant tenu que des soins d'un bon père de famille, à moins cependant qu'il ne lui soit payé des honoraires.

Mais peut-il se substituer un tiers? En principe, il faut répondre non, car si on l'a nommé c'est qu'il inspirait la confiance, et forts de cette confiance, nous avons vu qu'il fallait lui accorder les pouvoirs les plus larges. Comment les lui accorder encore, si, à sa place, il peut mettre une autre personne? Nous croyons cependant qu'il n'y a pas là un empêchement à cette substitution : d'abord cette capacité qui lui a valu la confiance de tous, il l'emploiera à choisir celui qu'il veut se substituer, et de plus il répondra personnellement de celui qu'il aura mis à sa place. L'intérêt des associés est donc sauvegardé.

Dans tous les cas où les associés auront un recours contre le liquidateur, soit à raison de son dol, soit à raison des fautes du substitué, pourront-ils également demander aux tiers des dommages-intérêts ?

(1) Cass., 5 novembre 1873. Sirey, 74-1-60.

Évidemment non, le liquidateur seul est responsable
et tout ce que les tiers ont fait de bonne foi avec lui est
irrévocable. Mais il en serait autrement s'ils étaient com-
plices du dol; on rentrerait alors dans le droit commun
qui donne l'action de dol contre l'auteur et son com-
plice (1).

Mais à côté de ces devoirs, le liquidateur a des droits
contre la société. Tous les engagements qu'il a contractés doivent peser sur la société, s'il n'est pas sorti des
limites de son mandat, et il doit être indemnisé. Toutes
les sommes qu'il a payées sur ses deniers personnels lui
seront remboursées avec les intérêts du jour de l'avance
faite ; toutes les pertes qu'il a éprouvées sans qu'il y ait
de sa faute doivent être réparées; enfin ses honoraires,
s'il y a lieu, lui seront payés. Quel moyen aura-t-il pour
obliger les associés à ses paiements ?

Si la liquidation se solde par un excédant d'actif, il
prélèvera sur cet actif les sommes qui lui sont dues,
mais après paiement de tous les créanciers sociaux qui
tous doivent lui être préférés.

Mais si l'actif est insuffisant, il faut bien qu'il s'adresse
aux associés. Ceux-ci ne sont tenus envers lui que de
la façon dont ils le sont des dettes sociales, c'est-à-dire
pour les commanditaires jusqu'à concurrence seulement
de leurs mises, pour les gérants solidairement sur tous
leurs biens (2).

L'article 2002 du Code civil nous dit que lorsque
le mandataire est constitué par plusieurs personnes,

(1) Delangle, n° 695.
(2) Cass., 24 décembre 1862. Sirey, 63,1,46.

celles-ci sont tenues solidairement envers lui de tous les effets du mandat reste ici sans effet, le liquidateur étant le mandataire de l'être moral, de la société, et non de chacun des associés.

CHAPITRE XVI

DU PARTAGE.

La liquidation est terminée le jour où le passif est éteint, les opérations commencées, terminées et réalisées : du jour enfin où il ne reste plus qu'un actif liquide et partageable. Ce jour-là, nous l'avons dit, et en dehors de pouvoirs spéciaux, le liquidateur doit rendre ses comptes aux associés, et si ceux-ci ne veulent pas les recevoir, il doit les assigner devant le tribunal pour voir homologuer son compte de liquidation.

Donc en dehors de pouvoirs spéciaux, il n'a pas à procéder au partage. Si les associés ne peuvent s'entendre sur le partage, les tribunaux règleront la manière dont il devra y être procédé, et qui y procédera.

Les règles sur le partage des successions s'appliquent au partage du fonds social. Toutefois certaines restrictions doivent être faites à ce principe.

Et d'abord ne peuvent être appliqués ici les articles 819 et suivants relatifs à l'apposition des scellés, et ce alors même qu'il y aurait des mineurs : ce serait en effet jeter la société dans les plus grands embarras (1).

(1) *Contra*, Bruxelles, 1er août 1825. P. N. 8, 2, 133. Et pour les créanciers : Req., 23 juillet 1872. Dalloz, 73, 1,355.

Les articles 815 et suivants ne s'appliqueront pas davantage, et la durée de l'indivision sera réglée par les articles 1865 et 1869.

L'essence même et la cessibilité de l'action empêchent l'application de l'article 841 qui permet le retrait successoral. Du reste le retrait est exceptionnel, et on ne peut l'admettre que dans les cas où les motifs sont identiques : ce n'est pas ici le cas (1).

L'article 832, qui veut que les lots se composent de même quantité de meubles et d'immeubles, est ici sans effet. Rien ne s'oppose à ce que tout soit cédé à l'un à charge d'indemniser les autres (2).

De même la déchéance, qu'édicte l'article 792 du Code civil contre l'héritier qui a diverti ou recélé un objet de la succession, ne peut être étendue à notre matière (3).

Enfin, les règles du rapport ne peuvent non plus avoir ici leur application : et il en est ainsi notamment de l'article 856, aux termes duquel les fruits ou intérêts des choses sujettes à rapport ne sont dus qu'à compter du jour de l'ouverture de la succession. Édictée, dans une pensée d'équité, pour éviter que les donataires aient à rapporter des fruits qui doivent être consommés, cette disposition ne saurait être invoquée par analogie pour ou contre les associés dont les obligations et les droits sont

(1) Cass., 13 mai 1862. Sirey, 52, 1, 825. — Dalloz, n° 794. — Duvergier, n° 474. — Troplong, n° 1059. — Delangle, n° 713. — *Contra* Pardessus, 1085. — Paris, n° 1079.

(2) Cass., 29 mars 1836. Sirey, 36, 1, 492. — Angers, 27 décembre 1843.

(3) Angers, 22 mai 1851. Sirey, 51, 2, 599. — Toulouse, 2 juin 1862. Sirey, 63, 2, 41. — Cass., 28 août 1865. Sirey, 65, 1, 433.

nés de rapports conventionnels qui n'ont rien de commun avec la situation que prévoit l'article 856 (1).

Mais que dire de l'article 883 ? L'effet déclaratif du partage ne saurait être nié, même en matière de société. Mais à quelle époque remonte son effet rétroactif? Au jour où la société s'est rendue acquéreur ou seulement au jour de la dissolution? La rétroactivité ne saurait, à notre avis, remonter avant le jour où a commencé l'indivision, or, avant la dissolution, il n'y avait qu'un seul propriétaire, c'était la société, l'indivision n'a commencé que du jour où l'être moral a disparu, c'est-à-dire le jour de la dissolution. L'effet rétroactif du partage ne peut remonter plus haut.

Toutefois M. Troplong n'est pas de cet avis (2). Suivant lui, la fiction de l'être moral ne saurait aller jusqu'à supprimer complètement l'idée de copropriété et d'indivision. Et cette idée, qui a subsisté quand même, reprend un nouvel éclat le jour de la dissolution de la société, et ce, non pas comme une chose nouvelle, mais comme un droit momentanément intercepté. C'est pourquoi la rétroactivité, ne trouvant plus l'être moral, cause de cette interception, agit en toute liberté sur un passé qui, dans la vérité des choses, n'a pas cessé d'être un état d'indivision.

C'est ce qu'il faut démontrer : où est' en effet le texte qui dit que la dissolution fait disparaître l'être moral

(1) Cass., 24 février 1879. Sirey, 79, 1, 169.
(2) Troplong, n° 1063 et suiv. — Bédarride, 511 et suiv., et 632 et suiv. — Dalloz, n° 797. — Pothier, *Soc.*, n° 179. — Delvincourt, t. III, p. 129, note 3. — Massé et Vergé sur Zacharie, t. IV, § 721, note 10.

même dans le passé? Non seulement il n'y en a pas, mais au contraire nous en trouvons un qui prouve absolument le contraire : l'article 529 du Code civil ne dit-il pas en effet que les actions des sociétés sont des droits mobiliers tant que dure la société. Or dans le système de M. Troplong les droits que l'associé a dans la société auraient été immobiliers pendant la société s'il fait remonter l'effet du partage avant la dissolution. Nous pensons donc que ce système, qui n'a pour base aucun texte positif, qui est d'autre part contredit par un article formel du Code, doit être rejeté (1).

Mais, d'un autre côté, ne faut-il pas dire que la personne morale subsistant même pendant la liquidation, l'effet rétroactif doit s'arrêter au jour où les opérations de liquidation sont terminées? Ce serait à notre sens aller trop loin : la personne morale est en effet morte le jour de la dissolution et ce n'est que pour la plus grande commodité de la liquidation qu'on la suppose encore existante. Son acte de décès a été publié dans le mois de la dissolution, elle est donc morte à tout jamais. Du reste, si pendant la durée de la société le droit des actionnaires n'est que mobilier, c'est parce que l'être moral est propriétaire, mais c'est aussi parce que les créanciers ne sont que créanciers de dividendes dont l'immeuble n'est que l'instrument de création. Du jour où la dissolution est prononcée, cette situation cesse, plus de créance de dividendes, il n'y a plus qu'à partager l'instrument de leur création. C'est donc bien à la dissolution que se placent l'indivision et la copropriété, c'est

(1) Duvergier, 478. — Delangle, 707. — Pont, 1986.

donc à ce moment que doit rétroagir le partage (1).

Du reste l'intérêt de toute cette discussion est minime : ce sont le plus souvent des biens mobiliers qui sont l'objet du partage, et si par hasard ce sont des immeubles, l'associé adjudicataire sera toujours obligé de respecter les droits consentis sur l'immeuble par la société avant la dissolution.

Toutefois on peut trouver un intérêt dans l'espèce suivante : pendant la société, l'associé, à qui l'immeuble est aujourd'hui attribué, a grevé l'immeuble dont s'agit d'une hypothèque, plus tard des créanciers de la société ont également pris inscription du chef de la société : si avec M. Troplong on admet que l'effet rétroactif remonte au jour de l'acquisition par la société, le créancier de l'associé sera payé le premier, son débiteur étant censé avoir été propriétaire au moment où il a pris inscription : si au contraire l'effet rétroactif ne remonte qu'à la dissolution, il sera payé le dernier, car, au moment de son inscription, c'était la société qui était propriétaire, et son hypothèque ne peut valoir que du jour où son débiteur devient propriétaire, c'est-à-dire du jour de la dissolution.

Nous appliquerons au partage des sociétés les articles 884 et 885 relatifs à la garantie. Car si l'un est évincé, c'est que l'objet compris dans son lot ne faisait pas partie de l'actif social, l'autre a donc trop reçu et l'égalité est violée (2).

De même il faut reconnaître l'application de l'arti-

(1) Pont, n° 1987. — Comp. Mercadé sur l'art. 519, n° 378.
(2) Cass., 20 mai 1824. Sirey.

cle 2103, 3°, établissant le privilège des copartageants.
Ce privilège, en notre matière, sera du reste conservé,
comme en matière de successions, suivant les formes et
délais réglés en l'article 2109 du Code civil, et l'article 6
de la loi du 23 mars 1855. « Mais de quel jour court ce
délai, dit M. Bédarride? Est-ce du jour de la liquidation
ou celui du partage? La Cour de cassation s'est déterminée dans ce dernier sens : ce qui motive sa solution, c'est
que la liquidation peut se faire attendre pendant dix ou
vingt ans; que, dès lors, l'esprit de la loi qui veut que le
sort des propriétés soit fixé promptement, qu'aucune
surprise ne puisse exister à l'égard des tiers, serait
méconnu et violé par le système contraire. Cet arrêt
intervenu en matière ordinaire s'applique entre associés
par une identité de raisons incontestables. L'associé,
créancier d'une soulte, doit donc inscrire dans les soixante
jours à compter de la licitation ou du partage (1). »

L'article 882, qui refuse aux créanciers non opposants
d'attaquer le partage des successions, comme fait en
fraude de leurs droits, est-il applicable à notre matière?

La plupart des auteurs refusent l'application de cet
article, et nous ignorons pourquoi (2).

On dit que l'article 1167 du Code civil, qui permet aux
créanciers d'attaquer les actes faits en fraude de leurs
droits, ne pose d'exception que pour les successions et
le contrat de mariage; mais l'article 1872 ne se réfère-

---

(1) Bédarride, n° 631.

(2) Req., 20 novembre 1834. Sirey, 35-1-131. — Troplong, n° 1061. —
Duvergier, n° 475. — Bédarride, n° 622. — Delangle, n° 706. — Rousseau, n° 705. — *Sic* Cass., 9 juillet 1866. Sirey, 66-1-131. — Pont,
n°

t-il pas au titre des successions, et en s'y référant ne fait-
il pas rentrer le partage des sociétés dans les successions
auxquelles il l'assimile, c'est-à-dire dans l'exception.

L'arrêt de 1834 nous donne deux raisons pour l'exclusion : si, dit-il, en matière de succession, le législateur
a voulu que le partage consommé sans opposition ne pût
être attaqué, c'est que d'une part l'ouverture d'une succession est un fait notoire, qui a mis le créancier de
l'héritier à même de veiller à la conservation de ses
droits. — Mais la dissolution d'une société est-elle un
fait moins notoire? Elle a, outre la publicité qu'ont les
décès, celle qu'impose notre loi.

C'est que d'autre part, ajoute l'arrêt, c'eût été porter
le trouble dans les familles que d'admettre l'action des
créanciers en nullité d'un partage consommé.

Ce motif est peu sérieux, car l'article 882 s'appliquerait aussi au cas où chaque héritier aurait cédé ses droits
à des tiers ; il n'y aurait alors plus de famille à troubler, et
pourtant l'article aurait son application.

La véritable raison est plutôt celle-ci : le partage, dans
les successions, entraîne des travaux considérables, des
recherches longues et pénibles, et si, par leur faute, les
créanciers ont négligé d'y prendre part, il ne faut pas que
cette faute, qui leur est imputable, rende inutile un travail
aussi difficile. « Or, dit M. Demangeat, au point de vue
de la complication des opérations, du chiffre des intérêts
et du nombre des intéressés, il est certain qu'en général
le partage des sociétés ne le cède en rien au partage des
successions, loin de là ; à ce triple point de vue, la nécessité de recommencer le partage aurait souvent plus

d'inconvénients encore qu'en matière de succession. »

Toutes les raisons qui ont fait naître l'article 882 se retrouvent ici, nous pensons donc qu'il devra s'appliquer au partage des sociétés (1).

CHAPITRE XVII

DE LA PRESCRIPTION.

Avant de parler de la prescription, il importe de bien préciser un point qui a fait doute : la société, nous l'avons vu, reste personne morale pour les besoins de la liquidation, et, jusque-là, les créanciers conservent contre elle les mêmes droits qu'avant la dissolution, c'est la prescription trentenaire qui s'applique à leurs créances contre le fonds social.

Mais à quel moment doit-on considérer la liquidation comme terminée, et quand est définitivement éteint l'être moral société ?

Nous avons soigneusement distingué la liquidation et le partage : ces deux faits qui se succèdent, et sont intimement liés, ont été confondus par bien des auteurs, et on a dit que ce n'est qu'à la fin du partage que la société a définitivement cessé d'exister. Cela nous semble absolument faux. Liquidation ne veut pas dire partage, et l'on ne maintient la fiction de l'être moral que pour

(1) Paris, 13 juin 1807 ; Sirey, 1807,2,719. — Demangeat sur Bravard, p. 467. — Rivière, p. 161.

la liquidation. Et à bon droit, car partage suppose indivision et si l'être moral subsiste, il est propriétaire et ses biens ne peuvent être indivis, ni donner lieu à un partage. Sans doute, et la plupart du temps, la fin de la liquidation et la consommation du partage seront simultanées, mais il ne faut pas en conclure que la société ne s'éteint qu'après cette dernière opération.

Pourtant c'est ce qui est admis par des auteurs dont l'opinion est souvent précieuse pour appuyer une argumentation : « Supposons, dit M. Pont (1), qu'à la réception du compte du liquidateur, il reste à partager l'actif que les opérations de la liquidation ont dégagé du passif, il ne paraît plus possible d'admettre que, par ce simple fait de la reddition de compte, les biens, dont cet actif se compose, aient perdu le caractère ou la nature de biens sociaux. Il faut quelque chose de plus pour qu'ils le perdent, il faut qu'ils sortent par le partage du fonds commun, et aillent se confondre dans le patrimoine personnel des anciens associés. »

J'avoue que je ne vois pas bien la raison qui fait émettre à M. Pont une telle opinion : la fiction de l'être moral subsiste pour simplifier les rapports entre le liquidateur et les créanciers ou débiteurs, associés ou non, de la société. La constitution d'un fonds partageable, d'une masse dégagée de toute charge passive, n'implique plus aucun de ces rapports, et il faut bien alors que l'être moral, qu'on avait supposé encore existant pour régler ses dernières relations avec les tiers, disparaisse pour laisser s'exercer les droits de ses sucesseurs. Sa subsistance,

(1) N° 1991.

utile pendant la liquidation, n'a plus de raison d'être, lors
du partage, et même elle s'opposerait à ce que celui-ci
se fasse.

Nous croyons donc que la reddition par le liquidateur
de son compte de liquidation met définitivement fin à
l'être moral, et que c'est de ce jour que les droits des
tiers contre le fonds social, droits intimement liés à
l'existence de l'être moral, cessent de pouvoir s'exercer,
celui-ci ayant définitivement cessé d'exister.

Mais si les droits des tiers et autres intéressés cessent
d'exister contre l'être moral, ils peuvent encore subsister contre différentes personnes, le liquidateur, les associés. C'est l'exercice de ces droits que règle l'article 64
du Code de commerce.

Les gérants, nous l'avons vu, sont tenus solidairement
et sur leurs biens personnels de toutes les dettes de la
société. Mais une responsabilité si exorbitante, nécessaire
pendant la durée de la société comme garantie des engagements sociaux, ne peut subsister après la dissolution.
Chacun, par ce fait seul, est mis en demeure de régler
avec l'être moral, et laisser les anciens associés sous le
coup de poursuites incessantes, c'était ruiner leur crédit
et les empêcher de former d'autres associations. Aussi
notre loi contient-elle la disposition suivante.

« Art. 64 (Code de commerce). — Toutes actions contre
les associés non liquidateurs, et leurs veuves, héritiers ou
ayant cause, sont prescrites cinq ans après la fin ou la
dissolution de la société, si l'acte de société qui en énonce
la durée, ou l'acte de dissolution, a été affiché et enregistré conformément à la loi, et, si depuis cette formalité

remplie, la prescription n'a été interrompue à leur égard par aucune poursuite judiciaire. »

Nous avons, pour plus de clarté dans l'explication de cette importante disposition, à nous placer dans trois cas distincts.

§ 1. — Rapports des associés non liquidateurs avec les créanciers.

Tant que la société dure, les associés sont tenus envers les créanciers, et leurs obligations ne s'éteignent que par la prescription ordinaire : mais la société une fois dissoute, ces obligations s'éteignent après cinq ans. Il est présumable en effet que, si les associés n'ont pas été poursuivis, c'est que le liquidateur a payé les créanciers. Et s'il ne l'a pas fait, s'il a été en faute, on ne peut en rendre responsables les associés pendant 30 ans. De plus, prolonger cette responsabilité pendant 30 ans, ce serait leur faire supporter le risque de l'insolvabilité de leurs coassociés, et on ne peut les punir de la faute des créanciers, restés si longtemps inactifs.

Du reste, et à plus forte raison, l'article 64 est applicable non seulement aux gérants, mais aussi aux commanditaires.

Donc cinq ans après la dissolution, les créanciers n'ont plus aucun recours contre les associés non liquidateurs, et ce, même si au moment où ils voudraient intenter la poursuite, les associés sont encore nantis d'objets ou valeurs ayant formé le fonds social.

Cette prescription de cinq ans s'applique à toutes les actions ayant pour but de faire condamner un associé non liquidateur à l'exécution d'une obligation contractée *comme associé* (1), mais elle ne s'applique pas à une action relative à une obligation volontaire et personnelle, comme une constitution d'hypothèque sur ses biens (2).

Elle ne peut être invoquée que par l'associé non liquidateur : mais celui qui, par divers actes de concours, a participé à la liquidation rentre-t-il dans le droit commun? La Cour de cassation le juge ainsi, M. Troplong soutient la même doctrine et se fonde sur ce qu'en droit commun la prescription étant de 30 ans, il faut un texte spécial pour la réduire : l'article 64 est ce texte spécial, mais il ne parle que des associés non liquidateurs, et nous sommes en présence d'associés qui ont liquidé, il n'y a donc pas lieu de les en faire bénéficier (3).

Nous ne pensons pas cependant qu'il en soit ainsi : l'article 64 dit que tous les associés sont libérés après cinq ans, et il ne fait de réserve que pour les liquidateurs. Qu'est-ce que cela veut dire? Que les liquidateurs en tant qu'associés sont libérés, mais en tant que liquidateurs ils peuvent être poursuivis encore selon le droit commun. Cette interprétation qui résulte du texte lui-même jaillit clairement des travaux préparatoires, et est du reste fort équitable (4).

N'est-ce pas assez déjà de faire supporter au liquidateur les conséquences de sa liquidation pendant trente

(1) Cass., 27 janvier 1873. Sirey, 1873,1,433.

(2) Trib. de Bordeaux, 24 février 1872. — Dalloz, 73,3,36.

(3) Cass., 28 mai 1872. Sirey, 73,1,149. — Troplong, 1051. — Pardessus, 1090. — Vincens, 372. — Bédarride, 676.

(4) Malepeyre et Jourdain, p. 343. — Bravard-Veyrière, t. I, p. 466. — Alauzet, n° 432.

ans, et faut-il encore que sa qualité l'empêche de rentrer dans l'exception comme associé? Débiteur solidaire avec ses co-gérants, avant la dissolution, il deviendrait débiteur unique.

Le système que nous combattons soutient que cette conséquence est impossible, il lui accorde un recours contre ses anciens associés, mais ce recours est inefficace. De deux choses l'une en effet : ou il exercera son recours comme liquidateur et on lui répondra, dans les termes mêmes du premier système, qu'il a été poursuivi non comme liquidateur mais comme associé, et que c'est comme tel qu'il a dû payer.

Ou il exercera son recours comme associé et on lui répondra qu'on ne lui doit rien, qu'il n'a payé que dans son propre intérêt, et non dans celui des autres, ceux-ci étant déjà hors d'atteinte par l'effet de la prescription (1).

De plus si on admet le système de **M.** Troplong, à quoi sert l'article 64? La loi déclare les associés libérés au bout de cinq ans, mais ils ne le seront pas si, pendant trente ans, ils peuvent être atteints, par ricochet, par le recours du liquidateur qui a payé. Est-ce là la pensée de la loi?

La Cour de cassation du reste, qui refuse l'application de l'article 64 au profit du liquidateur encore en fonctions, a cependant admis que la prescription de l'article 64 pouvait être invoquée par l'associé qui, après avoir accepté temporairement le mandat de liquidateur, a été

(1) Voir pourtant : Rennes, 20 juillet 1842 ; Rouen, 8 mars 1871 ; Sirey, 71, 2, 269. — Cass. 27 janvier 1873 ; Sirey, 73, 1, 433.

régulièrement remplacé par un autre liquidateur auquel il a rendu ses comptes.

Voilà encore un nouveau tempérament. N'est-ce pas la condamnation de tout le système? Nous le pensons, et sommes d'avis d'appliquer l'article 64 aussi bien au liquidateur retiré et remplacé qu'à celui qui s'est immiscé dans les opérations de liquidation (1).

Ainsi, pendant la durée de la société et jusqu'à la fin de la liquidation, les créanciers ont pour obligés : le fonds social, d'abord et en première ligne, les associés en nom sur tous leurs biens et solidairement, et enfin les commanditaires jusqu'à concurrence de leur mise (2).

Leur action n'a plus d'objet cinq ans après la dissolution de la société, sauf au cas de responsabilité du liquidateur.

La même règle s'applique aussi aux actions que les tiers auront pu acquérir contre les associés pendant la liquidation, dans les cas où le liquidateur a pu valablement obliger la société. L'article 64 ne leur est pas directement applicable, mais il faut reconnaître qu'il s'agit là de dettes sociales, et que la prescription quinquennale doit être admise, sauf à changer son point de départ (3).

Il nous reste à examiner une dernière question sur laquelle les interprètes sont loin d'être d'accord : les associés ont pu prématurément toucher leur part dans l'actif social, ils ont pu se partager cet actif avant le désinté-

_____

(1) Cass., 8 août 1849. Sirey, 49-1-679.
(2) Demangeat sur Bravard, t. I, p. 456. — Alauzet, n° 435. — Pont, n°⁸ 2010 et 2011.
(3) Pont, n° 2008.

ressement de tous les créanciers, ils ont ainsi trop perçu. Sont-ils couverts contre l'action des créanciers cinq ans après la dissolution?

La question est très délicate : d'abord il est un point qui nous paraît certain : si le partage dont nous parlons a été fait avant l'expiration de cinq ans, de façon que les créanciers aient pu former leur demande en restitution avant que la prescription ne soit acquise, il est évident que ces créanciers sont en faute et que leur négligence n'empêchera pas la prescription de s'accomplir : ils ont pu, ils ont dû l'interrompre.

Mais une liquidation est parfois longue, elle est souvent soumise à bien des péripéties et il peut arriver que le partage soit fait après que la prescription est acquise, et alors que décider?

On dit que l'obligation de rendre qui est à la charge des associés prématurément apportionnés, prenant naissance au moment du partage prématuré ; si ce dernier est fait plus de cinq ans après la dissolution, il est impossible d'admettre que l'action des créanciers correspondante à cette obligation des associés soit prescrite avant d'être née. Sans doute cela paraît impossible au premier abord, mais cela ne peut nous faire regretter qu'une chose, c'est que la loi ait pris comme point de départ de la prescription la dissolution de la société au lieu de la fin de la liquidation. Comme nous ne pouvons exprimer qu'un regret, et qu'il nous faut subir la loi telle qu'elle est, nous sommes obligés avec la Cour de cassation (1)

(1) Req,. 27 janvier 1873, précité. *Sic.* M. Boistel, *Précis*, p. 266 et 267. — M. Labbé, *Dissertation sur l'arrêt précité.* — *Contra,* Pont, n° 2009.

d'admettre même en ce cas l'application de l'article 64 qui est général et s'étend à *toutes actions* contre les associés non liquidateurs.

De plus la loi de 1867 fournit à notre système deux arguments d'analogie : le premier est dans l'article 19 qui déclare libérés après cinq ans de l'action en restitution ceux qui ont reçu, même de mauvaise foi, des dividendes fictifs : c'est là, disent les travaux préparatoires, une application de l'article 64 du Code de commerce.

L'article 52 de la même loi libère aussi par cinq ans, en vertu du même principe, l'associé d'une société à capital variable qui s'est retiré.

Comment en face de ces raisons, de ces textes, reculer devant l'application de la loi. Sans doute, la position des créanciers sera assez critique en ce cas ; mais ils pourront toujours prendre des mesures conservatoires et interrompre la prescription. Du reste et dans tous les cas, ils auront pendant trente ans un recours contre la liquidation qui a été en faute d'avoir fait ou laissé faire ce partage.

§ 2. — Rapports entre les liquidateurs et les créanciers.

Nous avons dit plus haut que les fonctions d'associés et de liquidateurs étaient absolument distinctes, et qu'en tant qu'associé, le liquidateur, malgré ce que paraît dire l'article 64, était libéré au bout de cinq ans. Il nous reste à étudier les actions que peuvent avoir les créanciers contre le liquidateur considéré comme tel : et nous n'avons pas à distinguer pour cela entre le liquidateur étranger et le liquidateur associé.

Les créanciers peuvent toujours demander au liquidateur compte des valeurs de la société qui sont leur gage et que le liquidateur a accaparées. Et ce droit des créanciers ne se prescrit que par trente ans. Ce n'est donc qu'au bout de trente ans que le liquidateur peut se considérer comme à l'abri de toute demande en reddition de comptes. Ce qui se prescrit, en effet, ce sont les actions contre les associés, mais celles qui ont trait au fonds social rentrent dans le droit commun.

Du reste à cette demande en reddition de comptes, le liquidateur répondra facilement par la production de ses livres et la justification de l'emploi fait des sommes par lui touchées.

Il ne reste responsable que s'il a encore entre les mains des valeurs sociales, et si on peut lui reprocher, soit des fautes d'administration, soit des négligences à poursuivre les associés débiteurs de la société.

En dehors de ces cas ou autres semblables, si le liquidateur n'a commis aucune faute, il a peu à craindre des créanciers, il leur rendra des comptes s'ils l'exigent et il ne leur doit rien de plus.

Le liquidateur, en effet, n'était que mandataire, il n'a pas agi en son nom et ne s'est pas obligé personnellement dans le cas où il n'a pas excédé ses pouvoirs en s'obligeant. Toutefois deux exceptions confirment notre règle : le commanditaire liquidateur s'oblige personnellement, car il ne peut s'immiscer même en vertu d'une procuration sans encourir cette responsabilité; d'autre part le liquidateur, même étranger, est encore obligé personnellement s'il a contracté en son nom ou s'il s'est porté fort de l'exécution des obligations qu'il prenait au nom de la société.

Du reste, dans ces deux cas, le liquidateur serait libéré au bout de cinq ans.

§ 3. — Rapports entre le liquidateur et les associés.

Nous avons dit que la prescription de cinq ans pouvait être opposée à toutes demandes faites contre les associés, liquidateurs ou non, par des tiers, à raison des dettes sociales; mais c'est seulement contre les tiers que la prescription peut être invoquée, et l'article 64 ne s'applique nullement aux actions du liquidateur contre les associés, ni aux actions des créanciers les uns contre les autres (1). De même la prescription de cinq ans est inapplicable aux actions de la société contre les associés ou contre les tiers, ou réciproquement (2).

Nous avons vu que les tiers n'ont que l'action oblique de l'article 1166 contre les commanditaires qui n'ont pas versé la totalité de leur mise : cette action, comme celle de la société, ne se prescrira donc que par trente ans.

Mais on fait ici une objection à tout le système que nous venons d'édifier. Les actions des créanciers contre les associés sont prescrites par cinq ans, et celles-là seulement. D'autre part les actions des créanciers contre les liquidateurs, des liquidateurs contre les associés, ne le sont que par trente ans. A·quoi sert alors l'article 64 ?

(1) Rouen, 8 mars 1871. Sirey, 72, 2, 269.
(2) Req., 7 janvier 1873. Dalloz, 74, 1, 470.

Les créanciers s'adresseront au liquidateur qui recourra contre les associés et la loi ne sert à rien, l'article 64 est inutile.

Nous accordons que ce fameux article 64 est moins utile qu'il ne le paraît à première vue; cependant il améliore sensiblement la situation des associés et son effet est encore salutaire.

Ces recours dont on argue ne seront pas fréquents : pour que les créanciers attaquent le liquidateur, il faut que celui-ci soit en faute ; pour qu'ensuite le liquidateur s'adresse aux associés, il faut que cette faute ne lui soit point imputable. En tous cas, les associés ne seront atteints que par l'intermédiaire du liquidateur qui devra diviser son action contre eux, et qui supportera seul les risques des insolvabilités qui ont pu survenir.

Telle est en somme la seule portée de l'article 64 du Code de commerce.

Pour nous résumer, en un mot, disons donc que la prescription de cinq ans ne s'applique qu'aux actions que les tiers pourraient intenter directement contre les associés à raison de dettes sociales : toutes les autres rentrent dans le droit commun. Du reste la prescription quinquennale n'exclut pas la prescription de trente ans qui s'appliquerait aux vieilles créances contre la société, remontant à plus de 25 ans avant la dissolution, et cette prescription quinquennale, comme toutes les courtes prescriptions, court contre les mineurs (1).

(1) Bédarride, 673. — Delangle, 727. — Alauzet, 438. — *Contra*, Locré, *Esprit du Code de commerce sur l'art.* 64.

§ 4. — **Point de départ et interruption.**

Mais quel est le point de départ de cette prescription ?

L'article 63 nous dit que le point de départ est le jour de la dissolution de la société : cela ne présente aucune difficulté quand il s'agit de sociétés à terme, et que la dissolution arrive par l'échéance du terme.

Mais s'il s'agit d'une dissolution accidentelle, la prescription courra-t-elle du jour de la dissolution, ou du jour de la publication de cette dissolution ?

Les cinq ans accordés aux créanciers pour agir doivent être entiers, c'est une faveur que la loi accorde aux associés par suite de la mise en demeure qui est censée faite aux créanciers par la dissolution, or, cette mise en demeure n'est faite que lors de la publication, ce n'est donc que de ce jour que doit courir la prescription. C'est du reste dans ce sens que s'est prononcé la Cour de cassation dans un arrêt du 24 novembre 1845 (1).

« Attendu, en droit, que la dissolution d'une société, avant le terme fixé par l'acte qui la constitue, ne peut faire courir contre les tiers la prescription quinquennale établie par l'article 64 du Code de commerce, que si les tiers ont été avertis de cette dissolution par l'affiche et la publication de l'acte qui contient la convention ; qu'en effet une prescription ne peut courir contre qui ne peut agir, et que les tiers ne sont pas mis légalement en demeure d'agir en vertu d'un acte de dissolution qui n'a point été porté à leur connaissance par les moyens et dans les formes établies par la loi... »

(1) Sirey, 46,1,133.

Du reste le délai de la prescription ne commence à courir que si la société a été réellement dissoute et si, même arrivée à son terme, la société a continué de fait, le délai ne court pas et la nouvelle société étant à durée indéterminée, il faudrait, pour le faire courir, une dissolution régulièrement publiée.

Quant aux actions nées pendant la liquidation, il est évident, nous l'avons vu, qu'elles se prescrivent également par cinq ans, mais le point de départ de la prescription ne peut être la dissolution : on ne peut prescrire une action qui n'est pas encore née; disons donc, avec M. Pont, (n° 2017) que le point de départ de la prescription sera, pour ces actions, la fin de la liquidation, c'est-à-dire, comme nous l'avons vu plus haut, le jour de la reddition des comptes du liquidateur. Aucune publicité n'est exigée ici, mais ceux qui contractent avec une société en liquidation sont par là même en demeure, ils savent bien que, s'ils veulent conserver leur recours, ils doivent agir promptement, cela suffit. Une autre exception a la règle qui fixe la dissolution comme point de départ à la prescription de l'article 64 est nécessaire et commandée par les principes : La prescription ne court pas contre les créances à terme ou sous condition. Pour les créanciers à terme ou sous condition, il faut donc admettre que la prescription ne courra contre eux que du jour de l'échéance du terme ou l'événement de la condition.

La nouvelle loi belge a remédié à cet état de choses en rendant toutes les créances exigibles par le seul fait de la dissolution (1).

(1) Loi du 18 mai 1879.

Il nous reste, pour finir, à parler des modes d'interruption de notre prescription quinquennale.

L'article 64 nous dit expressément que la prescription
qu'il édicte peut être interrompue par une poursuite
judiciaire, mais cette formule est purement énonciative
et on est d'accord pour appliquer les articles 2244, 2245
et 2248 du Code civil (1).

Mais il faut que l'acte interruptif soit fait à l'égard de
chaque associé individuellement, la fin de notre article
64 le laisse entendre. Aussi l'article 2249 du Code civil,
aux termes duquel l'interpellation judiciaire faite à l'un
des débiteurs solidaires interrompt la prescription à
l'égard de tous, ne peut-il s'appliquer ici.

La raison en est dans la faveur que la loi a voulu
accorder aux associés non liquidateurs (2).

<hr>

CHAPITRE XVIII

DE LA CONDITION LÉGALE DES SOCIÉTÉS ÉTRANGÈRES EN FRANCE.

Avant de terminer notre matière, il nous semble bon
d'examiner quelle est la condition en France des sociétés
étrangères, les relations internationales amenées par le
développement du commerce et de l'industrie faisant
naître avec l'étranger des questions journalières sur

(1) Cass., 19 janvier 1859. Sirey, 60, 1, 155.
(2) Troplong, n° 1050. — Bédarride, n° 557. — Alauzet, n° 440. —
Contra, Paris, 10 novembre 1836.

lesquelles il est bon de poser quelques principes.

Avant la loi du 30 mai 1857, on reconnaissait aux sociétés étrangères en nom collectif ou en commandite le droit d'exercer leur commerce en France et d'y plaider en demandant ou en défendant, mais l'autorisation exigée pour les sociétés anonymes françaises empêchait de reconnaître en France les sociétés anonymes qui ne se seraient pas soumises à la même autorisation (1).

Toutefois les tribunaux admettaient ces sociétés même non autorisées en France à plaider devant eux : c'était reconnaître implicitement leur existence. La jurisprudence belge, qui pendant longtemps avait admis le même droit pour les sociétés françaises, revint en 1849 sur son opinion (2).

Cet arrêt fut un trait de lumière qui éclaira la situation et on comprit la nécessité de soustraire les sociétés étrangères aux embarras que leur causait l'application de l'article 15 du Code civil. Un traité intervint avec la Belgique le 27 février 1854, traité suivi d'une loi promulguée par le Gouvernement belge le 14 mars 1855, qui assure aux sociétés françaises régulièrement constituées l'exercice de tous leurs droits en Belgique.

C'est par réciprocité que fut promulguée en France la loi du 30 mai 1857, ainsi conçue :

« Article 1er. Les sociétés anonymes et autres associations commerciales, industrielles ou financières, qui sont soumises à l'autorisation du gouvernement belge, et

(1) M. Lyon-Caen, *Cond. lég. des sociétés étrang. en France*, n° 1588.
(2) Cass. belge, 8 févr. 1849. — Dalloz, n° 1588.

qui l'ont obtenue, peuvent exercer tous leurs droits et ester en justice en France, en se conformant aux lois de l'empire.

« Article 2. Un décret impérial, rendu en conseil d'État, peut appliquer à tout autre pays le bénéfice de l'article 1er. »

Différents décrets ont ainsi habilité en France les sociétés légalement constituées : en Turquie et en Égypte (7 mai 1859), en Sardaigne (27 février 1860), en Portugal (27 février 1861), en Suisse (11 mai 1861), en Espagne (5 août 1861), en Grèce (9 novembre 1861), dans les États romains (5 février 1862), dans les Pays-Bas (22 juillet 1863), en Russie (25 février 1865), en Prusse (19 décembre 1866), en Saxe (23 mai 1868), en Autriche (20 juin 1868), en Suède et Norwège (14 juin 1872), en Grande-Bretagne (traité du 10 avril 1862) (1).

Ainsi la loi de 1857 ne stipule aucune condition de réciprocité, mais exige pour les sociétés étrangères une habilitation. Celle-ci est du reste donnée par un décret ou par un traité diplomatique. Ces autorisations sont générales et s'appliquent à toutes les sociétés du pays, mais il est bien entendu que le gouvernement peut spécialiser, et n'habiliter que certaines sociétés.

La loi de 1857, rendue surtout à cause de l'entrave qu'apportait aux sociétés étrangères l'obligation de l'autorisation préalable imposée en France aux sociétés anonymes, n'a-t-elle pas été abrogée par la loi du 24 juillet 1867 qui supprime cette autorisation ?

La loi de 1867 n'a eu en vue que les sociétés françaises et n'a pu abroger tacitement celle de 1857 : cette

(1) V. Cass., 19 mars 1863. Sirey, 1863, 1,353.

abrogation tacite n'a lieu, en effet, que si les dispositions de la seconde loi sont inconciliables avec celles de la première. Et ce n'est pas le cas ici, on a pu rendre la liberté aux sociétés françaises sans supprimer l'autorisation exigée pour les sociétés étrangères. Et du reste, une fois le décret rendu, ces dernières sociétés ne jouissent-elles pas en France de la même liberté que les sociétés françaises (1).

Ces préliminaires posés, examinons les droits en France des sociétés étrangères.

Les sociétés anonymes étrangères seules ont besoin d'être habilitées en France : il faut donc reconnaître aux autres sociétés, à moins de restrictions qui auraient été faites dans le décret, toute capacité en France. C'est à ceux qui ont des rapports avec elles à prendre leurs informations. Du reste, ils sont garantis par la responsabilité de certains associés.

Notons cependant qu'aux sociétés anonymes étrangères, la loi assimile celles qui ont besoin dans leur pays d'une autorisation préalable : telles seront pour l'Allemagne et l'Italie la commandite par actions. Disons donc que toutes les sociétés qui sont soumises dans leurs pays à une autorisation préalable, et les sociétés anonymes devront être habilitées en France.

Celles qui ne sont pas ainsi habilitées ne peuvent donc ni exercer leurs droits, ni ester en justice en France. Néanmoins elles peuvent, en vertu de l'article 14 du Code civil, être citées, par un Français, devant

(1) *Sic* M. Lyon-Caen, *op. cit.*, n° 25. — Vavasseur, n° 941.

un tribunal français, à raison des engagements par elles
contractés avec le demandeur (1).

M. Alauzet (n°ˢ 631 et 636) soutient pourtant l'opinion contraire, et leur accorde les mêmes droits que si
elles étaient en nom collectif. C'est, dit-il, le principe
qu'admettait la jurisprudence avant 1857, il subsiste absolument. La loi de 1857 n'a fait que consacrer leur
droit par un texte de loi, qui les a mises à l'abri de tout
changement de jurisprudence. Le rapport de la loi le dit
expressément : « Elles jouissaient de tous leurs droits
par tolérance, elles en jouiront maintenant légalement. »
Donc celles qui ne sont pas habilitées doivent continuer
à jouir de leurs droits par tolérance.

Cela nous paraît contraire aux principes et au but de
la loi de 1857. Sans doute la jurisprudence avant 1857
tolérait aux sociétés anonymes étrangères le droit d'agir
en justice, mais, nous l'avons dit, cela était contraire
aux principes du droit des gens (2). De plus la loi de
1857 manquait son but, car tant que la jurisprudence
n'aurait pas changé, on n'aurait pas eu besoin de décret.

Du reste la jurisprudence actuelle condamne le système de M. Alauzet (3).

Les sociétés étrangères non autorisées n'ont donc en
France aucune existence légale, mais elles ont une exis-
tence de fait. Sans doute elles ne peuvent opérer en
France, mais le gouvernement n'a pas le moyen de les

(1) Cass., 19 mai 1863, précité. *Id.* 14 novembre 1864. Amiens,
2 mars 1865. — Paris, 9 mars 1865.

(2) *Sic* Aubry et Rau, p. 180 et n. 23.

(3) Req. 1ᵉʳ août 1860. — Sirey, 1860, 1, 865. — Cass., 19 mai 1863
précité.

empêcher de le faire : ceux qui ont contracté avec elles pourraient demander la nullité de leurs engagements, mais ce remède leur causerait le plus souvent un grave préjudice dont ils ne pourraient être indemnisés si on ne reconnaît aux sociétés une certaine existence de fait.

Il faut donc bien reconnaître que, si la société dont s'agit n'a pas le droit d'ester en justice en France, les Français pourront cependant l'y traîner en vertu de l'article 14 du Code civil. Et la raison en est que la société étrangère qui a négligé de se faire autoriser est en faute, la conséquence de cette faute est pour elle de ne pouvoir ester en justice (nous avons vu qu'il n'y avait pas d'autre sanction) ; mais elle ne peut, pour cela, se soustraire à l'exécution de ses engagements.

Mais il faut reconnaître à la société étrangère ainsi actionnée le droit de former toute demande reconventionnelle en garantie, cette demande n'étant en somme qu'une espèce de défense particulière à l'action principale (1). Du reste, l'acte de société, auquel on ne reconnaît aucune existence légale, a cependant une certaine autorité pour régler la condition de la société de fait : nous avons vu déjà cette question pour les sociétés nulles d'après la loi française. L'acte de société est tout-puissant pour la liquidation de la société de fait, qui seule a pu exister. Il en sera de même ici, et la conséquence en sera que la société sera valablement assignée en la personne de ses administrateurs et que la responsabilité des actionnaires sera réglée d'après les statuts.

Quant aux sociétés autorisées, la loi de 1857 leur ac-

(1) M. Lyon-Caen, n° 64.

corde l'exercice en France de tous leurs droits et la faculté d'ester en justice en se conformant aux lois de l'empire.

Exercice de tous leurs droits. — « Ces expressions, dit le rapport, doivent s'entendre de tous les droits qu'exercent les sociétés non anonymes et les individus non sujets à autorisation, droits pour l'exercice desquels les sociétés anonymes se trouvaient frappées d'incapacité par l'article 37 du Code de commerce. » Pour faire respecter ces droits, elles auront la faculté d'ester en justice et elles pourront y être actionnées (1).

Mais, tout comme les particuliers, elles seront soumises à la caution *judicatum solvi.*

Du reste, de même que le Français peut renoncer au droit contenu en l'article 14 contre l'individu étranger, de même il peut renoncer au droit de citer la société étrangère devant les tribunaux français.

Rien de plus simple quand il y a une renonciation expresse, mais quand pourra-t-on dire qu'il y a une renonciation tacite ?

Une clause des statuts, réservant la compétence aux tribunaux nationaux, serait évidemment une renonciation pour les actionnaires français, car quiconque a pris des actions a adhéré aux statuts. Mais cela n'est vrai que pour les actionnaires, et n'est nullement opposable aux obligataires ou autres créanciers.

Du reste, quant aux actionnaires eux-mêmes, la clause ne leur serait opposable que si la convention est

(1) Cass., 26 juillet 1853. Sirey, 53, 1, 688. — Cass., 19 mai 1863 précité. — Paris, 9 mai 1865. — Sirey, 65, 2, 210.

postérieure à la constitution de la société ou si l'action a trait à des rapports de société à actionnaire.

De même il faudrait voir une renonciation tacite dans la clause compromissoire insérée aux statuts (1).

Enfin la loi de 1857 impose aux sociétés étrangères autorisées l'obligation de se soumettre aux lois de l'empire.

Cette expression, qui depuis le rapport doit être prise dans le sens le plus large et le plus étendu, a donné lieu à diverses opinions.

Suivant les uns, il faudrait leur appliquer toutes les dispositions de la loi de 1867 ; mais une telle doctrine nous paraît inexacte et avec M. Lyon-Caen nous pensons que : « Les sociétés étrangères sont soumises aux lois françaises, en ce sens que ces sociétés sont régies par ces lois, toutes les fois seulement qu'un individu étranger y serait lui-même soumis. Ainsi les lois françaises sont applicables aux sociétés étrangères :

« 1° Quand, d'après les principes généraux du droit international privé, elles le seraient à des individus étrangers dans des hypothèses analogues ;

« 2° Quand des lois françaises spéciales ont édicté les dispositions concernant spécialement les sociétés étrangères (2). »

Donc sont applicables aux sociétés étrangères les lois françaises qui régissent la propriété immobilière ;

Les lois de police et de sûreté ;

Les lois de compétence et de procédure ;

(1) Vavasseur, n° 947.
(2) M. Lyon-Caen, n° 41. *Sic* Paris, 22 février 1866.

Le décret du 22 mai 1878 relatif à la négociation des titres étrangers et à l'impôt assis sur ces titres ;

Et en général toutes les lois intéressant l'ordre public.

Nous ajoutons encore ici l'article 15 de la loi de 1867 : il punit des faits qui seraient frauduleux en tous pays et qu'il assimile à l'escroquerie. C'est donc là une loi de police qui est applicable aux sociétés étrangères (1).

CHAPITRE XIX

DISPOSITIONS TRANSITOIRES.

1° Sur les conseils de surveillance.

Nous avons déjà, en parlant des causes de dissolution des sociétés, indiqué l'article 18 de notre loi de 1867 ; il importe d'y revenir avant de terminer cette étude. Cet article a pour but de conserver l'article 15 de la loi de 1856 ainsi conçu : « Les commandites par actions actuellement existantes, et qui n'ont pas de conseil de surveillance, sont tenues, après le délai de six mois, à partir de la promulgation de la présente loi, de constituer un conseil de surveillance. Ce conseil est nommé conformément aux dispositions de l'article 5. Les conseils déjà existants, et ceux qui sont nommés en exécution du présent article, exercent les droits et remplissent les obligations déterminées par les articles 8 et 9 ; ils sont soumis à la responsabilité prévue par l'article 10. A défaut de constitution du conseil de surveillance dans le

____

(1) Cass., 10 août 1873.

délai ci-dessus fixé, chaque actionnaire a le droit de faire prononcer la dissolution de la société. Néanmoins un nouveau délai peut être accordé par les tribunaux, à raison des circonstances. L'article 14 est également applicable aux sociétés actuellement existantes. »

Le législateur ne pouvant appliquer aux sociétés anciennes la loi nouvelle impose à celles-ci pour l'avenir la régularisation de leur position, mais il maintient tels qu'ils sont les conseils déjà constitués, en appliquant aux uns et aux autres les règles posées sur les devoirs, droits et responsabilité des conseils de surveillance.

La loi de 1867, pensant que peut-être il y avait encore des sociétés qui ne se trouvaient pas en règle, les relève de la nullité qu'elles avaient encourue, en ces termes :

« Article 18. — Les sociétés antérieures à la loi du 17 juillet 1856 et qui ne se seraient pas conformées à l'article 15 de cette loi seront tenues, dans un délai de six mois, de constituer un conseil de surveillance, conformément aux dispositions qui précèdent. A défaut de constitution du conseil de surveillance dans le délai ci-dessus fixé, chaque actionnaire a le droit de faire prononcer la dissolution de la société. »

L'assemblée des actionnaires, composée d'après les règles fixées par les statuts, sera donc réunie. Elle procédera à la nomination d'un conseil de surveillance, à la majorité des voix. Les membres nommés seront élus pour un an, et ceux des autres conseils rééligibles d'après les règles de notre loi sur les conseils de surveillance.

Pour les sociétés qui, avant 1846, avaient organisé des conseils de surveillance, on les maintient tels qu'ils sont, à moins cependant que ces conseils ne soient une véritable gérance, et forment plutôt un conseil d'administration qu'un conseil de vérification, auquel cas on devait leur adjoindre un conseil chargé de contrôler et surveiller. C'est ainsi que l'a jugé avec raison, le 18 octobre 1858, le tribunal de commerce de la Seine (1), dont le jugement cassé par la Cour de Paris, le 28 mars 1859 (2), a été maintenu en cassation le 31 décembre 1860 (3).

Mais quelle loi devra-t-on appliquer à ces conseils ainsi maintenus? Est-ce la loi de 1856, si dure souvent pour la responsabilité des membres du conseil, est-ce celle de 1867 ?

Il y a lieu, pour répondre à cette question, de distinguer suivant les dates des actes du conseil : pour les faits antérieurs à la promulgation de la loi de 1867, il faut évidemment appliquer la loi de 1856. Pour les faits postérieurs, c'est la loi de 1867 qu'on devra suivre, le conseil de surveillance ne peut en effet être en faute de ce qu'il se conforme à la loi nouvelle, et en l'appliquant il peut aussi en réclamer le bénéfice (4).

2° Sur la conversion en sociétés anonymes des sociétés en commandite antérieures à la loi.

En faisant l'historique de notre matière, nous avons vu

(1) Dalloz, 59, 3, 23.
(2) Dalloz, 59, 2, 150.
(3) Dalloz, 61, 1, 73.
(4) Paris, 28 mars 1869. — Dalloz, 59, 2, 150.

que la grande vogue qu'ont eue un moment les sociétés
en commandite par actions était due à l'entrave apportée
par la loi à la constitution des sociétés anonymes qui devaient être autorisées par le gouvernement. La loi de
1867, en supprimant cette entrave, a dû croire que les
commandites par actions désireraient, après sa promulgation, prendre la forme anonyme, et dans ce but elle a
réglé cette transformation : « Article 19. Les sociétés en
commandite par actions, antérieures à la présente loi,
dont les statuts permettent la transformation en société
anonyme autorisée par le gouvernement, pourront se
convertir en société anonyme dans les termes déterminés
par le titre II de la présente loi, en se conformant aux
conditions stipulées dans les statuts pour la transformation. »

Cette disposition n'a pas été adoptée sans hésitation
par certains esprits qui y voyaient une atteinte au principe de non rétroactivité des lois : aussi s'efforce-t-elle
de rattacher la conversion aux statuts, dont les règles devront être strictement observées pour la conversion,
celle-ci ne pouvant avoir lieu que si les statuts le permettent expressément.

Peu importe du reste que cette faculté réservée aux
statuts ne l'ait été que sous la condition d'une autorisation préalable. Les parties, en faisant une pareille
stipulation, n'entendaient que se référer à la législation
existante, et l'article 19 est formel à cet égard.

La loi s'en réfère également aux statuts, quant aux
formes mêmes de la conversion, mais que faire si les
statuts ne s'expliquent pas sur ce point ?

Certains auteurs exigent alors l'unanimité des associés (1). Nous ne les suivrons pas sur ce terrain. Que s'agit-il de faire ? une modification statutaire autorisée par l'acte social, on pourra donc se référer à ce que disent les statuts sur le mode de procéder en cas de modification à leur teneur, et s'ils ne s'expliquent pas non plus sur ce point, on appliquera par analogie l'article 31 de la loi de 1867 qui dit : « Les assemblées qui ont à délibérer sur des modifications aux statuts ou sur des propositions de continuation de la société au delà du terme fixé pour sa durée, ou de dissolution avant ce terme, ne sont régulièrement constituées et ne délibèrent valablement qu'autant qu'elles sont composées d'un nombre d'actionnaires représentant la moitié au moins du capital social (2). »

L'article 32 n'explique pas comment se fera le vote, mais, dans le silence des statuts, il n'est pas douteux que tous les actionnaires auront droit d'assister à l'assemblée, et que le vote aura lieu par tête.

Telles seront à notre avis les règles à suivre ; l'opinion de la majorité est suffisante pour lier la minorité, puisque, en adoptant les statuts, tout le monde a donné son approbation à une conversion possible. Il ne s'agit donc que de voter sur l'opportunité de la mesure, et pour cela la majorité suffit.

Observons, pour terminer, que les statuts ne doivent servir, dans le cas où ils ont parlé, que pour régler le vote sur le principe même de la conversion, car pour la

(1) Matthieu et Bourguignat, n° 162. — Alauzet, n° 527.
(2) Vavasseur, n° 762.

transformation elle-même, c'est-à-dire pour la nomination des administrateurs et des commissaires, on devra suivre les règles posées par la loi de 1867 elle-même.

3° Abrogation de la loi de 1856.

Enfin l'article 20 abroge la loi du 17 juillet 1856 ; la raison en est que la loi de 1867 en a reproduit la plupart des dispositions. Le but que s'est proposé le législateur est du reste fort bien montré dans le rapport de la loi, et nous ne pouvons mieux faire que de finir en en reproduisant les termes :

« Il est désirable au point de vue pratique de rencontrer dans une loi, ou dans une série unique de dispositions, les principes régulateurs d'un certain ordre d'intérêts ou de conventions. Là où ces dispositions sont éparses dans des lois d'origine ou de dates différentes, elles offrent aux recherches une difficulté relative et une perte de temps fâcheuse toujours. Et puis quand une loi modifiée dans un grand nombre de ses articles subsiste encore dans ses dispositions maintenues, il est possible, malgré la prévoyance du législateur, qu'un certain antagonisme existe entre le monument nouveau et ce qui reste du monument ancien. Le seul moyen d'éviter cela, c'est de reprendre les dispositions maintenues, de les fondre dans une loi nouvelle, et de faire ainsi un ensemble dont toutes les parties se tiennent et s'enchaînent sans disparate et sans contradiction. »

TABLE DES MATIÈRES

DROIT FRANÇAIS

DES SOCIÉTÉS EN COMMANDITE PAR ACTIONS

FIN DE LA TABLE DES MATIÈRES.

921-80. — Corbeil. Typ. et stér. de Crété.

www.ingramcontent.com/pod-product-compliance
Ingram Content Group UK Ltd.
Pitfield, Milton Keynes, MK11 3LW, UK
UKHW021916070726
13614UKWH00001B/60